—知识产权—

论模仿自由原则

王一璠◎著

知识产权出版社

全国百佳图书出版单位

—北京—

图书在版编目（CIP）数据

论模仿自由原则/王一璠著. —北京：知识产权出版社，2025.6. —ISBN 978-7-5130-9961-5

Ⅰ. D923.404；D922.294.4

中国国家版本馆 CIP 数据核字第 20253JK428 号

责任编辑：龚 卫 李 叶　　　　　　　　责任印制：孙婷婷
封面设计：智兴工作室

论模仿自由原则

LUN MOFANG ZIYOU YUANZE

王一璠　著

出版发行：知识产权出版社有限责任公司	网　　址：http://www.ipph.cn
电　　话：010-82004826		http://www.laichushu.com
社　　址：北京市海淀区气象路50号院	邮　　编：100081
责编电话：010-82000860 转 8745	责编邮箱：laichushu@cnipr.com
发行电话：010-82000860 转 8101	发行传真：010-82000893
印　　刷：北京中献拓方科技发展有限公司	经　　销：新华书店、各大网上书店及相关专业书店
开　　本：880mm×1230mm　1/32	印　　张：10.875
版　　次：2025 年 6 月第 1 版	印　　次：2025 年 6 月第 1 次印刷
字　　数：253 千字	定　　价：68.00 元

ISBN 978-7-5130-9961-5

法律原则及其诞生

I

法律原则是法律精神、宗旨最简洁的表达。如同法律本身，法律原则也常常被说成是统治者（阶级）的意志中的核心部分。但是，至少在现代国家，它更应该是社会大多数人的基本共识、精神指南。

法律原则的秉性在于其强制力，因为它是面向司法的。事实上它是立法者或者社会对法官的一项授权，使后者在判案时能够发挥主动性，运用法律。法律原则是法律逻辑机器的底层发动机或核能燃料，它一旦点着就爆发出强大、持久的动力。

由于法律服务于社会治理，需要在错综复杂的利益纠葛之间取得妥协、平衡，故法律原则必然是多元的。原则与原则之间也存在差别甚至冲突，故其彼此共生有赖于一个微妙的衔接机制，并且维持着一种效力金字塔格局，而那盏高悬于塔顶的明灯便是正义原则。

当然，除了最核心的部分——它具有几乎永恒的生命力，法律原则也是运动的，它追随着时代的脉动而诞生与消逝。一条法律原则也会在属于它的"有效期"届满时退出历史舞台。

Ⅱ

法律原则当然是社会生活漫长实践的产物，但其最终的形成必然也需要有一个具体的表达者。

法律原则的表达者大致有如下三种：其一为立法者。立法者在制定法律的时候，深知无法将法律的具体内容穷尽，故在编制了若干具体条款后，常常借助于原则性的规范来防止缺失。在形式上，多数情况下这些一般意义的条文内容被冠以"原则"二字，如《中华人民共和国民法典》（以下简称《民法典》）第六条、第七条之"公平原则""诚信原则"。但是，有时"原则"二字也被省去，如《民法典》第八条、第十条之"公序良俗（原则）"，以及《中华人民共和国反不正当竞争法》（以下简称《反不正当竞争法》）第二条第一款之"商业道德（原则）"等。

其二为司法者。司法者是具体适用法律解决纠纷、惩治犯罪的人，他适用法律的过程必然包括对法律原则的应用。为了将原则规范用于个案，他必须解释包含在其中的立法者的原意。他由此获得了一个（再）定义法律原则的机会，因而至少在一定意义上成了"立法者"。倘若司法者的解释在一定程度上偏离、发展了立法者的规定，那么就可能成为新的（子）原则。这类司法过程中孕育出来的原则，在经过后世的实践反复检验后，将得以确立，并有可能被立法者借鉴、写进法典。

其三为学者。学者通过理论探究提炼出法律原则。在法律制度比较健全、司法体系比较完备的国度，学者在这方面的作为机会十分有限。但至少在理论上，拾遗补缺的可能性总是存在的。泛舟学海者，若能邂逅这样的机会，自然是幸运儿。如果能准确捕获它，并影响司法，甚至被立法者吸取，那当然是至高的职业成就之一。不过，至少就浏览当下林林总总的法学教科书所获印象而言，学术界总结出来的原则大多比较主观，甚至多数只是理论上的假说而已。

值得一提的是，虽然都在代言法律之精神，但是，上述三者的表达在外观上有很大的差别。其中前二者都以某种有法律效力的文本呈现，即分别为法律条款和司法解释，而后者则不过是个人言说罢了。

无论如何，法律的原则必是稀缺之物，假如遍地开花，那只能是原则的泡沫。

韦 之

2024 年 9 月 10 日　于桂林

目录

CONTENTS

绪　论　模仿自由原则的提出　‖　001

一、研究背景／003

二、研究意义／010

三、研究思路与方法／013

四、创新之处／020

第一章　模仿：有关人类本能的社科理论　‖　022

第一节　人类固有的天性和本能／022

一、"模仿"与"摹仿"之辨／022

二、人类对自然的模仿／024

第二节　社会学和经济学中的模仿理论／029

一、模仿即传播／029

二、模仿即创新／032

本章小结／037

第二章　模仿自由：法学的立场　‖　039

第一节　作为基本权利的模仿自由／040

一、模仿自由的基本建构／040

二、先于法律存在的模仿自由 / 045

第二节　模仿自由与经济自由 / 048

一、模仿自由与自由竞争 / 048

二、模仿自由与公平竞争 / 053

第三节　模仿自由与表达自由 / 057

本章小结 / 060

第三章　模仿自由原则：国内外立法实践　‖　062

第一节　作为未阐明的法律原则 / 065

第二节　知识产权法中的模仿自由原则 / 073

一、著作权法：模仿与艺术创作 / 077

二、专利法：模仿与信息传播 / 081

三、商标法：模仿与商业表达 / 083

第三节　反不正当竞争法中的模仿自由原则 / 086

一、立法选择：各国反不正当竞争法中的模仿自由 / 088

二、应用场景：知识产权法与反不正当竞争法的
选择适用 / 097

第四节　典型国家立法范式 / 108

一、《德国反不正当竞争法》中的模仿自由原则 / 108

二、《日本不正当竞争防止法》中的模仿商品
形态条款 / 112

本章小结 / 116

第四章　模仿自由原则的适用：行为的类型化　‖　119

第一节　奴性模仿 / 123

一、奴性模仿的概念及发展 / 123

二、认定奴性模仿的相关要素 / 131

第二节　戏谑模仿 / 142

一、作品的戏谑模仿 / 143

二、商标的戏谑模仿 / 152

第三节　模仿与比较广告 / 163

第四节　逆向模仿 / 172

一、模仿自由原则与逆向模仿 / 172

二、逆向模仿与技术中立 / 177

本章小结 / 183

第五章　模仿自由原则在实践中的问题与出路　‖　186

第一节　我国司法实践中模仿自由原则的
适用与困境 / 186

一、适用模仿自由原则的案例样本 / 186

二、作为自由裁量的价值判断依据 / 197

第二节　基于模仿自由原则审视反不正当
竞争法的司法适用 / 200

一、反不正当竞争法与商标法的选择适用 / 200

二、反不正当竞争法与著作权法的选择适用 / 223

三、"一般条款"的定位与适用 / 238

第三节　利用模仿自由原则辩证分析"搭便车"行为 / 251

一、"搭便车"与知识产品 / 254

二、"搭便车"与商业道德 / 269

三、"搭便车"与商标混淆 / 273

第四节　构建公有领域与模仿自由原则的适用关系 / 287

一、传统研究视野中的公有领域 / 288

二、知识产权的扩张与公有领域的式微 / 291

三、模仿自由原则的适用与公有领域的划分 / 300

本章小结 / 306

结　论 ‖ 308

参考文献 ‖ 312

后　记 ‖ 334

绪　论

模仿自由原则的提出

近年来，实践中有关知识产权超保护和不正当竞争行为扩张趋势的案例层出不穷。面对权利人保护范围的扩张，司法实践中出现了只要有利益就予以法律保护的倾向。在保护知识产权的国家驱动力下，知识产权立法者和司法者长期专注于知识产权的保护工作，可能容易将市场中出现的模仿行为视为对知识产权的侵犯或构成不正当竞争行为。换言之，知识产权扩张的趋势将知识产权专有权利的保护视为原则，而将自由的模仿视为知识产权法的例外。在这种思维惯性的影响下，一些概念也悄然异化，如法院习惯利用"搭便车""不劳而获"等非法律概念判断竞争行为是否正当；突破《中华人民共和国商标法》（以下简称《商标法》）对"混淆"的判断方法，引入有关商标"淡化"的内容，并将其纳入商标侵权的认定思路中。同理，受到知识产权权利扩张趋势的影响，在不正当竞争的相关纠纷中，权利保护模式往往优先适用，"一般条款"成为保护专有权利之外所有竞争利益的兜底条款，反不正当竞争法逐渐"权利法"化，甚至比知识产权法提供了更高程度的保护。

通过禁止模仿保护知识产权及竞争者的利益是比较容易的，从法律条文的表述来看，禁止模仿似乎是知识产权法和反不正当竞争法的主要任务。但是，模仿行为本身并不具有天然的恶，模仿塑造了人类及人类文化，具有自然的正当性。模仿及模仿自由并非任何人的发明，在立法者用文字表达之前就指导着人类的思维和行动。这种先于人类社会实定法的法律理念、法律思想、规则或原则是客观存在的。对于知识产权法而言，知识的创造以模仿自由和公有领域为基础，在不断地借鉴与学习中积累的经验作为发挥创造性的基础，在创造出新知识后又成为新的被模仿的对象。而对于市场中的竞争行为，模仿更是竞争的常态，模仿自由是自由竞争的重要内容。从这一角度来看，模仿自由才是市场竞争的本质，而知识产权法和反不正当竞争法属于模仿自由原则的例外。

对模仿行为的认定是知识产权法和反不正当竞争法无法回避的问题。模仿自由原则的提出具有一定的理论基础和现实意义。模仿自由原则属于法伦理性原则，蕴含在法律体系内在价值秩序之中。虽然模仿自由原则在知识产权法和反不正当竞争法领域未被明确提出，但通过立法目的及具体条款的价值取向都可以论证模仿自由的正当性。本书认为，知识产权法和反不正当竞争法的制度设计是模仿自由原则的具体体现。从这个角度理解，模仿自由原则不再是束之高阁的某种无法直接适用的法的"理念"。不少国家的立法与司法实践已经明确确立了模仿自由原则，我国法院也正在探索模仿自由原则的适用。模仿自由原则的确立不仅为司法工作者解决纷繁复杂的模仿行为提供价值判断的依据，对于知识产权法和反不正当竞争法的理论问题的研究也大有裨益。

一、研究背景

人类文明的进步是从模仿开始。对于人类来说，最初的知识全部都只涉及外部世界，是一种对生活的内向观察伴随着并补充着那种外向观察。❶ 从牙牙学语到掌握各种生活或专业技能，人们都是在观察和学习的过程中，"自觉地效仿先进的榜样，可以吸取别人经验，扩大自己经验，作为进一步发挥创造性的基础"❷。模仿和模仿自由在不同领域都有一定数量的研究成果，通过"超星发现"系统检索模仿自由，可以发现该词出现频次较多的是在文化、科学、教育、体育等领域，如表 0-1 所示。

表 0-1 以"模仿自由"为研究内容的学科分类统计

序号	名称	数量/个
1	文化、科学、教育、体育	1 701
2	文学	607
3	工业技术	609
4	艺术	589
5	经济	380
6	政治、法律	325
7	语言、文字	162
8	哲学、宗教	103
9	医药、卫生	105
10	历史、地理	91

注：检索时间截至 2023 年 7 月 25 日，使用超星中图分类法。

---

❶ 卡西尔. 人论 [M]. 甘阳，译. 上海：上海译文出版社，2013：6.
❷ "辞海"编辑委员会. 辞海 [M]. 上海：上海辞书出版社，1980：1319-1320.

本书所讨论的模仿自由限于法学理论与实践，特别是知识产权法和反不正当竞争法领域的模仿自由（原则）。该部分研究成果，主要有以下几方面内容。

（一）模仿自由的概念

通过梳理文献，法学理论界的研究主要集中在对模仿构成不正当竞争的概念范围，较少正面关注模仿自由理论的建构，但并不否认模仿作为人类本能的意义，普遍认同模仿不只是简单的仿制，其中包含着渐进的创新，是创新传播的重要形式。[❶] 有美国学者指出，通过模仿竞争对手的产品进行竞争是一项基本权利，该权利只是被专利法或者版权法暂时否定；自由模仿和复制是原则，专利、商标、版权之类的专有权是例外。[❷]

国内较早关注模仿自由问题的学者认为，作为市场经济体制的固有特征，每个经营者可以自由地使用或模仿竞争对手未受知识产权法保护的知识成果。[❸] 对模仿自由明确定义的是韦之教授，他提出模仿自由是竞争法学和知识产权法学中的重要原则之一，模仿自由即行为人对他人精神成果中实质性相似的内容可以自主予以仿制的权利。[❹] 对于模仿自由适用领域，德国学者亦承认将模

---

❶ 刘大洪. 反不正当竞争法 [M]. 北京：中国政法大学出版社，2005：40-45；郑友德. 论模仿自由与不正当竞争 [J]. 经济法学、劳动法学（人大复印），2002（3）：39.

❷ MCCARTHY J T. McCarthy on Trademarks and Unfair Competition [M]. 4th ed, Eagan：Thomson Reuters/West，2008：51-52.

❸ 郑友德，刘平. 盲从模仿与非专利技术保护初探 [J]. 中国工商管理研究，1995（11）：12.

❹ 韦之. 试论模仿自由原则 [J]. 中国专利与商标，2019（1）：81.

仿自由原则适用于知识产权法之外的领域。❶ 孔祥俊教授认为，权利之外是公有领域，即属于模仿自由的范畴；❷ 陈学宇博士亦认为，模仿自由原则是指在知识产权之外的客体和领域，对不受知识产权法保护的知识产品，他人可以任意模仿，当且仅当特殊情况下模仿行为才会被禁止。❸ 国外也有学者认为，模仿自由是竞争自由的重要内容，是自由竞争政策的派生物，有时又被称为公有领域自由模仿（或复制）原则（The principle of free copying of things that in the public domain）。❹ 而韦之教授则将模仿自由原则的适用范围排除了触犯他人民事权利和完全属于公共领域两种情形，因为在公有领域的模仿不需要以模仿自由为抗辩理由。❺

另外，与模仿相关的"山寨"现象也一度成为国内热门话题，在这类文献中也可见到有关模仿或模仿自由的只言片语。例如，彭学龙教授认为，"山寨"就是"模仿"，一般意义上的模仿是竞争的应有之义，并无不当。❻ 梁志文教授提出，"山寨"的本质是自由模仿行为在权利垄断下的合法性。❼ 方恩升认为，"知识产权中的保护对象的创造性要求愈高，则被保护的力度愈大，即允许被模仿的空间就愈小"❽。黄汇教授则提出，知识产权作为法

---

❶ OHLY A. Free Access，Including Freedom to Imitate，As a Legal Principle a Forgotten Concept？［M］//KUR A，MIZARAS V. The Structure of Intellectual Property Law：Can One Size Fit All？Cheltenham：Edward Elgar Publishing，2011：100.

❷ 孔祥俊. 反不正当竞争法新原理：总论［M］. 北京：法律出版社，2019：148.

❸ 陈学宇. 全球视野下的反不正当竞争法修订——基于模仿自由原则的探讨［J］. 苏州大学学报（法学版），2018，5（1）：117.

❹ MCCARTHY J T. McCarthy on Trademarks and Unfair Competition：Vol. 1［M］. 4th ed，Eagan：Thomson Reuters/West，2008：51.

❺ 韦之. 试论模仿自由原则［J］. 中国专利与商标，2019（1）：81.

❻ 彭学龙. 法律语境下的"山寨明星"现象［J］. 知识产权，2011（1）：15.

❼ 梁志文. 从"山寨现象"看禁止盗用原则及其应用［J］. 法学，2009（7）：100.

❽ 方恩升. 法律视角中的山寨现象［J］. 河北法学，2009，27（11）：3.

律调整手段，与模仿具有对立性，"在知识产权制度体系中，尽管有模仿的语言，但更多是人们的一种文化情怀，只在与商业无关的私人使用中才有意义"❶。还有学者从符号学角度区分不同的"模仿"，有的是"为模仿而模仿"，目的是以假乱真；而有的模仿是为了"反叛"，从对模仿的隐喻中升华出反讽的含义。❷

在司法实践中，荷兰最高法院在阐释模仿自由的一般规则中指出："一般来说，每个人皆可自由地以尽可能完善之方式开发其工业产品并最佳地利用之——但依专利法或版权法授予他人以排他权而禁止的情形除外——为前述之目的，允许利用竞争对手的创造性思想和成果，使之为自身利益而体现在自己的产品中。"❸美国司法实践中总结出的"模仿是竞争的生命之血"（Imitation is the life blood of competition）❹ 及复制自由的学说（Doctrine of freedom of copying）❺，已成为维护自由竞争的重要原则。布兰德斯大法官（Justice Brandeis）在 International News Service v. Associated Press 案中认为，"模仿者追随拓荒者进入新市场，或者从事他人新推出产品的制造，他们追求利润的主要原因是第一位冒险家付出的劳力和金钱，但是法律认可并鼓励这种追求"❻。我国法院也有类似的表述，有法院提出，"模仿自由原则是自由市场原则的典

---

❶ 黄汇. "山寨"诉求与中国知识产权建设的未来 [J]. 法学评论，2015，33（3）：75.

❷ 王悦. 隐喻与反讽间的张力——从符号学角度解读山寨文化 [J]. 社会科学家，2010（9）：151.

❸ 郑友德. 论模仿自由与不正当竞争 [J]. 经济法学、劳动法学（人大复印），2002（3）：39.

❹ Hygienic Specialties Co. v. H. G. Salzman, Inc., 302 F. 2d 614, 1962; Smith v. Chanel, Inc., 402 F. 2d 562, 1968.

❺ Sears, Roebuck & Co. v. Stiffel Co., 376 U. S. 225, 84 S. Ct. 784, 1964.

❻ International News Service v. The Associated Press, 248 U. S. 215, 1918.

范""在市场经济环境下，利用和借鉴他人的市场成果是文化和经济发展的基石"❶。

（二）模仿自由与竞争的关系

自由市场经济国家应当允许模仿竞争者的产品或服务，但竞争必须是公平的。德国的司法案例显示，模仿自由原则应被倡导❷，并非所有的产品都受到禁止模仿的保护，因为适当和有限制地模仿是社会进步的要求。在我国司法实践中，也有法院持类似观点，即"模仿自由及使用或利用不受法定权利保护的信息是基本的公共政策，是一切技术和商业模式创新的基础"❸。

大多数学者从反不正当竞争法的目的出发，赞成竞争中的模仿自由原则。孔祥俊教授认为，反不正当竞争法不是保护经营者免受竞争的影响，而是根据市场的功能开展各种活动。经营者活动的成果及其提供的服务，只有在例外的情况下才会取得独占的或者排他性的地位。原则上，在法律规定的范围之外，允许其应用其他经营者的工作成果，或者提供相同的商品或者服务。反不正当竞争法只是在竞争者的活动因其他原因而违反善良风俗时，才予以干预。❹梁志文教授在承认模仿自由的前提下，认为美国司法实践发展出的"禁止盗用原则"可以用来判断模仿行为的合法性。❺

---

❶　常州市天宁区人民法院（2012）天知民初字第 1 号民事判决书。
❷　韩赤风. 德国知识产权与竞争法经典案例评析［M］. 北京：法律出版社，2014：126.
❸　上海知识产权法院（2016）沪 73 民终 242 号民事判决书。
❹　孔祥俊. 反不正当竞争法新原理：总论［M］. 北京：法律出版社，2019：148.
❺　梁志文. 从"山寨现象"看禁止盗用原则及其应用［J］. 法学，2009（7）：100-109.

周樨平教授从经济学角度提出，一定程度上，抄袭和模仿是很有效率的市场行为，接近经济学上的充分竞争，并不具有太高的非难性。法律不应该总是不鼓励或不赞成"抄袭"，因为"抄袭"保存竞争经济。知识产权法之外利用成果的行为，只有在特别违反竞争性的情况下才构成不正当竞争，否则有可能不适当地利用反不正当竞争法的手段扩张知识产权的保护范围，造成知识产权制度的落空。❶

刘大洪和郑友德也认为，反不正当竞争法对模仿行为的基本立场是以模仿自由为一般原则，以规制不正当模仿行为为特殊情形。"搭便车"行为能够构成不正当竞争，关键不在于是否利用了他人的成果，而在于利用行为是否实质性地损害了对方的竞争利益，进而影响整个社会知识产品的产出效率。❷"搭便车"行为涉及模仿自由与不正当竞争行为之间的界限问题。只要模仿和利用他人的劳动成果不为知识产权专门法所禁止，则模仿自由所必然伴随的"搭便车"行为就应当允许甚至被鼓励，"搭便车"行为并不被法律完全禁止。❸一旦模仿自由超出法律的限度时，应受到反不正当竞争法的规制。❹

（三）他国立法和实践中的模仿自由原则

从比较法领域看，已有不少国家的知识产权法或反不正当竞争法直接或间接地规定了模仿自由原则。例如，我国澳门地区

❶ 周樨平. 不正当竞争法对"商业抄袭行为"的规范 [J]. 法学，2012（6）：49.
❷ 刘大洪. 反不正当竞争法 [M]. 北京：中国政法大学出版社，2005：40-45.
❸ 蒋舸. 反不正当竞争法一般条款的形式功能与实质功能 [J]. 法商研究，2014，31（6）：140-148.
❹ 黄武双，于帮清. 论反不正当竞争法对知识产权的附加保护 [C] //中国知识产权发展战略论坛坛论文集，2005：206-208.

《著作权法》中将讽刺性之模仿及其他文学或音乐作品，即使灵感系来自其他作品之题目或主题的也作为作品予以保护。《美国商标法》也将商标的滑稽模仿（Parody）作为不侵权的抗辩理由。《西班牙反不正当竞争法》第十一条专门列有模仿自由原则的条款，该条规定模仿他人创意或商业成果在没有专有权利规制的情况下是法律允许的；❶《波兰反不正当竞争法》在第十三条表达了模仿自由原则的内容。通常来说，对他人工商业成果的模仿是合法的，只有那些具有竞争特征的成果被模仿时，才导致反不正当竞争法上的可苛责性。《德国反不正当竞争法》第四条第三项确立了模仿自由原则。该条款将行为人提供的商品或服务导致买家对企业的产地产生本可避免的错觉；不恰当地利用或损害被模仿商品或服务的声誉；以不诚实的方式获取了模仿所需的知识或者数据的模仿行为才是不正当交易行为。即对他人工商业成果的模仿是合法的，只有在特殊情况下出现了不正当的情形，才导致反不正当竞争法的介入。❷ 因而，对他人工商业成果进行模仿本身并不是不合法的，而是因为在模仿之外出现了不正当情形，才导致反不正当竞争法上的可责难性。德国联邦最高法院具体化模仿原则表明，"模仿自由是不言自明的常态，而模仿的禁止是需要说明理由的异态"。正如范长军教授所言，"反不正当竞争法涉及的不是'是否'可以模仿的问题，而是'如何'模仿的问题""被模仿的成果并不是因为花费努力和成本或因其本身完成而受到反不正当竞争法的保护，而是因为通过竞争者以不正当方式进入市场而受到保护"❸。

---

❶ De Competencia Desleal（Ley 3/1991, de 10 de enero）Artículo 11.
❷ 范长军. 德国反不正当竞争法研究 [M]. 北京：法律出版社, 2010：42.
❸ 范长军. 德国反不正当竞争法研究 [M]. 北京：法律出版社, 2010：142-143.

护必要的成果，通常以《反不正当竞争法》进行规制，这样可以使所谓"山寨"行为或产品得到遏制。但是，《反不正当竞争法》并非要对市场中所有模仿行为进行规制，适当的模仿反而有利于社会进步，如我国《反不正当竞争法》第六条禁止商业标识的仿冒行为。然而，商标作为符号资源具有稀缺性，对商业标识保护过度扩张必然导致许多商业标识成为专有权利的客体，不能随意使用或与之近似，经营者使用商业标识的成本大幅上升，妨碍市场竞争资源的正常使用，压制竞争者因模仿产生的创新意图，损害竞争的活力和市场的繁荣。因此，《反不正当竞争法》必须恰当地界定商业标识的合理使用与仿冒的界限。《德国反不正当竞争法》第四条第（三）项、《西班牙反不正当竞争法》第十一条、《意大利民法典》第两千五百九十八条（不正当竞争的行为）、《波兰反不正当竞争法》在第十三条都在不同程度上表达了模仿自由原则的内容，即对他人工商业成果的模仿是合法的，只有那些具有竞争特征的成果被模仿时，才导致反不正当竞争法上的可苛责性。因而，对他人工商业成果的模仿本身并不是非法的，而是因为在模仿之外出现了不正当情形，才导致反不正当竞争法上的介入。另外，使用霍菲尔德关于权利的基本概念进行分析，所谓圆满的自由还包括赋予其请求救济的权利。模仿自由原则不仅包括模仿他人精神成果的自由，还包括要求一定程度的模仿受到法律保护。这样的请求权是有一定基础的，在司法实务中可以作为使用者抗辩的重要理由。

当前，理论界对模仿自由与知识产权专有权利、不正当竞争行为之间的界限的认识仍存在不少争议，导致在司法实践中出现对法律规范适用的偏差。我国法院对知识产权法和反不正当竞争法中的不正当模仿行为是一贯禁止的，但论证过程却未充分注重区分正当模仿行为和不正当模仿行为，大多从经营者利益角度对"商业道德""诚实信用"等概念进行机械适用，缺乏对市场竞争秩序、消费者利益等的综合考量；对"不正当"的标准缺乏确定性，存在扩张适用知识产权法、反不正当竞争法"一般条款"进行保护的倾向；出现利用一些道德性概念扩充不正当竞争行为的内涵，不适当地限缩公有领域和模仿自由的现象，把本属于自由竞争的行为作为不正当竞争或纳入知识产权体系专有保护下。正如学者指出的，"禁止盗用原则、禁止仿冒原则、禁止盲从模仿行为等诸多限制模仿自由原则的'栅栏'正在探讨中被逐步建立"❶。因此，立足知识产权平衡理论，研究模仿自由并将其抽象为基本原则，对协调知识产权与不正当竞争规制之间的关系，维护知识产权法律制度所设定的利益平衡价值等方面具有重要意义。

三、研究思路与方法

（一）研究思路

本书根据"模仿—模仿自由—模仿自由原则"的研究思路，考察了主要国家立法与司法实践，论证模仿自由原则存在的合理性和必要性，并明确提出模仿自由作为法律原则有正当性。本书通过对域外案例的总结及对模仿行为的类型化分析，提出对我国司法实践适用模仿自由原则的主要路径。主要思路框架参见图 0-1。

---

❶　陈学宇. 全球视野下的反不正当竞争法修订——基于模仿自由原则的探讨 [J]. 苏州大学学报（法学版），2018，5（1）：116.

可以与客观伦理秩序和其他一般法律思想，共同构成法官进行价值衡量的重要考量要素。

与此同时，价值判断具有实质理性的品格。模仿自由原则根植于市场经济与自由贸易，其中所蕴含的自由、公正、平等价值遵循着客观的经济规律。这意味着在市场竞争秩序问题的价值判断上，需要结合市场经济自由竞争的标准慎重考虑"搭便车""盗用""挪用""不劳而获"等非法律构成要件作为判断不正当竞争行为的规则和标准予以适用的情形。

2. 规范分析方法

法的规范性问题是法学研究的核心问题。规范法学或法教义学的研究方法，是以对现行法的解释论为代表，追求法律概念体系精致、结构统一、逻辑严密，是法学领域内生性的、真正属于自身的研究方法。❶ 在对现行法律规范进行分析时可知，虽然我国成文法并没有明确规定模仿自由原则，但是模仿自由原则蕴含在现有法律规范背后所体现的法律思想、法律理念当中，模仿自由原则在法律体系中应有一席之地。也因此，即使没有作为实定法律原则出现，在一些不确定概念或利益冲突的场合，模仿自由作为法律原则也可以起到漏洞填补、价值补充的作用。

3. 案例实证分析方法

大陆法系国家司法案例的地位仅次于成文法，即属于补充性法律渊源。对案例进行实证分析需要将一国的立法背景与司法传统一并予以考量。虽然模仿自由原则在我国并不是一项法律明确规定的原则，但是从检索到的案例来看，已经有法院借由法律体

---

❶ 屈茂辉，肖霄. 法学何以是社会科学——法学的社会科学属性再论 [J]. 湖湘论坛，2018，31（2）：156.

系背后的法理或基于自由竞争、公平竞争等社会普遍价值理念，直接运用或隐性表达了模仿自由原则的内容。对于我国现行立法规范来说，模仿自由的实证研究是发掘该原则根本指向的关键，影响着未来立法的走向与选择。

4. 比较研究分析方法

大陆法系主要国家通常制定成文的反不正当竞争法，其中模仿自由或禁止奴性模仿是一项重要内容。在立法范式上，主要有两种方式：第一，直接确立了模仿自由原则，并列举了模仿自由的例外情形，西班牙和波兰反不正当竞争法采取此种模式；第二，通过列举了禁止不当模仿的特殊情形，间接确立模仿自由原则，德国、日本、意大利采用此种方式。模仿自由或复制自由等内容深深根植于自由竞争的理念之中，一些国家根据这些基本的"普世价值"推导出了模仿自由原则，如法国、荷兰等在司法实践中总结出了一些允许正当模仿的内容。英美法系的"仿冒"（passing off）制度及司法实践都取得了丰富的经验，并具有一定的借鉴意义。美国法院也通过司法判例总结出的"模仿是竞争的生命之血"（Imitation is the life blood of competition）被广泛接受和引用。

无论成文法还是判例法国家，模仿自由的判断标准普遍通过"案例群"的建立各自发展，虽然各国在表述方面略有不同，但对于禁止混淆、允许功能性模仿已基本形成共识。国外的学者也特别注意从经济学或社会心理学方面对诸如"搭便车"或"禁止盗用"等问题进行深入研究。我国的模仿自由问题应当关注这些国家的立法和司法实践，对我国模仿自由领域问题的研究具有重大的理论与现实意义。

第一章

模仿：有关人类本能的社科理论

唯一对历史有意义的就是模仿的历程。

——［法］塔尔德

模仿不仅是一个法律概念，探求"模仿"的真意时，不能仅拘泥于法律的视野。这一概念涵义之广泛、适用之普遍，从人类学习直立行走到人工智能的产生，皆没有办法离开模仿，甚至动物世界的模仿也不是一个可以视而不见的现象。本章从人文社科理论的角度追寻"模仿"概念的演变，不免有所疏漏，将尽量择取对本书有启示或贡献的观点。

第一节　人类固有的天性和本能

一、"模仿"与"摹仿"之辨

按照《辞海》的解释，模仿是指仿照一定榜样做出类似动作和行为的过程。❶ 在社会科学领域，还有一个概念与模仿经常替代使用，即摹仿。在古代汉语中，如北宋《朱子语类》中，同时出现了"模仿"与"摹仿"，且有关"模仿"的用法多于"摹仿"❷，"模仿"并不比"摹仿"出现得更晚❸。但细究起来，摹仿特别指模仿书画或修辞方面的手法。❹《说文解字》是我国第一部系统分析汉字字形和考究字源的字典，其中对"模"和"摹"做了不同的注解；"模"法也，从木莫聲；❺ "摹"玩也，从手莫聲。❻ 韩愈言："余之手摹也。"❼ 因此，"摹"更多偏向是用手仿写，动作的发出者是人。在临摹、摹帖、摹字等字画艺术方面，只能用"摹"而不是"模"。并且，越与原作接近，达到以假乱真即为"摹"。而在大多数古汉语语境下，当与"仿"连用，"摹"与"模"语义略同。

《现代汉语词典》显示，模仿即摹仿❽，大多数情况下可以通用。在由北京大学中国语言学研究中心（Center for Chinese Linguistics）开发的 CCL 语料库（网络版）中检索发现，"摹仿"现

---

❶ 《辞海》编辑委员会. 辞海 [M]. 上海：上海辞书出版社，1980：1319-1320.

❷ 例如，"古人作文作诗，多是模仿前人而作之。盖学之既久，自然纯熟""列子后有庄子，庄子模仿列子，殊无道理""刘贡父文字工于摹仿。学公羊仪礼"。

❸ 欧阳国亮，白晓峰. 关于"摹仿笔迹""模仿笔迹"的若干考证 [J]. 中国刑警学院学报，2016（3）：33. 该文指出"模仿"的用法比"摹仿"出现得晚。

❹ 《辞海》编辑委员会. 辞海 [M]. 上海：上海辞书出版社，1980：609.

❺ 许慎. 说文解字：第六卷上 [M]. 北京：中华书局，1963：120.

❻ 许慎. 说文解字：第十二卷上 [M]. 北京：中华书局，1963：256.

❼ 韩愈. 画记 [EB/OL].（2019-06-04）[2023-11-14]. https://kekeshici.com/zuozhe/hanyu/mingshishangxi/154788.html.

❽ 中国社会科学院语言研究所辞典编辑室. 现代汉语辞典：修订本 [M]. 北京：商务印书馆，1996：893.

代汉语条目有 392 条，而"模仿"现代汉语条目则多达 3569
条。❶ 通过"超星发现"系统检索近二十年发表的论文也发现，
"摹仿"检索出的文献多集中于文学和艺术学类，并且少于"模
仿"相关文献。从主体来看，"模仿"动作的发出者也不再限于
人类，还出现了有关人工智能的模仿。另外，在儿童教育、心理
学研究、企业管理、军事战略部署方面，也经常使用"模仿"而
非"摹仿"。可见，"模仿"已超出文学艺术领域的适用，在内涵
上"也在慢慢地跳出临摹、仿照、临写与'模板'类似的限制，
不要求达到与模仿对象完全一致的效果，反映了模仿过程中的个
人感悟和体验，而这些感悟和体验也成为创新的萌芽"❷。

综上，在近现代汉语中，"模仿"的含义范围比"摹仿"更
广。使用"模仿"更为接近本书的研究内容，但在下文中如引用
原文使用的是"摹仿"，则本书不再改为模仿。

二、人类对自然的模仿

亚里士多德言，"人和动物的一个区别就在于人善于模仿，并
通过模仿获得最初的知识"❸。对于人类来说，最初的知识全部都
只涉及外部世界，是"一种对生活的内向观察伴随着并补充着那
种外向观察"❹。在观察和学习的过程中，人们有意识地追随先进

---

❶ 二者的古代汉语条目皆为 61 条。CCL 语料库 ［EB/OL］. ［2020-06-10］. ht-
tp：//ccl. pku. edu. cn：8080/ccl_corpus/index. jsp？dir=xiandai.

❷ 艾诗根. "模仿"观念的教育基础与学习意蕴：基于词源学的比较分析 ［J］.
基础教育，2018，15（1）：16.

❸ 亚里士多德. 诗学 ［M］. 陈中梅，译. 北京：商务印书馆，1996：47.

❹ 卡西尔. 人论 ［M］. 甘阳，译. 上海：上海译文出版社，2013：6.

的榜样，吸取经验并作为进一步发挥创造性的基础。❶ 可以说，"模仿"一词具有两层含义："模"和"仿"。"模"是第一步，以某一对象作为模范或榜样；第二步是"仿"，即效仿，在仿的过程中可以有所创造，但仍可以依稀辨别出"模"的痕迹。❷

　　文化离不开模仿，或者说所有的文化都起源于模仿。最古老的象形文字是从原始地描摹事物的外形特征开始记录与传承，试图建构人与自然的模仿关系。李泽厚先生考察了仰韶型和马家窑型的彩陶动物纹样，发现其也是从模仿动物形象的写实而逐渐抽象化、符号化。❸ 本书决定将"模仿"作为研究对象，便不能忽视模仿的相关美学（艺术）理论。古典主义和新古典主义传统的艺术理论通常关注艺术与现实世界的关系，"摹仿说"或"模仿原则"在 18 世纪前 175 年的艺术理论占了绝对统治地位。❹ 逼真的模仿在希腊成为艺术家的普遍追求，提出所谓艺术就是"模仿的技艺"。❺ 在古希腊文艺理论中，mimēsis 或 mimēma（摹仿、表现）是指表演式模仿，人物的摹拟像或器物的复制品。❻ 所谓摹仿说，即以摹仿作为艺术的真正目的，是对经验世界的描绘或复写。摹仿说将作品视为一种对禽兽、理式、行动中的人、上帝、自然抑或其他的模仿。❼ 卡西尔将语言和艺术都归入摹仿的范畴，他认为："语言是对声音的摹仿，艺术则来源于对周围世界的摹

❶　辞海编辑委员会. 辞海 [M]. 上海：上海辞书出版社，1980：1319-1320.
❷　古代汉语中模本身也有模仿、效法之意，如汉朝班固作《汉武帝内传》："（刘）徽书之金简，以身模之焉"。参见广东、广西、湖南、河南辞源修订组. 辞源：第二册 [M]. 北京：商务印书馆，1980：1622.
❸　李泽厚. 美的历程 [M]. 天津：天津社会科学院出版社，2002：30-34.
❹　托多罗夫. 象征理论 [M]. 王国卿，译. 北京：商务印书馆，2004：142.
❺　周宪. 美学是什么 [M]. 北京：北京大学出版社，2015：74，156.
❻　亚里士多德. 诗学 [M]. 陈中梅，译. 北京：商务印书馆，1996：206.
❼　陈杰. 论著作权的正当性 [M]. 北京：知识产权出版社，2016：67-72.

仿，摹仿是人类本性的主要本能和不可再还原的事实。"❶ 在特定时期，一些思想家还认为，"艺术从本质上说是模仿性或者再现性的，界定所有各种艺术作品并且使它们具有其价值的、为它们所共同具有的特征，就存在于模仿之中"❷。

模仿的含义可以有相当大的变化和扩展。"艺术就是模仿"是人们关于艺术所提出的最早的理论观点之一。希腊哲学家们普遍支持原始的摹仿自然论，其中柏拉图在《理想国》中提出的观点影响最为深远。柏拉图用"理式"来统摄杂多的同名的个别事物，只要"拿着镜子四面八方地旋转"就可以模仿现实世界。❸艺术世界是由摹仿现实世界来的，现实世界又是摹仿理式世界而来，理性世界是第一性的。❹ 他以"床"的概念为例，提到关于"床"的三个层次：第一层是自然中本有的，由"神"创造，也是理式的床；第二层是工匠制造的，作为家具使用的床；第三层是画家摹仿神和木匠所制造的床，是有关床的摹本。❺

柏拉图认为，艺术与真理隔着三个层次。模仿性的诗只能描绘现象而不能反映真理，这也意味着摹本并不是被模仿的真实事物，摹本的价值通常比较低。可见，柏拉图的模仿理论更关注模仿对象，不讨论模仿的过程，他认为的模仿似乎天然地带着评价性。然而，看似被动的模仿包含着许多创造性的表现，蕴含着艺术家个人的经验和风格。朱光潜先生评价柏拉图的模仿理论时指

---

❶ 卡西尔. 人论 [M]. 甘阳，译. 上海：上海译文出版社，2013：235.

❷ 谢泼德. 美学：艺术哲学引论 [M]. 艾彦，译. 沈阳：辽宁教育出版社，1998：7-8.

❸ 柏拉图. 柏拉图文艺对话集 [M]. 朱光潜，译. 北京：商务印书馆，2013：66-67.

❹ 朱光潜. 西方美学史：上卷 [M]. 北京：商务印书馆，2011：48.

❺ 柏拉图. 柏拉图文艺对话集 [M]. 朱光潜，译. 北京：商务印书馆，2013：68-69.

出，柏拉图所了解的摹仿只是"感性事物外貌的抄袭，当然看不出事物的内在本质"，肯定了文艺摹仿现实世界，却也否定了现实世界的真实性，是一种"庸俗的自然主义"。❶

柏拉图的学生亚里士多德对模仿的理解更为深刻：模仿不是被动的抄袭，而是要发挥诗人的创造性和主观能动性，揭示本质与内在联系。❷亚里士多德将"模仿"视为"仿制"与"改变"的结合体，其所追寻的是一种"塑造性的模仿"。❸他把任何事物的形式都看成艺术创造，"如果说艺术家摹仿自然，自然只是材料因，作品的表现是形式因，艺术家才是创造因"。❹不仅肯定了艺术家的创造性，还将模仿说拓展至艺术欣赏者的角度。他提出模仿出自人的天性，不仅是艺术家的追求，还可以给人带来快感和知识，因为他人可以从作品中辨别出人物或事物，从中获得一种认知的愉悦。❺

可见，模仿说并不要求模仿品与对象完全一致。包括卡西尔在内的其他哲学家皆承认，摹仿说并不是对现实存在的机械复制，"所有的摹仿说都不得不在某种程度上为艺术家的创造性留出余地"❻。卡西尔将这种自发性和创造力理解为一种干扰性因素，但是它可以被限制在适当的界限内并且服从普遍的规则。❼苏格拉底也反对把"摹仿"理解为"抄袭"，认为"艺术不是奴隶似的临摹自然，而是在自然形体中选择一些要素，去构成一个极美的整

❶ 朱光潜. 西方美学史：上卷 [M]. 北京：商务印书馆，2011：50, 65.
❷ 朱光潜. 西方美学史：上卷 [M]. 北京：商务印书馆，2011：87.
❸ 史良. 模仿 [J]. 德语人文研究，2015, 3（2）：63.
❹ 朱光潜. 西方美学史：上卷 [M]. 北京：商务印书馆，2011：75.
❺ 周宪. 美学是什么 [M]. 北京：北京大学出版社，2015：158, 162.
❻ 卡西尔. 人论 [M]. 甘阳，译. 上海：上海译文出版社，2013：237.
❼ 卡西尔. 人论 [M]. 甘阳，译. 上海：上海译文出版社，2013：237.

体"。● 为到达最高的美，不仅要复写自然，还应偏离自然。托多罗夫还提出模仿的第二等级是按照某种看不见的理想"选择过""修正过"的自然。❷ 这种"看不见的理想"就是艺术家的个性与风格。进而，在艺术理论发展过程中出现了以多种多样意义的"再现"（representation）以表达模仿。Representation 包括多种含义，如参议院"代表"选民，画像"再现"对象，商标"表示"产品。❸ 也因此，这一说法对再现物的价值表达得更模棱两可。❹

综上，美学视角对于模仿的讨论其实就是对人类模仿的哲学思考。整体来看，人类，包括艺术家的模仿并不是依样画葫芦，而是创造性地再现实在世界，不同程度地包含着创作主体的意向性。❺ 模仿是一个复杂的"化合"过程，客观的物象和主观的体验相互交织、彼此作用，形成了极富变化的形态。❻ 正是与实物的差异性才使得艺术创造具有永恒的活力和无限的可能。模仿不是对外在物象的盲目复制和抄袭，而人们却经常认为这是模仿理论

● 朱光潜. 西方美学史：上卷 [M]. 北京：商务印书馆，2011：40.

❷ 托多罗夫. 象征理论 [M]. 王国卿，译. 北京：商务印书馆，2004：151.

❸ 比厄斯利. 美学史：从古希腊到当代 [M]. 高建平，译. 北京：高等教育出版社，2018：43. 也有学者提出 mimesis（模仿）至少包含 imitation 和 representation 两个含义，模仿根据语境和对象选用不同，分为"复制意义上的模仿"和"再现意义上的模仿"。参见赵炎. 柏拉图的眼光：模仿与古希腊艺术 [M]. 南宁：广西美术出版社，2018：29. 牛津字典显示，mimesis 包括 example，mimicry，imitation 三个含义，主要是指文学艺术领域中对现实世界的正式的、技术性模仿。BURCHFIELD R W. A Supplement to the Oxford English Dictionary：Volume Ⅱ（H-N）[M]. London：Oxford University Press, 1976：957.

❹ 谢波德. 美学：艺术哲学引论 [M]. 艾彦，译. 沈阳：辽宁教育出版社，1998：13.

❺ 傅道彬，于茀. 文学是什么 [M]. 北京：北京大学出版社，2017：27.

❻ 周宪. 美学是什么 [M]. 北京：北京大学出版社，2015：169-170.

所暗示的主要内容。❶ 本书不会再讨论"再现"与"视为"❷ 等概念，因为这触及更深层次的艺术哲学理论的流变，超出了笔者的研究范围。

第二节　社会学和经济学中的模仿理论

一、模仿即传播

随着模仿行为在社会中的体现，作为美学原则的模仿突破了自身所处的艺术桎梏，逐渐成为阶级社会的重要组成部分。❸ 塔尔德是法国社会学创始人之一，在其著作《模仿律》中将模仿定义为："一个头脑对隔着一段距离的头脑的作用，一个大脑的表象在另一个感光灵敏的大脑皮层上产生的类似照相的复写。"❹ 塔尔德主张"泛模仿"，即一切或几乎一切社会行为都是模仿并且会以几何级数增长，"社会中一切相似性的社会根源是各种形式的模仿的直接或间接的结果"❺，因为模仿是在社会中生存的人类的本能。这种本能是自然而然产生的，是人类欲望的必然结果，但是这一欲望不是懒惰或抄袭的借口，这样的欲望是合理的，可以推

---

❶　史密斯，瓦尔德. 艺术理论指南［M］. 常宁生，邢莉，译. 南京：南京大学出版社，2017：23.

❷　维特根斯坦曾经对"视为"这个概念作出过某些评论，他使用各种各样的图形，包括非常著名的"鸭兔同图"举例说明。

❸　史良. 模仿［J］. 德语人文研究，2015，3（2）：67.

❹　塔尔德. 模仿律［M］. 何道宽，译. 北京：中信出版社，2020：第2版序.

❺　塔尔德. 模仿律［M］. 何道宽，译. 北京：中信出版社，2020：18.

导出一切社会理性规律。❶

与此同时，在《模仿律》一书的序言中作者还提出两组相关的概念。一组是"反模仿"和"非模仿"。"反模仿"也是模仿的一种，他认为，最富有模仿的行为就是压抑自己追随事物潮流的天然倾向，即假装逆潮流而动。❷ 在"反模仿"的前提下又提出了"非模仿"的概念，非模仿是一种非社会的关系，包括割裂传统与孤立邻居（包括他国经验）。❸ 另外一组是"逻辑模仿"和"超逻辑模仿"，它们是影响革新和模仿的社会原因。其中，"超逻辑模仿"是模仿的外在规律，即更优越的对象，越满足主流文化发明的对象总要受到最多的模仿。❹

塔尔德的贡献还在于提出了模仿的三个定律，即"从内心到外表"扩散的模仿律、"自上到下"辐射的模仿和"自下到上"辐射的模仿。而对本书主题具有重要启示的是其中涉及的发明和模仿（此处的"发明"是指任何类型的革新或改进，非仅指专利法意义上的发明）之关系。发明和模仿是基本的社会行为。❺ 从历史发展的角度来看，认为凡是具有真正意义的历史事件，无非三个范畴：某种模仿的兴衰、不同模仿的组合、人的行为等阻碍其传播或修正其方向。❻ 也就是说，新的发明就是不同模仿的重组。他们是一个接一个串联在一起的，或自我依靠，或互相依靠。❼ 发明兴起于不自知地、无意识地模仿或人为地、有意识地模

---

❶　塔尔德. 模仿律［M］. 何道宽，译. 北京：中信出版社，2020：60.
❷　塔尔德. 模仿律［M］. 何道宽，译. 北京：中信出版社，2020：第 2 版序.
❸　塔尔德. 模仿律［M］. 何道宽，译. 北京：中信出版社，2020：第 2 版序.
❹　塔尔德. 模仿律［M］. 何道宽，译. 北京：中信出版社，2020：171，256.
❺　塔尔德. 模仿律［M］. 何道宽，译. 北京：中信出版社，2020：175.
❻　塔尔德. 模仿律［M］. 何道宽，译. 北京：中信出版社，2020：166.
❼　塔尔德. 模仿律［M］. 何道宽，译. 北京：中信出版社，2020：117.

仿，有时候并不是只模仿个别人，而是在"某一方面借用成千上万人的思想或行为，并加以组合"❶。可以见得，在这位社会学家眼里，社会中的相似性，包括发明创造也是由模仿而来。因为个人的模仿行为是由其他既成的模仿行为引起的❷，每一项发明不可能不借鉴前人的成果，不可能抛弃模仿。发明通过模仿被保存下来并得以传播，每一项发明通过模仿而成为新产品辐射的中心。❸因此，在发明者与模仿者之间存在着传承与孕育的关系。将眼光放远一些时，模仿的产物已成为一种全新的发展，产品身上看不出第一位工匠摸索的痕迹。❹

　　社会学领域还有学者将模仿他人的行为称为社会学习。个人学习是创新的源泉，但社会学习传播着创新。❺ 他们通过建模的方式，将模仿分为针对性模仿和非针对性模仿。前者是指有意识地模仿有利的行为，为了改善而模仿；后者即人们下意识地模仿，并且并不清楚模仿的对象。❻ 在民主社会以质量为标准的有针对性地模仿，比后者（单纯地模仿大多数）更为理想。当人们针对性地模仿真正有能力的人或更好的商业模式时，更多的创新者可以带来质量更高的改变；在非针对性模仿模型中，只有创新者占人口总数的比率上升，更新才会加快。❼

---

❶ 塔尔德. 模仿律 [M]. 何道宽，译. 北京：中信出版社，2020：第2版序.
❷ 塔尔德. 模仿律 [M]. 何道宽，译. 北京：中信出版社，2020：196.
❸ 塔尔德. 模仿律 [M]. 何道宽，译. 北京：中信出版社，2020：68.
❹ 塔尔德. 模仿律 [M]. 何道宽，译. 北京：中信出版社，2020：42-43.
❺ 本特利，伊尔斯，奥布莱恩. 窃言盗行：模仿的科学与艺术 [M]. 何亚婧，译. 北京：清华大学出版社，2013：157.
❻ 本特利，伊尔斯，奥布莱恩. 窃言盗行：模仿的科学与艺术 [M]. 何亚婧，译. 北京：清华大学出版社，2013：124.
❼ 本特利，伊尔斯，奥布莱恩. 窃言盗行：模仿的科学与艺术 [M]. 何亚婧，译. 北京：清华大学出版社，2013：135-137.

德国学者乌尔夫（Wulf）教授也赞同模仿在社会形成中的重要作用。他认为，文化产品、实践和知识是通过人类的模仿能力传承到下一代，并在此过程中被改造或重新创造。❶ "即使在复杂的脑力过程和社会过程中，模仿也起着根本性作用。模仿绝不是纯粹的仿作，它是创造性仿效。"❷ 对于模仿的概念，乌尔夫从符号学中汲取营养，提出模仿不再是单一的以"现实"作为模仿原型的效仿关系，而是一种表现关系，可以指模拟一些没有被给出的事物。❸

二、模仿即创新

20 世纪对"模仿"问题的研究逐渐褪去了过往几个世纪或作为"美学"原则，或作为"社会"结构元素的含义，逐渐回归到其最初的"生产相似性"的本意。❹ 在经济学或企业管理领域，模仿与创新的概念经常连用。有澳大利亚学者指出，"国家文化和技术的发展是通过反向工程和模仿他人的生产来实现的，学习和竞争是建立在模仿竞争对手的行为、产品和工艺这些复杂过程的基础之上的"❺。当前，我国正倡导实现"从 0 到 1 的突破"❻，这期间必然有"−1 到 0"的过程，还有"1—100"的模仿与再创造。创新是一个积累、集合、竞争的过程，在创造更新和更优的

---

❶ 乌尔夫. 社会的形成 [M]. 许小红，译. 广州：广东教育出版社，2012：38.
❷ 乌尔夫. 社会的形成 [M]. 许小红，译. 广州：广东教育出版社，2012：7.
❸ 武尔夫. 教育人类学 [M]. 张志坤，译. 北京：教育科学出版社，2009：60-61.
❹ 史良. 模仿 [J]. 德语人文研究，2015，3（2）：67.
❺ 达沃豪斯，布雷斯韦特. 信息封建主义 [M]. 刘雪涛，译. 北京：知识产权出版社，2005：2.
❻ 2020 年 9 月 11 日习近平在科学家座谈会上的讲话.

产品过程中，基于现有创造物进行再创造的能力十分关键。❶ 即使是当今以"创新"自居的腾讯，自初期也被称为"模仿者"或"微创新"，其非但不以模仿为耻，还提出模仿是最稳妥的创新。❷

有关创新的理论不得不提到熊彼特（Schumpeter），他被誉为"创新理论"的开创者。他强调企业家和创新者的重要性，认为是他们将"新的组合"引入到新产品或新工艺中，并认为"经济发展的本质在于创新"。❸ 虽然熊彼特过于强调创新的激励作用，未考虑模仿带来的公共利益，但是他有关创新和模仿关系的论述值得参考。熊彼特在《经济发展理论》一书中强调生产材料和生产力量的"新组合"是通过旧组合小步骤地不断调整产生的❹，创新与效仿这一动态性的连续过程构成竞争的真正本质❺。可见，创新是一个"有序发生"（sequential）并且"相互补充"（complementary）的过程。"顺序创新"（sequential innovation）是指每项发明都是在前序发明的基础上进行构建。❻ 创新、模仿、适应的循环往复是经济发展的根本动力。在一个连续"模仿—创新"的环境中，尽管模仿减少当前的利润，但它增加了后续创新的可能

---

❶ RAUSTIALA K，SPRIGMAN C. The Knockoff Economy：How Imitation Sparks Innovation［M］. New York：Oxford University Press，2012：15.

❷ 吴晓波. 腾讯传 1998—2016：中国互联网公司进化论［M］. 杭州：浙江大学出版社，2017：133.

❸ 熊彼特认为创新在短期内会产生超额利润，长期却由于模仿导致利润最终会消失，垄断才是资本主义经济技术创新的源泉. 萨缪尔森，诺德豪斯，经济学［M］. 18 版. 萧琛，译. 北京：人民邮电出版社，2008：169.

❹ 熊彼特. 经济发展理论［M］. 何畏，易家详，等译. 北京：商务印书馆，1990：75.

❺ 森图姆. 看不见的手：经济思想古今谈［M］. 冯炳昆，译. 北京：商务印书馆，2016：16.

❻ BESSEN J，MASKIN E. Sequential Innovation，Patents，and Imitation［J］. The RAND Journal of Economics，2009，40（4）：611.

知识产权保护会同时损害发达国家和发展中国家；而在复制性模仿或水平产品创新的垄断竞争情况下，严格的知识产权保护却有利于技术的转移者和接收者。● 模仿经济学学者提出了"不可模仿"是垄断的一种新解释，同时以是否受契约限制区分了内部模仿和外部模仿。❷ 社会学家塔尔德的"模仿的双向流动"定律可以推出发明人到模仿者的循环规律，而"反模仿"也正是生产差异产品的重要内在原因。

综合以上文献，各学科都在积极地论证模仿存在的必要性和合理性，从这个方面来说，也间接论证了模仿自由的正当性。但是，这样的模仿自由仍对触碰法律底线的"恶性模仿"，或完全一致的抄袭、照搬持反对态度。因为，此时的模仿与创造性完全脱离了关系，可能会带来负经济效应。模仿自由是有条件且存在例外的，这对即将展开的论述有至关重要的作用。接下来将在法学领域深入探索模仿和模仿自由的存在空间。

● 庄子银. 创新、模仿、知识产权和全球经济增长 [M]. 武汉：武汉大学出版社，2010：524-525，626.

❷ 任寿根. 模仿经济学 [M]. 北京：中国财政经济出版社，2003：13-14.

第二章

模仿自由：法学的立场

> 如果人类有一些"自然"权利，最大的权利一定是有权模仿他的同伴。
>
> —— [美] 本杰明·卡普兰

模仿是社会生活中极为普遍且合理的现象，从上文梳理的社会学、经济学、美学等学科中有关模仿的理论来看，模仿本身就包含模仿自由的内容。模仿既然是人类社会不可缺少的生存状态和方式，那么模仿自由也应属于不言自明受到保护的应然状态。模仿自由作为法律规范的正当性基础，其本身就是社会正常的存在，就是正当或应当的。❶ 通常来说，任何主体都可以模仿他人，包括行为、语言和成果，除非法律明文禁止，否则不能做出损害他人合法利益的模仿。本章主要讨论的是宪法意义上的模仿自由，作为一项"自然权利"，其与表达自由、竞争自由、公平竞争等概念的关系。当然，首先需

---

❶ 此部分参考宋慧献教授《版权保护与表达自由》第一章中有关"表达—表达自由"的思路。参见宋慧献. 版权保护与表达自由 [M]. 北京：知识产权出版社，2011.

要界定"模仿自由"的概念。

第一节 作为基本权利的模仿自由

一、模仿自由的基本建构

模仿自由就是模仿他人的自由。前文主要针对模仿的概念进行界定，本节将结合自由的概念对模仿自由进行建构。首先，学界对自由的定义十分丰富，不仅是法学家，哲学家、社会学家等都参与其语义规则的讨论，如马克思认为自由"不仅包括我靠什么生活，而且也包括我怎样生活，不仅包括我做自由的事情，而且也包括我自由地做这些事"❶。但是，理论家们很难像指着某件实物定义该物品那样定义自由❷，马克思这般用自由来定义"自由"似乎并未直接说明自由是什么。笔者无法超越先贤，也无意对自由进行重新界定。对模仿自由进行界定首先需要从自由与权利的关系入手，笔者试图阐释为何研究对象为模仿的"自由"，而非模仿的权利或模仿自由权。

在中国法的大部分语境中，权利与自由可以通用，如言论自由权或者人身自由权，《中华人民共和国宪法》（以下简称《宪法》）也将这些内容规定在"公民基本权利和义务"章节。但在一

---

❶ 马克思. 关于新闻出版自由和公布省等级会议辩论情况的辩论 [M] //马克思恩格斯全集：第 1 卷. 中共中央马克思、恩格斯、列宁、斯大林著作编译局，译. 北京：人民出版社，1995：181.

❷ 莱奥尼等. 自由与法律 [M]. 秋风，译. 长春：吉林人民出版社，2004：47.

些语境下，自由和权利又是此消彼长的关系，如知识自由和知识产权。前者主张知识分享自由，打破垄断壁垒，在不支付使用费的情况下获得知识；而后者正是以法定赋权的方式保护创造者获得激励。因此，首先需要明确自由和权利的关系。德国学者阿克塞尔·霍耐特总结了历史上有关自由的主要学说，认为主要分为消极自由、积极自由（或称反思自由）及社会自由三个类型。❶ 其中，赛亚·林伯提出的积极自由和消极自由具有一定影响力。积极自由是指对自我的自主支配权，消极自由是指一个人能够不受他人阻碍可以自由行动的领域。❷ 以此划分，霍布斯为消极自由的代表人物，卢梭、康德、穆勒为积极自由的代表，黑格尔的理论则被归为社会自由一派。但是，就自由和权利（自由权）的关系来说，霍布斯、斯宾诺莎、康德和黑格尔等都认为，自由是权利的主要内容，这类观点又被称为"自由说"。例如，霍布斯提到自由本意即指没有阻碍的状况❸，他将自由看作权利的本质，或者认为权利就是自由。黑格尔则从意志角度解说自由，认为"自由是意志的根本规定"❹，有意志就有自由，每个人也就有了伴随着意志自由俱来的权利。但也有观点批评道，意志本身的自由只是精神自由，只有行为自由即社会自由才是规范的自由，亦即法的自由；❺ 将权利与自由混谈，忽略了两概念在不同意义上的含义和用法。❻

　　自由是一切社会价值的首要价值，在一个民主社会，没有自

---

❶ 霍耐特. 自由的权利 [M]. 王旭，译. 北京：社会科学文献出版社，2013：49.

❷ 王宝磊. 超越积极自由与消极自由——从伯林的两种自由概念说起 [J]. 武汉大学学报（哲学社会科学版），2014，67（1）：17.

❸ 霍布斯. 利维坦 [M]. 黎思复，黎廷弼，译. 北京：商务印书馆，2009：162.

❹ 黑格尔. 法哲学原理 [M]. 范扬，张企泰，译. 北京：商务印书馆，1961：13.

❺ 王利民. 论法律人格的本质 [J]. 社会科学辑刊，2006（4）：74.

❻ 舒国滢. 权利的法哲学思考 [J]. 政法论坛，1995（3）：3.

由为基础，权利的构建也是空中楼阁。毫无疑问，权利和自由不能完全脱离关系，只不过不能简单地直接给出一个定义，而是要考虑相关要素。例如，有学者提出，"一个完整的权利是由三种相互关联的具体权利复合而成，即自由权、请求权、诉权的统一"❶。还有观点称，权利包括了"正当的利益、主张、资格、力量和自由五个要素"。当自由作为权利内容之一时，通常可以称为自由的权利，即自由权，如对人身享有自由就是人身权。然而，也并不是所有的权利都以自由为内容，如监护权。因此，所谓作为权利本质属性或构成要素的自由，只是在权利主体可以按个人意志去行使或放弃该项权利，并且不受外来的干预或胁迫的情况下才有意义。

尽管如此，当把自由作为权利的要素来看时，仍不能区别自由和权利。有研究者提到权利与自由的区别时强调，权利是自由的上位概念，二者区别在于：第一，权利来源法定，而自由通常包括法律未明示、未承认或未认可的权利，与此同时，由于"法不禁止即自由"，自由还来源于推定。第二，在与权力的关系上，自由与权力相斥，而权利与权力既有排斥性，又有互助性。第三，与人的行为等与物质利益无直接联系的权利表现为自由，而与物质利益直接联系的都称为权利。第四，自由是权利的价值体现。❷

更加广泛流传的是著名分析法学家霍菲尔德利用相关关系和互斥关系论述的八个法学基本概念。❸ 这也为理解权利和自由

---

❶ 舒国滢. 法理学导论 [M]. 北京：北京大学出版社，2006：50.

❷ 范进学. 权利概念论 [J]. 中国法学，2003（2）：17.

❸ 法律上的相关关系有：权利（right）—义务（duty）；特权（privilege）—无权利（no right）；权力（power）—责任（liability）；豁免（immunity）—无权力（disability）。相反关系有：权利（right）—无权利（no right）；特权（privilege）—义务（duty）；权力（power）—无权力（disability）；豁免（immunity）—责任（liability）。

提供了重要的理论支撑，提示着论证者不仅要考虑相关要素，还要在特定的权利义务关系中叙事。霍菲尔德认为人们在用权利这一概念时"总是将自由或特权等含义也包括进来，而不是使用严格意义上的权利的含义"。❶ 他忠诚的追随者科宾正式定义了霍菲尔德的八个概念。❷ 所谓"权利"，是指可要求他人作为或不作为的具有强制性的主张（claim）。当社会命令 B 作为或不作为时，A 可以请求在 B 不服从时主张某种方式的惩罚。所谓"特权/自由"（privilege），即指一个人可以做某事的自由。对于 B 而言，A 能以自己喜欢的方式自由或不限制的（free or at liberty）行动；A 的行为不必为了 B 的利益而受社会命令约束；并且，若 A 不服从，不会受到任何处罚，因为社会没有制定相关命令。进而，当 A 有特定的权利时，可以回答"另一个人必须为我做什么？"（如果他不这样做，法庭会用强制手段帮助我）。当 A 有某项特权时，可以回答这个问题，"我能做什么？"（法庭不会阻止我或惩罚我）。❸

当提及权利和特权的关系时，霍菲尔德借用了小虾沙拉的问题（the Shrimp Salad Problem）说明二者的差异。❹ 对本书的研究有重要启示的是，霍菲尔德所谓真正的自由（liberty）是权利的

---

❶ 王涌. 寻找法律概念的"最小公分母"——霍菲尔德法律概念分析思想研究 [J]. 比较法研究，1998（2）：154.

❷ ANDREWS M. Hohfeld's Cube [J]. Akron Law Review, 1983, 16 (3)：472.

❸ CORBIN A L. Legal Analysis and Terminology [J]. Yale Law Journal, 1919, 29 (2)：167-170. 中译文参见科宾，牛犇. 法律分析与术语 [J]. 研究生法学，2015，30 (3)：146-152.

❹ ABCD 是小虾沙拉的所有者，他们对 X 说："如果你愿意，你可以吃小虾沙拉，我们允许你这样做，但是我们并不答应不干预你。"在这样的情况中，X 就有了特权"吃小虾沙拉"，但 X 却没有权利"要求 ABCD 不干预他吃小虾沙拉"，当然，AB-CD 也没有权利要求 X "不吃小虾沙拉"。参见王涌. 寻找法律概念的"最小公分母"——霍菲尔德法律概念分析思想研究 [J]. 比较法研究，1998（2）：155.

允许模仿的叙事。原因就在于"模仿自由"本身就是人生而为人，自然应有的权利。荷兰学者赫尔巴赫认为，模仿比任何已投放市场的那些"自然"垄断权利要更加自然。模仿自由应作为"经济政策问题"而被优先考虑，法律不应对其采取偏颇的评价。[1]

此外，关于自由已形成共识的是，任何所谓自然法意义上的自由并不是绝对的，极端的自由会受到社会共同成员的一致反对。即使自由权利的要求是植根于人的自然倾向之中，也不能把权利看作是绝对和无限制的。[2] 义务论者将这类限制视为自由所必须伴随着的义务。哈耶克认为，作为社会成员，一方面享受自由，另一方面还必须承担相应的责任，这是由于他既被赋予特权，同时还必须承担权利所产生的责任。[3] 这样的义务是以不侵害他人的权益为主要内容。正如法国《人权和公民权宣言》所言，"自由是指能从事一切无害于他人的行为"，不加害他人也是限制自由的唯一合法理由。当然，这种对自由的限制必须是真实的、有足够理由的限制，特别是在政府行使特权限制任何个体公民的行为自由权之前，必须拥有大量证据。[4] 洛克也提到："处在社会中人的自由，就是除经人们同意在国家内所建立的立法权以外，不受其他任何立法权的支配；除立法机关根据对它的委托所制定的法律以

❶ KAUFMANN P J. Passing Off and Misappropriation: An Economic and Legal Analysis of the Law of Unfair Competition in the United States and Continental Europe [M]. Munich: VCH Publishers, 1986: 83.

❷ 博登海默.法理学：法律哲学与法律方法 [M]. 邓正来，译. 北京：中国政法大学出版社，2017：301，305.

❸ 哈耶克.法律、立法与自由：第一卷 [M]. 邓正来，张守东，李静冰，等译. 北京：中国大百科全书出版社，2000：52-56.

❹ 弗兰克.达尔文经济学：自由、竞争和公共利益如何兼得？ [M]. 谢朝斌，刘寅龙，译. 广州：世界图书出版公司，2013：41.

外，不受任何一致的管辖或任何法律的约束。"❶ 可以通俗地说，自由的边界就是立法所禁止的行为，即"自由止于权利"❷。

对于天然的模仿自由来说，其边界就是法律禁止模仿的行为。我国《宪法》第五十一条❸也可以视为对模仿自由限制的宪法渊源。这意味着模仿自由的边界即不得损害国家、社会、集体的利益和其他公民的合法的自由和权利。但是谓之"自由"意味着超越了权利作为或不作为的含义，具有更高的价值追求。"法律的目的不是限制或消除自由，而是保护和扩大自由。"❹ 所有法律——特别是主要禁止模仿行为的知识产权法和反不正当竞争法也应以此为立法宗旨。以知识产权法为例，私人的知识财产权就是抑制竞争自由的特权，特权拥有者有义务以不损害特权被授予初衷的方式行使。❺ 具体判断特权行使方式的正当与否，即平衡模仿自由与禁止模仿之间的微妙关系却十分复杂。这种判断的综合性还会随着一个国家所处的是和平时期还是战争时期、是繁荣时期还是危机时期、是训练有素的道德时期还是道德崩溃的时期而发生变化。❻ 这在宏观经济调控领域的表现尤为突出，维护自由竞争还是限制自由竞争甚至可以成为意识形态分歧的焦点。历史经验和大量实验的结果可以得出一些结论：无限制的经济自由会导致垄断的产生，"交易自由不应被扩大到包括与道德或占支配地位的公共

---

❶ 洛克. 政府论：下篇 [M]. 叶启芳，瞿菊农，译. 北京：商务印书馆，2017：15.

❷ 王成. 侵权法的基本范畴 [J]. 法学家，2009（4）：68.

❸ 《宪法》第五十一条："中华人民共和国公民在行使自由和权利的时候，不得损害国家的、社会的、集体的利益和其他公民的合法的自由和权利。"

❹ 张文显. 法学基本范畴研究 [M]. 北京：中国政法大学出版社，1993：265.

❺ 德霍斯. 知识财产法哲学 [M]. 周林，译. 北京：商务印书馆，2017：302.

❻ 博登海默. 法理学：法律哲学与法律方法 [M]. 邓正来，译. 北京：中国政法大学出版社，2017：306-307.

政策相矛盾的协议"❶；而过分限制竞争同样也会造成垄断，不仅造成生产力的倒退，更重要的是压制了市场的活力。可见，法治国家的自由是以具有良好的普遍约束力的法律体制为保证，只有在维护自由的情况下，立法和其实施才是严格意义上的法治。❷

最后，作为宪法意义上的模仿自由"只承担了很小一部分配置自由权利或其他法益的任务"❸，其具体化的工作还需要由实证法予以实践。法律无法完全列举并禁止所有与模仿自由相悖的行为，只是暂时否定了这些行为的法律效果。随着时间的推移，一些模仿行为被允许，一些模仿行为则又被禁止。知识产权法和反不正当竞争法也并不能消灭模仿行为，只能使模仿行为变得违法。只要未被绝对性地强制排除，即使存在相对的禁止性规范，该天然自由仍然可以实现。因此，模仿自由的保护范围无法由立法正面予以规定，知识产权法和反不正当竞争法只能从外部限制着模仿行为。

第二节　模仿自由与经济自由

一、模仿自由与自由竞争

虽然我国成文法中并未直接出现"模仿自由"的用语，也没

---

❶ 李先敏. 哈耶克自由哲学 [M]. 北京：九州出版社，2011：3-4.
❷ 邓正来. 自由主义社会理论——解读哈耶克《自由秩序原理》 [M]. 济南：山东人民出版社，2003：118-127.
❸ 黑塞. 联邦德国宪法纲要 [M]. 李辉，译. 北京：商务印书馆，2007：255.

有在宪法规范意义中使用模仿自由，但可以从经济自由、言论自由等基本权利条款中引申出来。❶ 经济自由是指"经济主体能够按照自己的意志从事社会物质资料的生产、流通和交换等经济活动，以维持生存和追求财富而免受国家不法干预的权利，包括财产自由、职业及营业自由、契约自由，以及贸易自由、竞争自由等"。❷ 市场活动中的模仿自由与竞争自由的关系最为密切。自有商业活动以来，就不可避免地产生竞争。法国学者费尔南德·雅克（Fernand-Jacq）和德穆索（De mousseaux）在 1930 年国际工业产权保护协会布达佩斯会议上发言称，在宣布人权或公民权利的概念之前，所有文明国家的法律都承认工商业自由是人类活动的基础。❸ 在经济学领域，自由竞争又称纯粹竞争或完全竞争。亚当·斯密无疑是自由竞争、放任竞争理论之集大成者，他提出"无形的手"，旨在要求政府较少干预市场，鼓励自由竞争。这一理论影响了后世政治经济学的走向，所谓新古典经济学、凯恩斯学派、新自由主义学派等无不是在竞争自由的基础上探讨政府和市场的关系。❹ 一些国家还通过宪法确立了竞争自由的理念。❺ 我国《宪法》并未直接提及竞争自由，但其依据可以通过"市场经济"概念的解读获得。

---

　　❶ 类似观点参见张占江. 反不正当竞争法属性的新定位：一个结构性的视角 [J]. 中外法学，2020，32（1）：200.

　　❷ 邓肆. 公民经济自由在中国宪法中的重新确立 [J]. 北方法学，2017，11（4）：46.

　　❸ SCHWARTZ B. Code Napoleon and the Common-Law World [M]. New York：New York University Press，1956：203.

　　❹ 有关竞争自由理论的演变还可参见：谭晨. 从自由竞争到公平竞争：竞争理念和竞争法理念的衍变与启示 [J]. 竞争政策研究，2019（2）：90-93.

　　❺ 如《巴西宪法》第 170 条。参见朱福惠，胡婧. 世界各国宪法文本汇编：美洲、大洋洲卷 [M]. 厦门：厦门大学出版社，2015：138.

我国 1993 年《宪法》的第十五条确立了我国实行市场经济体制。2004 年《宪法》又确定了个体经济、私营经济等非公有制经济的合法权利，并在第十一条增加了"国家鼓励、支持"非公有制经济发展的政策。市场经济是高度社会化的商品经济，有着自主经营、追逐利润最大化、优化资源配置、激发经营主体发展社会生产力的积极性等显著优点。❶ 市场经济相较于自然经济和计划经济，以"经济自由"为最基本的经济伦理价值，而在自给自足的自然经济和按政府分配的计划经济两种资源配置方式中，经济主体并无拥有按照自己意志自由从事经济活动的权利。❷ 因此，市场经济是竞争的经济，以自由竞争理念为主导，市场在优化资源配置中起基础性作用。在这样的市场经济环境中，市场主体就可以大胆地"使用其资本交换最大数量的货币或其他货物"。❸

自由竞争在"政府与市场"之间的关系上体现为以市场为主导配置资源的竞争政策，而在"平等的市场"主体之间，市场竞争是私人市场主体行使宪法基本权利的竞争行为，包括"竞争中的自由"和"参与竞争的自由"。❹ "竞争中的自由"建立在市场经济的基础经济原理之上，其显著表现为经营者可以通过供给和需求的经济规律确定商品的价格。因而，为了扩大社会需求，使提供的产品或服务多样化，在尊重他人私权的前提下，市场主体可以充分利用一切资源开展竞争。❺ 原则上竞争者有复制和借鉴其

---

❶ 习近平. 对发展社会主义市场经济的再认识 [J]. 东南学术, 2001 (4): 29-30.

❷ 龚天平. 论经济自由 [J]. 华中科技大学学报 (社会科学版), 2014, 28 (3): 26-27.

❸ 斯密. 国民财富的性质和原因的研究: 下卷 [M]. 郭大力, 王亚南, 译. 北京: 商务印书馆, 1974: 27.

❹ 施利斯基. 经济公法 [M]. 喻文光, 译. 北京: 法律出版社, 2006: 167, 173.

❺ 韦之. 试论模仿自由原则 [J]. 中国专利与商标, 2019 (1): 82.

他市场参与者成就的自由❶，包括利用他人的商业思想和智力创造成果，以抢占商业先机或者再创造。任何公开的进入公共领域的商业思想、发明、作品、符号，都可以成为模仿或复制的对象。❷难怪有学者言，"复制自由"（freedom to copy）的基本原理体现了自由市场的原则的精髓。❸除了部门法特别的规定，自由模仿他人成果的行为并不为市场经济法则所禁止。在判断那些复制不受特殊立法保护的商品的设计和功能特征的行为时，也应以自由竞争为主导。❹模仿自由或复制自由的结果同时也受到消费者的欢迎。经营者之间相互模仿、互相竞争，不仅促进竞争，刺激经济活力，产生的动态效率还是构成创新政策的重要因素❺，同时也会为消费者提供更多的选择和更低廉的商品价格，毕竟消费者总是"希望获得他们能获得的最好的交易"❻。因此，模仿自由的宪法依据来源于市场经济自由竞争的内在要求，符合消费者和社会整体的最大利益。

　　"竞争中的自由"以"参与竞争的自由"为前提。"参与竞争

❶　SANDERS A K. Unfair Competition：Complementary or Alternative to Intellectual Property in the EU？［M］//GEIGER C. Constructing European Intellectual Property：Achievements and New Perspectives. Cheltenham：Edward Elgar Publishing，2013：329.

❷　MCCARTHY J T. McCarthy on Trademarks and Unfair Competition：Vol. 1［M］. 4th ed. Eagan：Thomson Reuters/West，2008：4.

❸　SANDERS A K. Unfair Competition Law：The Protection of Intellectual and Industrial Creativity［M］. Oxford：Clarendon Press，1997：8.

❹　SCHWARTZ B. Code Napoleon and the Common-Law World［M］. New York：New York University Press，1956：202.

❺　ZINGALES N. 欧盟竞争法中的数据保护考量：创新的渠道或束缚？［M］//尼豪尔，克莱恩布吕格尔. 创新在竞争法分析中的角色. 韩伟，等译. 北京：法律出版社，2020：77.

❻　English Court of Appeal，L'Oréal v. Bellure，［2007］EWCA Civ 968，para. 139 per Jacob LJ.

的自由"就是可以在市场上与其他企业之间进行竞争的权利。❶
任何主体都可以按照自己的意愿独立、自主、平等地参与竞争。
因此，竞争自由的前提是以竞争者意思自由为要义。发生在竞争
者之间的竞争关系的实质是一种民事法律关系。❷ 民法作为市场经
济的基本法❸，完全可以调整竞争者之间的竞争行为。民法的灵魂
在于契约自由，是自由之精神在私法上的最高体现，也是市场自
由竞争在法律上的必然选择。从我国《民法典》第四条、第五条
和第一百三十条❹及相关法理完全可以总结出"契约自由"的原
则。契约自由的内容十分丰富，包括维护交易安全，提升经济效
率，扩充私人自由活动的空间等。❺ 需要特别说明的是，"契约自
由"是形成竞争的前提，它"属于竞争秩序，服务于竞争秩序的
确立，同时在竞争秩序的框架中它才具有意义"。❻ 因而，在不违
背竞争秩序的前提下，相对人进行的模仿行为不具有法律的可苛
责性。

　　民法以权利为本位贯穿始终。当模仿自由在私法上体现为一种
未被成文法确定的利益时，法律也会通过让法律"袖手旁观"
（hands-off），以不限制个体的"自然自由"（natural freedom）的方
式来保护它。尽管对这些自由有不断限制的倾向，但在这些自由

---

❶　施托贝尔. 经济宪法与经济行政法 [M]. 谢立斌，译. 北京：商务印书馆，
2008：128-129.

❷　罗思荣. 论竞争法基本原则 [J]. 浙江学刊，2002 (4)：179.

❸　江平，张礼洪. 市场经济和意思自治 [J]. 法学研究，1993 (6)：21.

❹　《民法典》第四条："民事主体在民事活动中的法律地位一律平等。"第五条：
"民事主体从事民事活动，应当遵循自愿原则，按照自己的意思设立、变更、终止民事法
律关系。"第一百三十条："民事主体按照自己的意愿依法行使民事权利，不受干涉。"

❺　张文显. 市场经济与现代法的精神论略 [J]. 中国法学，1994 (6)：7-8.

❻　欧根. 建立竞争秩序的政策 [M] //何梦笔. 德国秩序政策理论与实践文集.
庞健，冯兴元，译. 上海：上海人民出版社，2000：116. 文中使用的是"签约自由"，
但从内容来看，与"契约自由"基本同义.

的范围内法律仍给了所有者自由。❶ "权力的核心是利益，权利的本质是自由。"❷ 法律无法事先规定所有的权利和利益，未上升为权利的模仿自由在立法之前已经生成，《民法典》及民法基本理论也并未禁止一切模仿。我国《民法典》第三条规定民事主体的合法权益受法律保护，第一百二十六条规定"民事主体享有法律规定的其他民事权利和利益"。可见，即便模仿他人的权利未上升为成文化的法定权利，模仿自由也受民法的保护。从另一方面来说，商品经济还是一种交换的经济，而交换从法律上说就是权利的互相让渡。❸ 在一些情况下，出于维护竞争自由的市场秩序和公共利益的考虑，私人权利也需要让渡于模仿自由。❹

二、模仿自由与公平竞争

经济学理论虽然倾向于将完全竞争美化成最优效率的市场结构，不完全竞争市场则因为存在成本和进入壁垒等因素，导致产品价格过高而造成垄断。然而，以市场为导向的自由竞争理念经过一段历史时期的发展，特别是历经工业革命之后也凸显了一些社会问题，如经济秩序和市场状况失控、社会分化加剧、劳工环境恶化等。❺ 有研究者发现，"任由无序竞争的直接后果就是优胜

---

❶ 庞德. 法理学：第三卷 [M]. 廖德宇，译. 北京：法律出版社，2007：254-255.

❷ 江平，张礼洪. 市场经济和意思自治 [J]. 法学研究，1993 (6)：21.

❸ 张文显. 市场经济与现代法的精神略论 [J]. 中国法学，1994 (6)：6.

❹ 《民法典》第一百三十二条："民事主体不得滥用民事权利损害国家利益、社会公共利益或者他人合法权益。"例证不胜枚举，比如超过保护期限的知识产权不宜再予以保护，免费让公众模仿使用。

❺ 马金芳. 自由竞争、工业革命与社会法——一个社会法生成的视角 [J]. 江淮论坛，2011 (5)：141-142.

劣汰，形成生产者集中，最终演化为垄断"❶。19 世纪末 20 世纪初，"垄断组织的出现、垄断问题的凸显使长期受推崇的自由竞争理念受到冲击"❷。因此，有必要在不完全竞争损害市场秩序时通过一些宏观调控的手段予以调整。这一时期经济学理论转而批判"自由放任主义"，主张利用政府"有形的手"进行市场干预，调节社会有效总需求的"凯恩斯主义"脱颖而出，成为"二战"后大部分资本主义国家制定经济政策的主要依据。20 世纪 70 年代以来，国际环境的变化导致市场调节和供给侧经济管理的相关思想重新引起重视，政府秉持竞争中立的态度，竞争性发展成为主流。❸ 总体而言，目前大部分国家普遍采取了市场调节加国家干预的混合型经济体制，不再一味地推崇或强调自由竞争，而是选择限制垄断。垄断是无法禁止或消灭的，在现实生活中，更多的是垄断和竞争的混合。❹ 现代国家立法和司法对私有财产的保护也在某种程度上维持了垄断。

公平竞争理念从宏观调控的角度来看是干预自由竞争的理由和手段，但是仅当竞争行为十分极端时，才应该考虑公平竞争。❺在微观层面，对于民事主体的经营者来说，公平竞争一定程度上限制了"竞争中的自由"，如《中华人民共和国反垄断法》（以下简称《反垄断法》）限制以契约自由为内容的垄断协议。但如果过度考虑公平竞争可能会导致国家借公权力对市场经济和市场竞

---

❶ 邱本. 论市场竞争法的基础 [J]. 中国法学，2003（4）：100.

❷ 谭晨. 从自由竞争到公平竞争：竞争理念和竞争法理念的衍变与启示 [J]. 竞争政策研究，2019（2）：91.

❸ 孙晋. 习近平关于市场公平竞争重要论述的经济法解读 [J]. 法学评论，2020，38（1）：6.

❹ 张伯伦. 垄断竞争理论 [M]. 周文，译. 北京：华夏出版社，2017：56.

❺ LAFRANCE M. Passing Off and Unfair Competition：Conflict and Convergence in Competition Law [J]. Michigan State Law Review，2011（5）：1414.

争进行过度的干预。我国构建的社会主义市场经济体制发展历程与西方国家略有不同。总体而言，我国经济秩序的建立是吸收和借鉴的过程，而非通过市场竞争自发形成。自改革开放以来，我国逐步完成了计划经济到市场经济的转变，但仍存在政府干预过度和市场调节不足的困境。❶ 党的十八大以来，党和国家提出"重视市场公平竞争，释放市场活力，通过市场公平竞争打造创新驱动，积极推动我国社会主义市场经济向更高水平发展"❷ 的新目标。这一思想表明，以自由竞争为基础的市场配置具有优先性，只有在其内在不足所导致的市场失灵时，才需要政府介入公平配置。❸ 公平竞争的价值理念是对市场自由竞争有限性的重要补缺。

市场的自发秩序属性导致其无法通过自身解决违背商业伦理、商业惯例和诚实信用的不正当竞争或不公平竞争的行为，因此，在立法手段上，反垄断法和反不正当竞争法等竞争性法律规范应运而生。从文本上看，我国《反垄断法》和《反不正当竞争法》都将"公平竞争"作为立法目的。有学者认为二者在价值取向上存在分野，反垄断法的主要价值理念是自由竞争，反对限制竞争；而反不正当竞争法追求的是公平竞争。❹ 也有学者提出，"反不正当竞争法兼具维护公平和自由的市场竞争的目标，自由与公平是衡量是否构成不正当竞争行为的基本标准"❺。笔者认为，后一种

---

❶ 孙晋. 习近平关于市场公平竞争重要论述的经济法解读 [J]. 法学评论, 2020, 38 (1): 1.

❷ 习近平. 深刻认识建设现代化经济体系重要性 推动我国经济发展焕发新活力 迈上新台阶 [N]. 人民日报, 2018-02-01 (1).

❸ 张守文. 政府与市场关系的法律调整 [J]. 中国法学, 2014 (5): 62.

❹ 王晓晔. 竞争法中的自由竞争与公平竞争 [J]. 安徽大学法律评论, 2005, 5 (1): 9.

❺ 孔祥俊. 反不正当竞争法的司法创新和发展——为《反不正当竞争法》施行 20 周年而作（上）[J]. 知识产权, 2013 (11): 7.

观点更为可取。原因在于，"完全竞争市场只是理想化的，可谓可望而不可即"❶，经济生活中鲜有纯粹的垄断或完全的竞争，处于完全竞争和不完全竞争之间的竞争才是市场的常态。可见，竞争自由和公平竞争的立法价值在当前混合型经济体制下已不能完全脱离彼此讨论。竞争理念从自由竞争到公平竞争的嬗变可以发现，公平竞争以"参与竞争的自由"为前提条件，如果经营者不是依照自我意愿独立地参与市场竞争，也就无法言及公平竞争。自由竞争强调机会平等，而公平竞争讲求实质正义；自由竞争是基础，公平竞争是目的或手段。"公平竞争以自由竞争为基础，自由竞争仰赖公平竞争的制衡及矫正，自由竞争价值与公平竞争价值处于同一顺位，共同构成反不正当竞争法价值体系的两大支柱。"❷ 我国台湾地区的"公平交易法"就将自由竞争和公平竞争都作为反不正当竞争法的立法目的。❸

就本书集中讨论的反不正当竞争法和知识产权法来说，二者在立法价值取向上都是以保护创新，维护公平、良好的竞争秩序为由阻止无序模仿，以限制一定程度的自由竞争，保证公平竞争。《与贸易有关的知识产权协议》（以下简称《TRIPS 协议》）也特别指出，"知识产权的保护和实施应有助于促进技术革新及技术转让和传播，有助于技术知识的创造者和使用者的相互利益，并有助于社会和经济福利及权利与义务的平衡"。知识产权法通过维护一定程度的垄断（对创新成果赋权）来保护创新行为，而创新又

---

❶ 萨缪尔森，诺德豪斯. 经济学：上册 [M]. 19 版. 萧琛，译. 北京：商务印书馆，2012：267.

❷ 陈耿华. 反不正当竞争法自由竞争价值的理论证成与制度调适 [J]. 比较法研究，2021（6）：170.

❸ 我国台湾地区"公平交易法"第一条："为维护交易秩序与消费者利益，确保自由与公平竞争，促进经济之安定与繁荣，特制定本法。"

是最重要的竞争手段，以保护创新为目的维护正当的竞争行为。也可以说，知识产权法也具有竞争属性，通过维护正当的竞争秩序促进创新。反不正当竞争法更是通过禁止不正当竞争行为来保护商业成果，最终保护创新、增进社会福祉。因此，知识产权法与反不正当竞争法在规制目的和价值选择上完全趋同，都是保护创新、促进竞争，两者均是对创新成果的保护和对市场竞争行为的调整。❶

第三节　模仿自由与表达自由

法律规范是权利或自由成立的前提及获得救济的依据。❷ 我国《宪法》在公民的基本权利与义务部分，即第三十五条和第四十七条规定了公民的言论自由、学术自由和创作自由。在这些自由之上，还有一个更上位的概念是"表达自由"。法律意义上的表达自由是"在不损害他人正当或合法利益的前提下，任何人都可以不受妨碍地利用各种方式、媒介，表达自己的意见、感受，传递并获取任何信息"❸。有学者总结，表达自由可以囊括言论自由（包括说话自由、演讲自由、讲学自由等），新闻出版自由（包括刊行自由、广播自由、著作自由等），艺术表现自由（包括艺术自由、绘画自由、表演自由等）和集会自由（包括狭义的集

---

❶ 高富平. 竞争法视野下创新和竞争行为调整的体系化思考 [J]. 法商研究，2015，32（3）：72.

❷ 宋慧献. 论文化权利的构成与属性 [J]. 中国政法大学学报，2017（5）：7.

❸ 宋慧献. 版权保护与表达自由 [M]. 北京：知识产权出版社，2011：37-38.

会自由、游行自由、示威自由等）四大类。❶ 显然，表达自由作为自然法意义上的"天赋人权"，在公民的政治、经济生活中占有举足轻重的地位。表达自由普遍被视为现代民主社会、法治社会的最基本人权，是公民"最根本的权利"或"第一权利"，是其他自由权利的"源泉"和"条件"。❷

虽然"表达自由"在一些情况等同于"言论自由"，但是前者比后者更全面地诠释了自由表达个人观点及意愿的目的。❸ 除了狭义的"言论"以外，表达自由还包括行使这项权利的"行动或行为"，如集会、游行、行为艺术等暗示或其他行为方式表达自己的观点。"表达"是主体由内向外的、使他人获得信息的一种活动及活动产物。❹ 人类各种样态和类型的表达是人类模仿的主要对象，甚至模仿行为本身也是表达的一种方式。例如，人类知识的传承（教育）过程就需要通过模仿予以表达。教育是对复制的放纵，如果没有模仿，一切学习活动无从发生。❺ 因而，模仿属于表达的范畴，表达自由亦可派生出模仿自由的概念（有关模仿自由和表达自由的内容还会在著作权法中的模仿自由原则、戏谑模仿

❶ 杜承铭. 论表达自由 [J]. 中国法学，2001（3）：58. 有观点提出言论自由和学术自由应分别服务于民主正当（democratic legitimation）和民主胜任（democratic competence）这两种完全不同的价值，这两种权利从而应有各自完全不同的基础、逻辑和原则。参见左亦鲁. 学术自由：谁的自由？如何自由？为什么自由？ [J]. 读书，2014（2）：46. 本书以为，我国《宪法》的言论自由与科学研究、文学艺术创作的自由在主体方面并无区别，言论自由保证公民在公共事务上都有平等的发言权，基于此在学术领域每个公民都有研究、创作的自由，二者都属于广义的表达自由。

❷ 张文显. 二十世纪西方法哲学思潮研究 [M]. 北京：法律出版社，1996：555.

❸ 魏华. 欧洲人权法院对艺术表达自由的规制——以争议艺术判例为切入点 [J]. 法学论坛，2016，31（4）：151.

❹ 宋慧献. 版权保护与表达自由 [M]. 北京：知识产权出版社，2011：37-38.

❺ 邱关军. 模仿与存在——学生模仿现象的教育学意蕴 [M]. 北京：科学出版社，2017：前言.

部分继续论述）。

另外，在研究表达自由的学者视野中，文化权利的概念也与表达自由相关。有研究者提出，我国《宪法》涉及二者的规范是分开的，即《宪法》第四十七条规定的是文化权利，表达自由则规定于第三十五条，并认为在中国社会语境中，表达自由应留于政治系统处理，文化权利交由法律系统实施，不能将文化权利视为表达自由的从属物。❶ 也有学者鲜明地指出，即使表达自由与文化自由分别规定于不同条款，也不能否认两种自由权的密不可分。❷ 在后者的研究语境中，这一文化权利是狭义的，包括文化创作自由、文化传播自由权、文化媒介自由权、文化生活参与权、文化成果接触权、国际文化合作权。❸ 不仅如此，两位研究者的分歧集中于知识产权，特别是著作权的属性。前者以著作权属于文化权利作为论证依据，而后者则鲜明地指出，著作权具有私权性、身份性和条件性，而文化权利是普遍的、无条件的公共性权利，不应纳入文化法体系。就此，笔者更赞同后一观点。政治系统与法律系统无法清晰割裂，表达自由和文化权利亦有部分重合。《世界人权宣言》第二十七条所表述的文化权利为"人人有权自由参加社会的文化生活，享受艺术，并分享科学进步及其产生的福利"；第十九条就表达自由称"人人有权享有主张和发表意见的自由，包括持有主张而不受干涉的自由；通过任何媒介或不论国界，寻求、接受和传递消息与思想的自由"。至少在艺术创作方面，没有表达自由，就没有模仿、创作自由；没有创作自由，文化的载体又如何产生，又何谈文化权利。

---

❶ 屠凯. 论文化权利与表达自由的界分 [J]. 法商研究，2020，37 (5)：90，96.
❷ 宋慧献. 论文化权利的构成与属性 [J]. 中国政法大学学报，2017 (5)：16.
❸ 宋慧献. 论文化权利的构成与属性 [J]. 中国政法大学学报，2017 (5)：16.

接适用该原则。❶

第三，即使模仿自由属于"不言自明"的法律原则，是否真的没有必要在私法中罗列？于飞教授在《民法基本原则：理论反思与法典表达》一文中提到，中国没有私法传统，民法基本原则的制定是自上而下的改革而非自下而上的自发演变，需要立法者将法律的前提性因素明确规定出来。❷ 模仿自由原则伴随着知识产权政策和竞争政策发展产生，由于一国特定时期的知识产权政策，可能会使对权利的保护高于对竞争秩序的保护，忽视了模仿自由原则本应在缺乏例外规定时"理所当然"的予以自动适用的状态。为使法律原则在实践中发挥作用，必须通过立法者或司法者明确表达。我国立法和司法实践对"模仿自由原则"的适用并未形成主流观点，反而经常对这一原则视而不见。因此，目前对这类不需要"多此一举"的法律原则，如果能够在成果保护法中予以明确规定，再向社会输出这一理念也未尝不可，哪怕仅仅起到提示法官的作用。

第四，模仿自由原则能否在司法实践中直接适用？拉伦茨指出，原则并非可直接适用于具体个案的规则，而是一种指导思想。只有通过立法或者司法裁判依照具体化原则的程序，或借形成案例群以演绎较为特定的原则，可将原则转变为能用作裁判基准的规则。❸ "作为法源或法官裁判依据的并不是基本原则本身，而是依基本原则确立的规则。"❹ 模仿自由并非最高层原则，也不是能够直接适用的规则，但是在法官进行个案判断时，可以运用模仿

---

❶ 拉伦茨. 法学方法论 [M]. 陈爱娥，译，北京：商务印书馆，2003：353.

❷ 于飞. 民法基本原则：理论反思与法典表达 [J]. 法学研究，2016，38 (3)：100.

❸ 拉伦茨. 法学方法论 [M]. 陈爱娥，译，北京：商务印书馆，2003：293.

❹ 于飞. 民法总则法源条款的缺失与补充 [J]. 法学研究，2018，40 (1)：44.

自由原则进行利益衡量。德沃金认为，与规则"完全有效或完全无效"的适用方法不同，原则无法列举出当规定条件被满足时自动发生的法律后果，即便可能看起来与规则十分相似。❶ 结合多国的立法与司法实践，模仿自由原则的内容可能被表述为"模仿他人创意或商业成果在没有专有权利规制的情况下是法律允许的"❷。按照于飞教授总结的"A→B"的图式❸，可以概括为如果"没有专有权利"（A），则"模仿是允许的"（B）。但是即使在没有专有权利保护的情况下，模仿他人成果并非一定是合法的。比如非功能性或非必要的模仿可能造成消费者混淆，此时模仿会与公共利益或他人合法权益相冲突，只能根据个案情况进入利益权衡的程序。德沃金还认为法律原则的例外无法完全列举。❹ 在一些明确将模仿自由原则写入立法的国家也无法封闭式列举模仿自由原则所有的例外情形。❺ 也就是说在模仿自由原则的公式中，A 条件满足后未必发生 B 结果，推导过程需要权衡，为了达到最佳法效果，适用原则的结果并非只有适用或不适用两种情形。与此同时，立法者并未言明禁止一切模仿，因而即便存有模仿自由的例外，也不能否认作为原则的模仿自由。"当反对的理由不存在或者

---

❶ 德沃金. 认真对待权利 [M]. 信春鹰，吴玉章，译. 北京：中国大百科全书出版社，1998：44.

❷ 《西班牙反不正当竞争法》第十一条。参见 De Competencia Desleal（Ley 3/1991, de 10 de enero）Artículo 11.

❸ A 代表"适用条件具备"，B 代表"规范得到适用"，"→"代表蕴涵词"如果，则"。参见于飞. 民法基本原则：理论反思与法典表达 [J]. 法学研究，2016，38（3）：93.

❹ 德沃金. 认真对待权利 [M]. 信春鹰，吴玉章，译. 北京：中国大百科全书出版社，1998：44.

❺ 例如，《德国反不正当竞争法》禁止了 3 种最为常见的不正当行为，但由于用语的模糊性，这一清单不具有穷尽性。参见博德维希. 全球反不正当竞争法指引 [M]. 黄武双，刘维，陈雅秋，译. 北京：法律出版社，2015：307.

不够强大的时候，该原则可能就是决定性的。"❶ 由此，模仿自由原则也符合德沃金有关原则适用的特征。

第五，对于模仿自由原则在法律体系中的位阶，笔者以为至少与拉伦茨口中"理所当然"的"契约自由"❷ 属于相同或相类似的价值位阶。契约自由就是意思自治，正是契约自由人们才能自由地进行交易，有充分的机会去利用和扩大个人资源。❸ 而模仿自由正如前文所述，其宪法依据来源于市场经济自由竞争的内在要求，而竞争自由的核心也是竞争者的意思自治。契约自由是竞争自由的重要组成部分❹。而模仿自由也是竞争自由的主要内容❺。也可以说，契约自由和模仿自由在内容上有所重合。因此，模仿自由是法律原则的结论可以通过应然的法律精神、隐含的法律目的、宪法上位价值及既有法律规则合乎逻辑地推演得出。同时，模仿自由原则也应处于最高原则以特定方向具体化和具有不太严格的构成要件的法律规范之间，是知识产权和反不正当竞争实证法律规范的基础。❻

---

❶ 德沃金. 认真对待权利 [M]. 信春鹰，吴玉章，译. 北京：中国大百科全书出版社，1998：45.

❷ 拉伦茨认为，契约自由是以更上位的开放式的原则——私法自治原则为基础。参见拉伦茨. 法学方法论 [M]. 陈爱娥，译. 北京：商务印书馆，2003：353.

❸ 邱本. 从契约到人权 [J]. 法学研究，1998（6）：28.

❹ 武汉市中级人民法院（2020）鄂 01 民终 636 号判决书。

❺ 北京知识产权法院（2016）京 73 民终 85 号判决书。

❻ 黄茂荣先生在法理和实证法的关系中分析了三种样态：存于法律明文、存于法律基础、存于法律上面。笔者以为，模仿自由原则作为私法领域的原则，是知识产权法和反不正当竞争法的规范基础，是能够从二者的规定中归纳出来的，属于"存于法律基础"的情形。参见黄茂荣. 法学方法与现代民法 [M]. 北京：中国政法大学出版社，2001：380.

第二节 知识产权法中的模仿自由原则

从知识产权法立法宗旨和各项专有权利的设置来看，禁止模仿似乎是知识产权法的主要任务，即排斥了一定程度的模仿或模仿自由。我国《著作权法》第一条"为保护文学、艺术和科学作品作者的著作权，以及与著作权有关的权益"，《专利法》第一条"为了保护专利权人的合法权益"和《商标法》第一条"保护商标专用权"的用语都表明，知识产权法是以保护权利为目的，以激励创新为基本理念。换言之，只有"原创的"才是道德上"善"的，而"模仿"天然是坏的。❶ 原因在于对仿制的容忍最终将摧毁创意产业❷，一味地模仿只能导致激励的目的落空。

在知识产权法具体条款中，保护私权主要表现为禁止他人模仿被垄断权利保护的各项行为。以《著作权法》为例，该法第十条规定的若干项著作权权利大部分包含着一定程度的对"模仿"的禁止。比如保护作品完整权，即禁止对作品的篡改，包括作者有权保护其作品不被他人丑化；❸ 复制权，也隐含着禁止对作品进行逐字逐句的实质性模仿；表演权，特别是现场表演，也是一种

❶ 熊文聪. 事实与价值二分：知识产权法的逻辑与修辞 [M]. 武汉：华中科技大学出版社，2016：128. 本书主要观点认为，知识产权法以激励"原创"为目的其实是将价值命题"假扮"为事实命题的惯用"伎俩".

❷ RAUSTIALA K，SPRIGMAN C. The Knockoff Economy：How Imitation Sparks Innovation [M]. New York：Oxford University Press，2012：11.

❸ 中国人大. 著作权法释义 [EB/OL]. [2020−10−20]. http：//www. npc. gov. cn/npc/c2200/200207/48932c9750d84f768dbc29ad7248e274. shtml.

对作品进行活的"模仿"。该法第五十二条还规定了剽窃行为，所谓"剽窃他人作品"，即把别人的作品据为己有出版发行，牟取名利，严重地损害了作者的人身权和财产权。❶"剽窃"属于最彻底的对原作的"模仿"，后果也最为严重，是著作权侵权行为。再如《商标法》第十条规定了禁止模仿官方标志等作为商标使用。世界知识产权组织（WIPO）的前身，保护知识产权联合国际局（BIRPI）在1967年颁布的《发展中国家商标、商号和不正当竞争行为示范法》第五条中也规定，除非有特别授权禁止"复制或模仿"（reproduce or imitate）官方特有名称。❷《商标法》第五十七条规定了若干商标侵权行为，如第一款"在同一种商品上使用与其注册商标相同的商标""在同一种商品上使用与其注册商标近似的商标"等也是我国法律对"模仿"的一种禁止性表达。

然而，一个观点的切适性取决于它基本价值的吸引力而非派生价值的吸引力。❸通过经验得出知识产权不支持模仿的结论是较为容易的。以"激励论"为基础理论构建知识产权制度时，"激励创新"既可成为禁止模仿的理由，也是允许模仿的原因。知识产权的私权属性是激励新思想、新技术的基本价值所派生出来的，其也会产生所谓"消极外部性"，即模仿者的寄生行为会剥夺原始创新者在技术创造方面的投资成果，扰乱和降低创新者的积极性，社会公共福祉最终也会受到伤害。❹创新的驱动力量除了私权

---

❶ 中国人大. 著作权法释义［EB/OL］.［2020-10-20］. http://www.npc.gov.cn/npc/c2200/200207/adabe96bd55e4d2b8bbe9654771f8641.shtml.

❷ BIRP：Model Law on Marks, Trade Names, and Acts of Unfair Competition（Geneva, 1967），Section 5（1）（f）.

❸ 德沃金. 认真对待权利［M］. 信春鹰，吴玉章，译. 北京：中国大百科全书出版社，1998：序9.

❹ 冯晓青. 知识产权法利益平衡理论［M］. 北京：中国政法大学出版社，2006：55.

带来的激励以外，还来自市场的自由竞争和社会需求。任何形式的创造活动也具有"积极外部性"，创造成果给权利人带来物质和精神利益的同时，也能促进社会发展的需要。《美国宪法》也明确表示，赋予知识产权是为了"促进科学和实用技艺的进步"。❶ 在知识产权法律制度内部，如权利保护期限、合理使用、法定许可、强制许可等权利限制的内容，也是允许在一定范围内自由模仿，并以此促进信息的传播和技术的进步。正如波斯纳所言，创造者作为一个整体也得益于对他们权利的限制，创造性产品在很大程度上是建立在比其更早的创造性作品基础之上。❷ "真正的原创性是通过模仿实现的——该模仿精心地选择其模本，进而对模本加以个性化的重述，最终努力对模本实现辉煌的超越。"❸

模仿自由在市场经济中是实际存在的，并且受到消费者和竞争者欢迎。创新经济学的模仿理论表明，模仿并非创新的对立面，只不过提高了论证知识产权合法性的门槛。❹ 通常而言，禁止模仿的主要原因是担心权利人或市场先行者无法收回成本，无法对其创新进行有效激励，但是模仿行为对激励创新的阻碍也值得进一步研究。已有一些学者对知识产权法需要设置排他的权利以激励创新的初衷产生质疑，如李琛教授从知识产权法历史角度、知识产权受益主体等方面论证了"知识产权是确认、分配知识的市场

---

❶ Constitution of the United States Article I Section 8（8）: To promote the progress of science and useful arts, by securing for limited times to authors and inventors the exclusive right to their respective writings and discoveries.

❷ 波斯纳. 法律的经济分析 [M]. 7版. 蒋兆康, 译. 北京：法律出版社, 2012：56.

❸ 波斯纳. 论剽窃 [M]. 沈明, 译. 北京：北京大学出版社, 2010, 63.

❹ OHLY A. Free Access, Including Freedom to Imitate, As a Legal Principle a Forgotten Concept? [M] //KUR A, MIZARAS V. The Structure of Intellectual Property Law: Can One Size Fit All? Cheltenham: Edward Elgar Publishing, 2011: 97.

化所产生的利益，知识产权制度的产生是知识成为市场要素的结果"❶，而非基于"鼓励创造"。通过赋予权利人知识产权以达到激励创造的目的也可能是立法者的一厢情愿。更多的私人财产权不一定能够带来更多的激励，反而可能减缓创新的速度，为后来的模仿者的创新过程设置多重障碍，减缓创新的速率。❷ 经济学家通过实验表明，消费者忠诚度下降和推出新产品之间的时间差足以使创新者有足够的能力获得奖励❸，不是只能通过赋权的方式奖励其"创新"。还有学者对"创新"进行经济分析后认为，创新主要产生于易于销售的应用研究上，并非基础研究，专有权利的垄断机制将创新过程置于价格和质量竞争领域之外，大大限制了应具备决定性作用的消费者在分配过程中的影响。❹ 可见，知识产权制度所维护的增进社会福利与私权取得的社会成本之间所谓的平衡值得商榷。

对于我国知识产权法来说，立法价值取向是多元的，促进"社会主义文化和科学事业的发展与繁荣""科学技术进步和经济社会发展""社会主义市场经济的发展"❺ 才是（也是所有规范的）终极目标。知识产权法律制度的基本任务就是在有效的知识产权保护与自由竞争之间寻求适当的平衡。《TRIPS 协议》第七

---

❶ 李琛. 著作权基本理论批判 [M]. 北京：知识产权出版社，2013：12-31.

❷ BOYLE J. The Second Enclosure Movement and the Construction of the Public Domain [J]. Law and Contemporary Problems，2003，66（1）：44.

❸ KAMIEN M I, SCHWARTZ N L. Market Structure and Innovation: A Survey [J]. Journal of Economic Literature，1975，13（1）：28.

❹ KAUFMANN P J. Passing Off and Misappropriation: An Economic and Legal Analysis of the Law of Unfair Competition in the United States and Continental Europe（Volume 9）[M]. Munich: VCH Publishers，1986：80.

❺ 分别为《著作权法》第一条，《专利法》第一条，《商标法》第一条"制定本法"的前一句.

条、第八条第二款也提出了知识产权保护应以相互利益、平衡权利与义务的目标，以及禁止权利滥用、不合理限制贸易或技术转让的原则为准。❶ 因此，知识产权法的各项制度设计实际上已经体现了模仿自由原则的内容。以下将从我国各知识产权单行法的法律文本入手，探寻模仿自由原则在我国知识产权法上的具体表达。

一、著作权法：模仿与艺术创作

《著作权法》的规定中，"临摹"的概念与"模仿"相近。该法第二十四条在著作权权利限制部分规定，可以对室外公共场所的艺术作品进行"临摹"。1990 年《著作权法》在第五十二条将"临摹"也作为复制权所控制的行为之一。❷ 2001 年修订《著作权法》时，删除了"临摹"的规定。立法者也认为，至少在著作权法领域，临摹或模仿的情况比较复杂，有的是复制，有的是创作，必须区别对待，不能都认为是属于复制权控制的行为。❸

通过前文对美学理论中的模仿行为进行考察，发现作品的产生与模仿自由的关系亦十分微妙。在著作权法并未产生的几个世纪中，文本的构思不是作者拥有某种财产的对象，而是模仿自然的行为，因而保护作者私人权利的"著作权"概念缺乏思想基

❶ 《TRIPS 协议》第七条："知识产权的保护和实施应有助于促进技术革新及技术转让和传播，有助于技术知识的创造者和使用者的相互利益，并有助于社会和经济福利及权利与义务的平衡；"第八条第二款："只要与本协定的规定相一致，可能需要采取适当措施以防止知识产权权利持有人滥用知识产权或采取不合理地限制贸易或对国际技术转让造成不利影响的做法。"

❷ 1990 年《著作权法》第五十二条第一款："本法所称的复制，指以印刷、复印、临摹、拓印、录音、录像、翻录、翻拍等方式将作品制作一份或者多份的行为。"

❸ 全国人大. 著作权法释义 [EB/OL]. [2020-10-20]. http://www.npc.gov.cn/npc/c2200/200207/adabe96bd55e4d2b8bbe9654771f8641.shtml.

础。从模仿以前的伟大的诗人和作家的意义上说，复制是一个值得称赞的目标，而非不道德的盗窃行为。❶ 中国受到儒家文化"述而不作、信而好古"的影响，古代文学艺术中形成了一套"独特的共享语库"❷，并强调以模仿（作为自然及共有经验而存在的法则）为前提下的创意❸。

现代著作权法诞生后，受著作权法保护的作品在构成上要求具备"独创性"。一是，作品"创作"的事实行为亦无法完全离开模仿。结构主义和后结构主义学者从语言学角度提出，上下文的语境对文本的解释非常重要，文本的含义并非独立于读者或其他文本一成不变，是根据广泛的社会、文化和语言来理解的。❹ 这种不同文本之间的相互关系也称"互文性"（intertextuality），强调任何语篇中都是与此前的语篇、作者和常规惯例的互动对话，产生于阅读和写作过程中。这一互动同时也是"再语境化"（re-contextualization）的过程，即将此前某个语篇中的旧元素转移到新的语境中。❺ 著作权法上的"独创性"不能仅强调作品原创、作者天才，把作者视为抽象物上独立的产权主体，而遮掩文学艺术"模仿"的基本性格。❻ 当作者从文化结构中汲取灵感来创作作品时，仍然是前人的努力和作者的原创贡献的独特结合，才使作者

---

❶ ROTSTEIN R H, MATAPHOR B. Copyright Infringement and the Fiction of the Work [J]. Chicago-Kent Law Review, 1993, 68 (2): 732

❷ 安守廉. 窃书为雅罪——中华文化中的知识产权法 [M]. 李琛, 译. 北京: 法律出版社, 2010: 30.

❸ 季卫东. 网络化社会的戏仿与公平竞争——关于著作权制度设计的比较分析 [J]. 中国法学, 2006 (3): 20.

❹ ROTSTEIN R H, MATAPHOR B. Copyright Infringement and the Fiction of the Work [J]. Chicago-Kent Law Review, 1993, 68 (2): 736.

❺ 辛斌. 批评话语研究中的互文性分析 [J]. 外语与外语教学, 2021 (3): 1-3.

❻ 冯象. 政法笔记: 增订版 [M]. 北京: 北京大学出版社, 2012: 220-221.

的作品具有了独特而不可侵犯的印记。❶ 有学者精妙地比喻道，作者需要像蜜蜂一样四处偷窃，但必须酝酿出花朵的芬芳。❷ 因而，基于文本这种内在的动态性，在作品的创作和传播中也应适当考虑受众模仿的利益。❸

二是，从我国具体条文来看，《中华人民共和国著作权法实施条例》中定义的"创作"是指直接产生文学、艺术和科学作品的智力活动，并未将创作过程中存有的大量"间接的"模仿行为纳入法律规制之中。我国《著作权法》第二十三条规定，超过权利保护期的作品不再受到法律保护，这意味着，超过保护期的作品进入公共领域后，任何人都可以模仿使用，除非侵犯著作人身权。类似的还有《著作权法》第五条规定的不受法律保护的内容、著作权合理使用和法定许可的规定，以及在实践中总结发展的"思想与表达二分"的理论也允许在一定条件下的模仿。

因此，现代著作权法在制度架构上为了保护"表达自由"或"创作自由"不得不留有一些空间允许社会公众自由模仿。没有模仿的自由也就没有创作的自由或创新的自由。在智力成果领域，创作过程并不是像所预设的从无到有的过程，强调"原创性"显示的是一种后来者的狂妄。事实上，所有的创造都是对他人成果的大量借鉴，没有一个健康的公共领域提供源源不断的养分，大部分创作或创造行为将成为"无源之水，无本之木"。公共领域

❶ KWALL R R. Originality in Context [J]. Houston Law Review, 2007, 44（4）：873.

❷ KAPLAN B. An Unhurried View of Copyright [M]. Clark：The Lawbook Exchange, Ltd., 2008：24.

❸ ROTSTEIN R H, MATAPHOR B. Copyright Infringement and the Fiction of the Work [J]. Chicago-Kent Law Review, 1993, 68（2）：742.

才是知识产权法的基础❶，模仿自由是保护知识产权的必然结果。正如有法院已经指出的那样："在市场经济环境下，利用和借鉴他人的市场成果是文化和经济发展的基石，模仿自由原则是自由市场原则的典范"。❷

进言之，模仿自由的范围涉及知识公有领域与著作权权利保护范围的划分。美国布莱克大法官道："如果某件商品不受专利或版权的保护，则州法律不得禁止他人复制该商品。应允许自由复制联邦专利和版权法在公共领域留下的任何内容，禁止复制将妨碍《宪法》第一条第八款第八项中的联邦政策。"❸ 德国依据《德国基本法》有关艺术创作自由及该法第十四条的规定❹，在著作权领域延伸出了作品的自由使用制度。所谓作品的自由使用，是指"当对他人作品的使用（包括模仿）带来了新的独创性成果，被模仿作品的独创性已隐含在新作品中，且与新作品的独创性相比，原作已经黯然失色的情况下"❺。这样的行为与权利限制等不同，作品的自由使用带来了新的独创性成果，且被模仿内容本质上根本不受原作品著作权人的控制，即使用人所利用的元素根本不受著作权法保护。

❶ LANGE D. Recognizing the Public Domain [J]. Law and Contemporary Problems, 1981, 44 (4): 147.

❷ 常州市天宁区人民法院 (2012) 天知民初字第 1 号民事判决书.

❸ KAPLAN B. An Unhurried View of Copyright: Proposals and Prospects [J]. Columbia Law Review, 1966, 66 (5): 839.

❹ 易磊.《德国著作权法》自由使用制度研究 [J]. 苏州大学学报 (法学版), 2019, 6 (3): 85.

❺ 雷炳德. 著作权法 [M]. 张恩民, 译. 北京: 法律出版社, 2004: 258.

二、专利法：模仿与信息传播

有关专利制度的传统看法是，只有保护发明免受模仿，才能使发明人获得足够的利润来支付创新的研发成本，否则，即便该发明带来的社会效应超过了研发成本，创新者可能也会因为缺乏专利法的保护而不再创新。但是进入数字化时代以来，半导体、芯片和计算机软件等是最具有创新力的行业，反而却缺乏强有力的专利法保护，这些产品在高效地模仿与被模仿之间快速地更新迭代。有学者认为，在这些行业强有力的专利制度反而阻碍这些领域的创新。❶

经济学家对专利制度的负面作用的评价主要集中在自由竞争的阻碍、扩大价格与成本之间的差异等方面，但从避免资源浪费与信息传播的角度来看，该制度又有积极的一面。在"信息"为专利权所垄断之前，"早期公开"可让公众掌握和理解这一信息，并判断该信息的价值，缓解利权人对信息的垄断。可以想象的，如果没有专利制度，发明人就会选择商业秘密来保护自己的技术。这可能导致不必要的重复研究，造成资源的浪费。专利权坚持"一发明一专利"，在保护期限内的垄断性较强。但专利权的垄断只排除对专利产品本身的有限竞争，同时大幅提升了竞争对手生产研发替代产品的能力。这也是专利制度的积极作用所在，既促进专有技术在所有竞争者之间传播，使他们有机会生产可替代产品，并进一步通过专利申请传播知识，让更多的研究者参与模仿。因此，专利制度是基于知识公开和传播的促进社会整体创新政策的重要组

---

❶ BESSEN J, MASKIN E. Sequential Innovation, Patents, and Imitation [J]. The RAND Journal of Economics, 2009, 40 (4): 611-612.

成部分，其设计之初就旨在平衡促进创新与承认模仿、通过模仿进行细微改良二者之间的关系，这是发明本身所必须具备的及竞争经济的命脉所在。❶ 应该用动态的视角对待知识产权制度，将其作为竞争政策的一部分，在为技术进步留有的自由竞争、模仿自由和垄断之间找到微妙的平衡点。

因此，动态竞争理论质疑了"新发明享有垄断权以免受模仿"的观点，公权力授予专利垄断权的初衷并非阻止模仿，而是促进模仿。基于专利促进信息公开的基本考虑，对于没有落入法定保护范围的"次要发明"（minor inventions）也是没有必要保护的，它们超出了法定公开义务的范围。❷ 从这个角度理解，专利制度几乎竭尽全力保护常规模仿。❸ 比如，我国《专利法》对受法律保护的发明、实用新型和外观设计专利，都要求具备"新颖性"或"不属于现有外观设计"。换言之，模仿现有技术或现有设计的技术方案并不构成专利侵权。立法者通过提高专利的门槛，限制权利人垄断低成本发明或与之结合的商业模式，将这部分内容提供给公众自由模仿。从经济学角度来看，这些发明成本不高，或者发明成本低于生产成本的，模仿者的模仿意愿会由于成本优势不大而降低。❹ 即便获得了专利垄断权，专利法还设置了保护期

---

❶ OHLY A. Reverse Engineering: Unfair Competition or Catalyst for Innovation [M] //PYRMONT W P Z W U, ADELMAN, M J, BRAUNEIS R, et al. Patents and Technological Progress in a Globalized World. Berlin: Springer, 2009: 540.

❷ KAUFMANN P J. Passing Off and Misappropriation: An Economic and Legal Analysis of the Law of Unfair Competition in the United States and Continental Europe (IIC Studies, Volume 9) [M]. Munich: VCH Publishers, 1986: 82.

❸ MERGES R P. Commercial Success and Patent Standards: Economic Perspectives on Innovation [J]. California Law Review, 1988, 76 (4): 873.

❹ 波斯纳. 法律的经济分析 [M]. 7 版. 蒋兆康，译. 北京：法律出版社，2012: 51.

制度、强制许可、专利侵权例外等制度。在这些情况下，超过保护期限的专利可以被任何人无条件地模仿使用；符合我国《专利法》特别许可规定及第七十五条的情形也可以有条件地模仿使用。2020 年 10 月 17 日修改《专利法》时还增加了防止专利权滥用的规定。❶ 如果滥用专利权构成了垄断行为，根据《反垄断法》第七章的规定，可能被责令停止实施垄断协议或采取必要措施恢复到实施集中前的状态。此时，不排除被许可人或者其他经营者可以模仿、使用许可人专利的情况。

三、商标法：模仿与商业表达

在商标法领域同样也存在"摹仿"和"模仿"两种用语。已经失效的 1995 年《中华人民共和国商标法实施细则》（以下简称《商标法实施细则》）第二十五条第一款第（二）项规定，"违反诚实信用原则，以复制、模仿、翻译等方式，将他人已为公众熟知的商标进行注册"属于商标可撤销的理由。❷ 该款在 2001 年修改《商标法》后变更为第十三条，成为驰名商标跨类保护的侵权判定标准，并且放弃了"模仿"而改为使用"摹仿"的概念。❸

---

❶ 《专利法》第二十条："申请专利和行使专利权应当遵循诚实信用原则。不得滥用专利权损害公共利益或者他人合法权益。滥用专利权，排除或者限制竞争，构成垄断行为的，依照《中华人民共和国反垄断法》处理。"

❷ 1995 年《商标法实施细则》第二十五条："下列行为属于《商标法》第二十七条第一款所指的以欺骗手段或者其他不正当手段取得注册的行为：……（2）违反诚实信用原则，以复制、模仿、翻译等方式，将他人已为公众熟知的商标进行注册的；……依照《商标法》第二十七条第一款、第二款的规定撤销的注册商标，其商标专用权视为自始即不存在……"

❸ 《商标法》第十三条："为相关公众所熟知的商标，持有人认为其权利受到侵害时，可以依照本法规定请求驰名商标保护。就相同或者类似商品申请注册的商标是复制、摹仿或者翻译他人未在中国注册的驰名商标，容易导致混淆的，不予注册并禁

根据立法材料，新增加的第十三条来源于《TRIPS 协议》第十六条、《保护工业产权巴黎公约》（以下简称《巴黎公约》）第六条之二的规定和我国的实践做法。❶ 至于为何从"模仿"改为"摹仿"并未见相关立法解释。《巴黎公约》英文版本在该条使用的是"reproduction，an imitation，or a translation"。本书在第一节已表明，现代汉语中"摹"与"模"语义相同，对应英文都是"imitation"，因此，笔者认为 1995 年《商标法实施细则》第二十五条与现行《商标法》第十三条并无实质区别。

商标法也留有一定模仿自由的余地，或者说商标本身就是模仿的产物。加拿大学者库姆（Coombe）教授从人类学角度探讨了商标和模仿行为之间的关系。她基于迈克尔·陶西格（Michael Taussig）对"模仿能力"（mimetic faculty）的定义，认为模仿（mimesis）的原则不仅包括了"模仿"（imitation）、"共情"（sympathy）、"感知"（sensuousness）和"扩散"（contagion）。据此她提出，商标是在以大众为媒介的消费社会中将这些"模仿"组织起来，作为一种商业替代身份保持并获得交换价值，以标准化和差异化的统一吸引着消费者。❷ 为了维护这种"一致性"，商标法禁止模仿与商标权人"相同或近似"的标志，以防止消费者发生混淆。然而，商标标志本身即来源于本属于公有领域的符号的模仿、组合、

（接上注）
止使用。就不相同或者不相类似商品申请注册的商标是复制、摹仿或者翻译他人已经在中国注册的驰名商标，误导公众，致使该驰名商标注册人的利益可能受到损害的，不予注册并禁止使用。"

❶ 关于《中华人民共和国商标法修正案（草案）》的说明，时任国家工商行政管理局局长的王众孚在 2000 年 12 月 22 日在第九届全国人民代表大会常务委员会第十九次会议上所作报告。

❷ COOMBE R J. The Cultural Life of Intellectual Properties：Authorship，Appropriation，and the Law［M］. Durham：Duke University Press，1998：168-169.

再创造的过程，发生商标侵权的最终判断依据使消费者产生混淆而非商标相似、近似。我国《商标法》第八条规定，"文字、图形、字母、数字、三维标志、颜色组合和声音等，以及上述要素的组合，均可以作为商标申请注册"。第十一条亦规定通用名称和描述性标志等缺乏显著性的，也不能直接作为商标来保护。换言之，这类尚未具备"第二含义"的内容仍属于公有领域，供公众自由模仿。

另外，我国《商标法》第九条规定，受法律保护的商标应具备"显著特征"，并不能与在先权利相冲突。所谓"显著特征"，即可与其他商业标识能够区分，这也意味着如果能与他人商标区别开来，并不能禁止一定程度的模仿行为，商标共存也可以在一定范围内实现。● 此外，商业领域的表达自由理应包含经济自由权利的一般特性。● 为了维护商业言论表达的自由，一些国家还在立法与司法实践中总结并确立了滑稽模仿（parody）、讽刺驰名商标及其商品或服务不视为侵犯知识产权等情形。●

综上所述，知识产权法的核心问题不是制止模仿，制止一定程度的模仿也只是达到立法目的的手段。模仿自由原则与私人产权的保护在知识产权法律制度内部设计上是相互协调且价值共生：一方面主要表现在激励创新、保护公有领域不被侵蚀，另一方面也有平衡知识产权的垄断与市场经济自由竞争、公平竞争之间的

● 例如，《商标法》第五十九条第三款："商标注册人申请商标注册前，他人已经在同一种商品或者类似商品上先于商标注册人使用与注册商标相同或者近似并有一定影响的商标的，注册商标专用权人无权禁止该使用人在原使用范围内继续使用该商标，但可以要求其附加适当区别标识。"

● 吴汉东. 知识产权领域的表达自由：保护与规制［J］. 现代法学，2016，38（3）：5.

● U. S. Trademark Law（July 11，2015）15 U. S. C. § 1125.

关系。知识产权制度是和技术开发—产业—消费者组成的市场结构相对应的一种权利制度，这样的权利设置是以封建制度的终结和市场自由竞争为前提条件的。^❶ 在这一前提下，保护商标或其他贸易标志以防混淆，是为了确保产品或服务的市场透明和多元化，甚至专利权的垄断也可以在自由市场经济中被证明是合理的，因为它不会侵蚀公有领域的内容，而是在公众所拥有的已公开和新颖的发明思想中创造了一个竞争性市场。^❷ 然而，当前需要引起关注的是，即便知识产权法的具体规则已经体现了模仿自由的原则，但其法律原则的地位却不断受到挑战。保护知识产权的政治驱动力逐渐增强，已将自由竞争的原则降到了第二位。^❸

第三节 反不正当竞争法中的模仿自由原则

知识产权法和反不正当竞争法在保护创新和促进竞争方面具有相同的立法价值，目的都是防止市场失灵，鼓励各种创造、技能、时间及金钱的投资。反不正当竞争法通过对商业成果的保护以达到维护自由竞争的市场秩序，其意义在于既可以使被模仿成果所有者的相关利益得到维护，同时也有助于创新及避免产品形

---

❶ 富田彻男. 市场竞争中的知识产权 [M]. 廖正衡，张明国，叙书绅，等. 译. 北京：商务印书馆，2017：5.

❷ SANDERS A K. Unfair Competition: Complementary or Alternative to Intellectual Property in the EU? [M] //GEIGER C. Constructing European Intellectual Property: Achievements and New Perspectives. Cheltenham: Edward Elgar Publishing, 2013: 329.

❸ OHLY A. Free Access, Including Freedom to Imitate, As a Legal Principle a Forgotten Concept? [M] //KUR A, MIZARAS V. The Structure of Intellectual Property Law: Can One Size Fit All? Cheltenham: Edward Elgar Publishing, 2011: 101.

式的单一化。❶ 但是，这样的保护应当受到一定的限制。如果反不正当竞争法给予的保护没有达到知识产权体系内在的谨慎和高标准，反而会损害知识产权制度❷，进而损害公平的竞争秩序。特别是对灰色领域的"准知识产权"❸，反不正当竞争法很可能在事实上对其提供了与知识产权一样的排他性权利。美国新古典经济学家张伯伦指出，垄断和自由竞争并不是截然相对的两个极端，生活中大量存在的是垄断和竞争的组合。而模仿竞争者的产品是"通过消除垄断因素，从而向使竞争纯粹化迈出了一步"，应当允许或鼓励这样的"不正当"竞争。❹ 剑桥大学柯尼什（Cornish）教授也认为，思想领域的知识产权（专利、版权等）以有限的例外方式存在，是为了鼓励智力投入和生产性投资，获得新产品和服务。通过禁止"盗用"（misappropriation）或"不正当模仿"（unfair imitation）来扩大其权利范围，是在模仿竞争的方式上设置了一个无形的障碍。❺ 因此，为了保证一定程度的模仿竞争，反不正当竞争法与知识产权法之间的关系也是本节研究的主要对象。对二者之间关系的理解涉及模仿自由原则的应用场景与存在价值。

---

❶　韩赤风. 被模仿产品的保护与反不正当竞争法的适用——德国联邦最高普通法院第一民事审判庭 199/06 号判决评析 [J]. 知识产权，2011（3）：104.

❷　OHLY A. Reverse Engineering: Unfair Competition or Catalyst for Innovation [M] // PYRMONT W P Z W U, ADELMAN M J, BRAUNEIS R, et al. Patents and Technological Progress in a Globalized World. Berlin: Springer, 2009: 540.

❸　DORNIS T W. Trademark and Unfair Competition Conflicts: Historical - Comparative, Doctrinal, and Economic Perspectives [M]. Cambridge: Cambridge University Press, 2017: 370.

❹　张伯伦. 垄断竞争理论 [M]. 周文，译. 北京：华夏出版社，2017：259.

❺　CORNISH W R. Intellectual Property: Patents, Copyright, Trade Marks and Allied Rights [M]. 4th ed. London: Sweet & Maxwell, 1999: 15.

一、立法选择：各国反不正当竞争法中的模仿自由

反不正当竞争法中模仿行为通常被"假冒"和"仿冒"等所禁止，或者当一提到反不正当竞争法中的模仿时，就会优先寻找有关"假冒"或"仿冒"的请求权基础，但是"假冒""仿冒"和"模仿"之间仍有一些区别。一方面，"假冒"与"仿冒"虽然在中文语境下通常作为同义词使用，但还有一些细微差别。"仿冒"通常是指普通法上的"passing off"，是指不恰当使用他人标志导致消费者混淆的行为，也被称为"搭便车"行为；而"假冒"通常被翻译为"counterfeiting"，其中包括伪造的含义，是直接使用他人标志的违法行为，强调与他人在先商标的相似性、对消费者进行了欺诈及并未获得权利人许可的行为。总的来说，"假冒"和"仿冒"都具有较强的包容性，不仅在知识产权法的语境下使用，反不正当竞争法也对这两种不法行为提供了规制手段。

另一方面，二者与模仿行为的关系应该具有较大的差别。对于"模仿"的定义或感知存在较多的积极意义，虽然"假冒"或"仿冒"本身也是一种模仿，但是"模仿"在语言维度上更加中性，相对于"假冒"等自带有明显不法性，"模仿"有更广阔的自由空间。比如 2006 年《国家中长期科学和技术发展规划纲要（2006—2020 年）》的颁布和实施集中体现了国家科技发展从模仿、跟踪转变为自主创新和国家创新体系建设新阶段。❶ 因此，"模仿"不同于假冒或仿冒，前者并不违背禁止性法律，在一定

---

❶ 曹希敬，袁志彬. 科技创新咨询平台. 新中国成立 70 年来重要科技政策盘点［EB/OL］．（2019-10-14）［2020-10-20］. https://www.163.com/dy/article/ERFCK M4P0511DV4H.html.

程度上也与我国从模仿到创新政策的发展目标一致。●

（一）域外模仿自由原则立法模式选择

模仿自由原则的域外立法主要表现在反不正当竞争法领域。在一些大陆法系主要国家，通常将模仿自由或禁止奴性模仿作为一项重要内容规定在反不正当竞争法中。从立法模式上来看，《西班牙反不正当竞争法》第十一条专门列有模仿自由原则的条款，该条规定模仿他人创意或商业成果在没有专有权利规制的情况下是允许的。● 该法允许自由模仿的对象是不受专有权保护的产品、服务或专业措施，并非在市场中用于识别这些产品或服务的标志。这一差别是恰当理解模仿自由原则的要义。● 该法同时还列有模仿自由原则的限制条款，包括：第一，不当利用他人商誉或成果使消费者发生混淆，除非是不避免地使用；第二，以阻碍竞争为目的，超出正常市场手段系统地模仿竞争对手的成果。● 如果对竞争者产品或服务等是组织的模仿，导致竞争者无法在市场立足，或是非正常市场反应的，也是不正当竞争行为。

还有一些国家立法并未采用"正面表述"模式，而是从反面列举了一些"不当模仿"（unfair imitation）的禁止情形或在司法实践中总结出了模仿自由原则。如日本 2015 年修正的《不正当竞

● LI Y. Counterfeiting in the Chinese Context: Imitation, Intellectual Property Protection and Development [J]. Queen Mary Law Journal, 2014 (5): 39.

● De Competencia Desleal (Ley 3/1991, de 10 de enero) Artículo 11.

● 博德维希. 全球反不正当竞争法指引 [M]. 黄武双，刘维，陈雅秋，译. 北京：法律出版社，2015：615.

● de Competencia Desleal (Ley 3/1991, de 10 de enero) Artículo 11. 另可参考郑冲. 西班牙的《反不正当竞争法》[J]. 法学杂志，1993 (3)：37. 陈学宇. 全球视野下的反不正当竞争法修订——基于模仿自由原则的探讨 [J]. 苏州大学学报（法学版），2018，5 (1)：117.

争防止法》禁止实质性模仿他人商品样式，即禁止奴性模仿。《意大利民法典》第两千五百九十八条（不正当竞争的行为）在仅与竞争对手的产品或活动造成混淆的情况下才限制模仿。❶《德国反不正当竞争法（2016 年修正）》第四条第（三）项也规定了不正当模仿的三种情形，间接地确立了模仿自由原则。换言之，"对他人工商业成果的模仿是合法的，只有在特殊情况下出现了不正当的情形，才导致反不正当竞争法上的可苛责性"❷。

《波兰反不正当竞争法》融合了欧美立法经验，从正反两个方面规定了功能性模仿的合法性及禁止造成混淆的模仿行为。一是波兰借鉴了《德国反不正当竞争法》的"一般条款"，填补该法第二章规定的特殊不正当竞争侵权行为（假冒、盗用商业秘密、误导性广告等）留下的空白。二是《波兰反不正当竞争法》对不正当模仿行为是基于普通法的"仿冒"概念并借鉴了美国的司法实践经验。❸该法在第十三条第二款划定了"复制权"的限制，或者更确切地说，它规定了模仿他人产品功能特征的自由。根据该条第一句的规定，不受知识产权法保护的产品的功能特征，为了实用性的目的，可以自由模仿，不应被视为不正当竞争行为。波兰最高法院也强调了知识产权权利领域以外的模仿自由原则，并指出若产品的进步是建立在过去的成果上，那么对其进行改

---

❶ 意大利民法典（2004 年）[M]. 费安玲，丁玫，张宓，译. 北京：中国政法大学出版社，2004：686-687.

❷ 范长军. 德国反不正当竞争法研究 [M]. 北京：法律出版社，2010：42. 该法第四条第（三）项规定，"提供的商品或服务是对竞争参与者商品或服务的模仿，如果 1. 导致买家对企业的产地产生本可避免的错觉；2. 不恰当的利用或损害被模仿商品或服务的声誉；3. 以不诚实的方式获取了模仿所需的知识或者数据。"

❸ SOŁTYSIŃSKI S. Coexistence between the Tort of Passing Off and Freedom of Slavish Imitation in Polish Unfair Competition Law [M] //VAVER D, BENTLY L. Intellectual Property in the New Millennium, Cambridge：Cambridge University Press，2004：192-193.

善符合普遍利益。❶ 第二句具体到奴性模仿的细节问题，即模仿可能合并了竞争对手产品的功能和非功能元素。在这种情况下，为了避免消费者混淆生产者和（或）产品，模仿者有义务为其产品贴上适当的标签，以消除欺诈的风险。❷

英美法系国家通常采用禁止"盗用"或"仿冒"理论限制竞争自由或模仿自由。在英美法系语境下，不正当竞争就是"仿冒"的同义词。提起"仿冒"的请求权通常需要三个基本要素（通常被称为"classic trinity"）：（1）商誉；（2）对来源的虚假陈述；（3）由于虚假陈述损害商誉的可能性。❸ 典型的"仿冒"行为发生在商家将竞争对手的商标放置在商品或服务上，以欺骗或迷惑竞争对手的客户购买贴错标签的商品，该行为的关键在于存有对消费者的欺骗。"仿冒"是英美法系国家商标保护体系的核心，其根植于普通法上的"欺诈"。《加拿大商标法》禁止仿冒他人要求或订购的商品或服务❹，《美国商标法》也禁止仿冒他人注册商标，但商标侵权的认定标准在于发生欺骗的混淆可能性，而非仅复制或模仿。《美国商标法》第三十二条规定，未经许可任何人不得复制、假冒、抄袭、欺骗性模仿注册商标用于商品或服务的销售、许诺销售、分销或推广中，从而可能引起混淆，误认或欺骗的应承担民事责任。其中"欺骗性模仿"与"假冒"又

---

❶　博德维希. 全球反不正当竞争法指引［M］. 黄武双，刘维，陈雅秋，译. 北京：法律出版社，2015：539.

❷　波兰反不正当竞争法［EB/OL］.（2004-05-01）［2020-12-04］. http://qhsk. sz. gov. cn/qhbr/law/detail/721. 另可参见王艳芳. 商业道德在反不正当竞争法中的价值与标准二重构造［J］. 知识产权，2020（6）：13.

❸　LAFRANCE M. Passing Off and Unfair Competition：Conflict and Convergence in Competition Law［J］. Michigan State Law Review，2011（5）：1416.

❹　An Act relating to trademarks and unfair competition（R. S. C. ，1985，c. T-13），7（c），Last amended on June 18，2019.

有所不同，前者包括任何与注册商标十分类似，足以引起混淆或误认或欺骗的商标；后者是指与注册商标相同或实质上不能区分的冒牌商标。❶ 可见，《美国商标法》虽然禁止复制他人注册商标，但是仍以"造成混淆或误认"为最终判断标准，对于行为人不知晓仿冒行为造成混淆、错误或欺骗的，注册人无权获得损害赔偿。❷

与此同时，美国《反不正当竞争法重述（第三版）》开宗明义地指出，只有在特定的几种情况下才需要对给对方造成损失的商业行为负责。❸ 这一规定改变了视竞争为一种"特权"而免责的观念，不再因为竞争带来的损害本身即侵权。❹ 换言之，一个自由市场经济国家保护竞争秩序，鼓励自由竞争。竞争自由是可以推导出在一定程度上允许模仿竞争者的产品或服务，只要竞争是符合商人的商业道德，反不正当竞争法就不应予以干涉。

（二）我国模仿自由原则立法模式选择

我国《反不正当竞争法》虽未如一些大陆法系国家明文规定模仿自由原则或条款，但是从 2017 年修改的内容来看，不难

---

❶ U. S. Trademark Law § 32（15 U. S. C. § 1114）、§ 45（15 U. S. C. § 1127）. 中译参考杜颖，易健明，译. 美国商标法 [M]. 北京：知识产权出版社，2013：67.

❷ U. S. Trademark Law § 32（1）. 也有学者提出，"混淆意图"（intent to deceive）已经不是必备要件了，对侵权行为的认定已经转向论证对消费者的影响。LAFRANCE M. Passing Off and Unfair Competition：Conflict and Convergence in Competition Law [J]. Michigan State Law Review，2011（5）：1415. 但《反不正当竞争法重述（第三版）》第二十二条表明，行为人的主观意图可以作为判断混淆可能性的依据。GOLDSTEIN P，REESE R A. Patent，Copyright，Trademark，and Unfair Competition：Selected Statues and International Agreements [M]. Saint Paul：Foundation Press，2013：7-8.

❸ GOLDSTEIN P，REESE R A. Patent，Copyright，Trademark，and Unfair Competition：Selected Statues and International Agreements [M]. Saint Paul：Foundation Press，2013：3.

❹ 董晓敏. 美国的《反不正当竞争法重述》[J]. 中国公证，2002（5）：43.

发现一些提倡"模仿自由"的思想。其中，第六条规定了若干
"引人误认为是他人商品或者与他人存在特定联系"的不正当竞
争行为。在构成要件上提取了"混淆"作为公因式，并采用"擅
自使用与他人有一定影响的……"的主要句型。该条与商标侵权
规定类似，即禁止擅自使用与他人标识相同或近似的标识：如果
针对的是"商品名称、包装、装潢"，只要是模仿近似的标识就
可能构成反不正当竞争；而如果针对的是"企业名称、社会组织
名称、姓名、域名"等，只有采用与这些名称完全一致的标识，
才有可能构成不正当竞争。但是判断的标准必须达到被模仿的标
识具有"一定影响"，并且模仿行为需要达到"引人误认""发生
混淆"的程度。❶ 也就是说，并不是所有的模仿都被法律禁止，
应鼓励并允许在缺乏知识产权保护或不会造成混淆的情况下进行
模仿。模仿自由原则的确立并划定其边界有助于协调知识产权保
护和鼓励模仿自由之间的平衡。❷

　　与此同时，伴随着市场自由竞争，不正当竞争行为必然会出
现。从《反不正当竞争法》第二条的变迁❸亦可发现，传统立法
更多是立足于私法和保护私益，而现代反不正当竞争法则立足于

---

❶ 2017 年《反不正当竞争法》第六条："经营者不得实施下列混淆行为，引人
误认为是他人商品或者与他人存在特定联系：（一）擅自使用与他人有一定影响的商品
名称、包装、装潢等相同或者近似的标识；（二）擅自使用他人有一定影响的企业名称
（包括简称、字号等）、社会组织名称（包括简称等）、姓名（包括笔名、艺名、译名
等）；（三）擅自使用他人有一定影响的域名主体部分、网站名称、网页等；（四）其
他足以引人误认为是他人商品或者与他人存在特定联系的混淆行为。"

❷ 孔祥俊. 反不正当竞争法新论 [M]. 北京：人民法院出版社，2001：120-121.

❸ 1993 年《反不正当竞争法》"经营者违反本法规定，损害其他经营者的合法
权益，扰乱社会经济秩序的行为"。2019 年则修改为"经营者在生产经营活动中，违
反本法规定，扰乱市场竞争秩序，损害其他经营者或者消费者的合法权益的行为"。

多元保护。❶ 立法者从最初关注个体的"诚实的企业主"到保护消费者之上的公共利益。以"商业道德"为标准构建的"正当"竞争只有通过自由竞争才能够实现，如果进入市场的门槛就是不自由、不平等的，又如何公平公正。更重要的自由竞争可以确保市场为消费者提供质优价廉的商品。"关于竞争经济的基本假设之一，即产品一旦进入市场，就存在模仿或模仿的可能，因为没有其他机制能像这种竞争的前景那样有效地确保消费者的福利。"❷如果消费者知情决策的基础被破坏，发生了混淆或虚假宣传等情形，由消费者作用的竞争基础也被扭曲，也会损害为所有企业主构建的公平竞争的环境。

"竞争是满足所有市场参与者利益的共同基础，所有的商业行为都必须依据它们对竞争的负面或正面影响进行评估。"❸ 绝不能仅因为经营者利益受损就认定为不正当竞争。这一观念正在被法院判例群所认可并上升为司法解释。2021 年 8 月 18 日，《最高人民法院关于适用〈中华人民共和国反不正当竞争法〉若干问题的解释（征求意见稿）》第一条第二款指出："当事人仅以利益受到损害为由主张适用反不正当竞争法第二条，但不能举证证明损害经营者利益的行为扰乱市场竞争秩序的，人民法院依法不予支持。"❹ 竞争带来的损害可能损失的是竞争者私人成本，而非社会

---

❶ 王艳芳. 反不正当竞争法中竞争关系的解构与重塑 [J]. 政法论丛，2021（2）：21.

❷ CORNISH W R. Intellectual Property：Patents，Copyright，Trade Marks and Allied Rights [M]. 4th ed. London：Sweet & Maxwell，1999：15.

❸ 博德维希. 全球反不正当竞争法指引 [M]. 黄武双，刘维，陈雅秋，译. 北京：法律出版社，2015：12.

❹ 遗憾的是，在 2022 年 3 月 20 日正式颁布的版本中并未采纳这一内容。

成本。❶ 模仿行为是否应被认定为不正当竞争，需要在个案中考察这样的模仿能否为竞争者提供一个自由竞争、公平竞争的平台，是否能（包括向消费者）提供不受扭曲的决策机制。如果以上答案是肯定的，模仿自由就不应认为是破坏了竞争秩序。

综上所述，大陆法系主要国家，通常制定有成文的反不正当竞争法，其中模仿自由或禁止奴性模仿是一项重要内容。在立法范式上，主要有两种方式：第一，直接确立了模仿自由原则，并列举了模仿自由的例外情形；第二，通过列举了禁止不当模仿的特殊情形，间接地确立模仿自由原则。而在普通法系国家，模仿自由或复制自由等内容深深根植于自由竞争的理念之中。不论成文法还是判例法国家，对于模仿自由的判断标准普遍通过"案例群"的建立各自发展，虽然各国在表述方面略有不同，但对于禁止混淆、允许功能性模仿已基本形成共识。

有学者提出，我国应学习西班牙立法模式，在《反不正当竞争法》中确立"模仿自由原则"并增设"禁止具体不正当模仿行为"。❷ 笔者并不反对这一观点，明确这一原则有助于我国自上而下地树立模仿自由原则的理念。但是在立法技术方面，应以何种方式表达模仿自由原则以契合当前我国《反不正当竞争法》的立法体系？一方面，正如前文所述，模仿自由原则不仅是知识产权法和反不正当竞争法的基本原则，在一定程度上也属于不言自明的法律思想，是现行法体系背后的精神❸，仅在《反不正当竞

---

❶ 波斯纳. 法律的经济分析 [M]. 7 版. 蒋兆康, 译. 北京：法律出版社, 2012：8.

❷ 陈学宇. 全球视野下的反不正当竞争法修订——基于模仿自由原则的探讨 [J]. 苏州大学学报（法学版）, 2018, 5（1）：123.

❸ 王涌. 论民法中的原则的识别与适用——对德沃金原则理论的几点疑问与思考 [J]. 中国政法大学学报, 2016（2）：47.

法》中予以直接规定是否妥当？另一方面，现行《反不正当竞争法》一般条款所提供的可用于司法裁判的不确定性概念，更多的是从限制模仿自由的角度予以规定，如何处理模仿自由原则和一般条款的关系？这些问题都值得进一步思考。

笔者目前形成的不成熟建议是：我国《反不正当竞争法》有关模仿自由原则内容的表达，应放在一般条款之前，或者修改一般条款，作为限制模仿自由原则的例外规定。对于模仿自由原则的具体表述，不宜借用《反不正当竞争法》第二条第一款的"应遵循……原则"的表达方式，可以在立法目的条款之后增加一条规定，对知识产权法和反不正当竞争法的适用关系予以澄清。可借鉴《西班牙反不正当竞争法》的规定，允许模仿未受知识产权保护的智力成果。

至于例外规定方面：第一，《反不正当竞争法》第六条已有禁止混淆的规定，但应遵循《商标法》对来源混淆的规定，不宜扩大至保护被模仿商品或服务的声誉；第二，对于有关允许功能性复制的内容，由于我国《专利法》对"三性"的要求和《商标法》第十二条都有类似的规定，如果在原则条款部分规定可以模仿知识产权法不予保护的内容，就没有必要增加允许功能性模仿；第三，不宜增加类似日本法"禁止模仿与他人的商品形态或样式实质性相同产品"的规定，在商品外观成为未注册商标之前，未起到标识来源作用的情况下，与他人商品外观一致并不意味着主观具有恶意攀附的意图，客观上也并不会侵犯他人商标权；第四，德国法规定的禁止"通过不正当途径获得模仿所必需的知识或资料数据"可以被我国《反不正当竞争法》第九条规定的商业秘密条款所囊括，也不需要另行规定。

除此之外，以下内容或许可以作为司法解释进行规定：第一，在主观方面的认定上，为了避免混淆，模仿者主动添加了具有区别性的标记，也应当认为主观不具有恶意，属于正当模仿；第二，在市场竞争中损害他人竞争利益是正常的商业风险，不能仅因利益受损就认定为不正当竞争。后者曾被 2021 年 8 月《最高人民法院关于适用〈中华人民共和国反不正当竞争法〉若干问题的解释（征求意见稿)》所采纳。

二、应用场景：知识产权法与反不正当竞争法的选择适用

上文已论证模仿自由原则是知识产权法和反不正当竞争法的基本原则，贯穿于各项制度的设置之中。与此同时，模仿自由原则还可以作为当事人对抗知识产权侵权主张的一项"抗辩权"，主要应用在知识产权法与反不正当竞争法中的"灰色地带"（Gray Zone)。这一"灰色地带"形成的原因是知识产品和不正当竞争概念的不确定性，以及反不正当竞争法边界和适用存在模糊性。通过对域外反不正当竞争法的基本考察，模仿自由或模仿自由原则大多数情况下是作为反不正当竞争法的总则部分条款或原则性质的条款出现，并承担着定义不正当竞争行为的任务。然而，各国立法与国际公约对于作为法律术语的"不正当竞争行为"的构成要素及具体包括哪些"不正当"行为并没有形成一致的理解。另外，反不正当竞争法边界的模糊性导致其与其他部门法关系密切：一是与知识产权法的关系，近年来不少案件引起热议的焦点都在于二者的适用，并且从《巴黎公约》所规制的"工业产权"，扩展到与著作权的关系；二是与消费者权益保护法的关系，主要体现在虚假宣传和误导性广告对消费者选择权、知情权的侵害；三是与民法的一般侵权责任条款、反垄断法、市场各领域规制的

法律存有关联。从理论上讲，当上述法律的适用领域都在扩张时，通常由反不正当竞争法填补的空白空间可能会缩小，相反，也可能会不恰当地夸大反不正当竞争法的作用。简言之，反不正当竞争立法及其演变过程，更多地显示出了调整范围的模糊性和适用不确定性。

（一）反不正当竞争法和知识产权法的关系

近年来，反不正当竞争法和知识产权法的关系问题成为理论界和实务界讨论的热点。对于反不正当竞争法和知识产权法的关系，笔者以为应该分为三个层面进行讨论。

第一，从立法目的或立法价值上理解知识产权法和反不正当竞争法的关系。本书有所提及，即知识产权法与反不正当竞争法的基本价值取向并无二致，也可以说二者是价值互补的关系，均是通过保护创新和自由竞争而提高经济效率及消费者福利。[1] 知识产权法是通过赋予财产权以激励创新的方式促进市场竞争，而反不正当竞争法则通过维护公平的竞争秩序，以排除不正当竞争行为的方式促进市场竞争。当出现知识产权阻碍竞争的情形时，立法者也以维护模仿的方式限制知识产权的扩张或滥用。[2]

第二，从知识产权法和反不正当竞争法保护或规制的对象理解二者的关系。按照通说，知识产权法保护的是智力成果及商业标记，反不正当竞争法通过规制不正当竞争行为保护经营者的利

---

[1] 刘孔中. 解构知识产权法及其与竞争法的冲突与调和［M］. 北京：中国法制出版社，2015：12.

[2] 本书与刘孔中教授观点类似，他认为知识产权法促进动态竞争及效率（亦即创新、发展新的未知产品），因此是以促进替代竞争为目的，而竞争法促进静态竞争及效率（亦即分配效率、既有资源最经济的使用与价格竞争），是以促进模仿竞争为目标。参见刘孔中. 解构知识产权法及其与竞争法的冲突与调和［M］. 北京：中国法制出版社，2015：12.

益，二者保护的都是智力成果及相关商业成就，但是所提供的保护路径和切入的角度有所不同。

第三，从知识产权法律规范与反不正当竞争法律规范的选择适用的关系理解，即如何在个案中处理部门法与具体规范之间的选择。特别是反不正当竞争法在什么时候作为知识产权专门法的补充，对不受知识产权法保护的对象提供救济；什么时候应该不予适用而将不受专有权利保护的对象纳入公有领域的问题。本节主要针对后两个方面探讨模仿自由原则的应用场景。

讨论知识产权法和反不正当竞争法的关系的目的是划清二者之间的界限，但是，这也是一项不可能完成的任务。知识产权法和反不正当竞争法在结构上有所不同，并且在一些特殊的规则上相互交叉甚至重叠，这无疑增加了二者关系的复杂性。从法律规制的客体来看，反不正当竞争法和知识产权法的重合之处在于"模仿"行为。某种程度上的"模仿"被视为侵犯知识产权，如著作权法的复制权，就禁止了对作品的某种模仿；再如模仿他人的未注册商标，不仅侵犯商标权（驰名商标的情形），反不正当竞争法有可能介入。有德国学者提出，知识产权法和反不正当竞争法只存在制度构建上的区别，《德国反不正当竞争法》第四条规定了对于不当模仿的认定，类似于知识产权法保护的构成要件。理由如下：第一，"竞争特性"（competrtive individuality）条件类似于要求知识产品具有"独创性"或"显著性"的要求；第二，根据模仿的相似程度衡量"可避免的混淆"类似于认定商标或工业品外观设计侵权的方法；第三，由于技术原因，对产品功能的复制是"不可避免"也类似于对知识产权的限制。因此，知识产权法和反不正当竞争法之间的区别更像是一种理论构建，并不影响在实践中对模仿行为的规制。即便"模仿自由原则"本身在知

识产权法和反不正当竞争法视角下是可以允许的，但最终都会对引起混淆的不必要的模仿进行规制。❶

笔者赞同上述部分观点。模仿自由原则确实在混淆与必要功能保留等方面与知识产权法，特别是在商标领域有所重合。但是，并不能以此为依据认为反不正当竞争法和知识产权法在实践中提供相同的保护。区分知识产权法对知识产品的保护及反不正当竞争法对行为的评价还是有必要的。虽然德国司法实践中总结出来的"一定程度的个性化""模仿的相似性"及"技术必要性"条件，在适用结果上接近于知识产权侵权的认定程序，但二者的区别并不取决于法律术语不同或对判决结果的感知上。从制度设计的根源上看，知识产权法的保护模式是权利模式，保护法益的首要手段是预先创设固定的权利，即便有"兜底条款"和其他需要价值补充的不确定法律概念，但法官进行体系解释和目的解释的程度有限，并且受到绝对权法定的影响，"排除了双方合意设定新类型知识产权和司法裁判中解释创设新类型知识产权的可能性"❷。一方面，产权保护的优点便是权利范围清晰，内容相对确定，保护程度较高。另一方面，由于法律划定了私人享有权利的范围，必须考虑其与公共利益的权衡，即知识产品财产权的获得必须满足法定的限制条件，如独创性、新颖性、显著性等要件，是具有时间性、专门化的权利限制制度。相对而言，反不正当竞争法的法益保护模式范围模糊、边界不确定、专有性较弱。不正当竞争行为的总结认定依赖于大量的"案例群"，法官通过个案总结出各种评判标准（如我国法院发展出来的"非公

❶ KUR A. What to Protect, and How? Unfair Competition, Intellectual Property, or Protection Sui Generis [M] //LEE N, WESTKAMP G, KUR A, et al. Intellectual Property, Unfair Competition and Publicity. Cheltenham: Edward Elgar, 2014: 11-32.

❷ 孙山. 法益保护说视角下知识产权法的概念还原与体系整合 [J]. 浙江学刊, 2021 (4): 86.

益必要不干扰原则"等），带有较强的法官个人价值取舍，甚至呈现社会发展阶段性特征。更重要的是，反不正当竞争法也没有明确的限制行为扩张的内容，极易造成以禁止不正当竞争行为而获得"准知识产权"的结果。

（二）反不正当竞争法对知识产权法的"补充"保护

在法律的选择适用上，由于知识产权法提供的救济手段更加严厉和有效，即便没有正式的准用规范，当事人往往不会直接选择不正当竞争请求权，或将其与知识产权侵权请求一并提出。那么必须面对的问题是，在一些特殊情况下知识产权法请求权基础无法予以直接适用，此时模仿自由原则便可发挥其作用。

第一，成果无法达到知识产权法的保护标准，或者保护期已到。针对这种情况，由于缺乏原始的保护基础，反不正当竞争法不应做知识产权法的"替补"。反不正当竞争法并不能为保护某种有价值的成果提供法律依据，只是涉及对行为的评价，只有行为是不公平的才能适用反不正当竞争法。必须承认，模仿自由原则在专有知识产权保护领域之外可以直接适用，即已经归于公有领域的成果人人可以自由模仿，利用这些成果形成的竞争优势或竞争利益也应予以尊重。这是模仿自由原则的第一层内容，此时的模仿是法律制度内设的概念所允许的。模仿自由原则可以为模仿者提供第一个抗辩理由，即所模仿成果属于公有领域。

第二，立法者无法穷尽或预设所有的知识产权专有权，但符合市场竞争利益或利益平衡价值的成果应该如何保护。保护这类利益通常有两种途径：一是将值得保护的利益通过兜底条款进行法教义学解释。权利保护模式并非为完全封闭的权利束，如《著作权法》权利清单中的"应当由著作权人享有的其他权利"，妥善适用这些开放性条款，在知识产权法的范围内解决问题，尽量避免泛用《反不正当竞争法》的一般条款。❶ 二是采用反不正当竞争法的法益保护模式。比如在商业标识保护方面，由于商标法提供的强保护，一般排除反不正当竞争法的适用。只有在商标法没有规定的领域，反不正当竞争法才能够起到"有限"保护的作用。我国台湾地区有学者提出，只有当商标法"失灵"时，即商标法对特定的利益冲突完全欠缺规范时，才可以适用反不正当竞争法的一般条款加以"网补"。❷ 因此，知识产权法保护之外的"新"类型知识成果，比如角色形象、体育赛事节目、算法、商业模式等，反不正当竞争法往往成为当事人寻求保护的首要选择（若知识产权法和反不正当竞争法规范的适用构成请求权竞合，当事人可以选择）。此时，反不正当竞争法可以发挥"孵化器"的作用，以便出现新型权利时，这些权利可以日后被纳入传统知识产权法的客体或转化为特殊权利。❸

　　但是这种"孵化器"的保护模式也存在弊端。这种事先假定利益应受到法律保护，再寻求救济途径似乎在前端的利益判定上容易遭到反驳。既然不能依据知识产权法的具体规则禁止某些行为，那么反不正当竞争法可以另行提供制裁措施吗？制裁的理由

---

❶ 王一璈. 著作权权利"兜底"条款的解释适用——基于 398 份裁判文书的类型化 [J]. 中国出版, 2019 (23)：58. 笔者在该文中认为此时不应向"一般条款"逃逸，但是如果在适用知识产权法具体规则与反不正当竞争法一般条款发生冲突时，应优先适用知识产权法，此时不能再称为"向一般条款逃逸"。因为"向一般条款逃逸"是指适用具体规则与适用原则能获得同一结论时，不适用规则而适用原则裁判的情形。

❷ 刘孔中. 解构知识产权法及其与竞争法的冲突与调和 [M]. 北京：中国法制出版社，2015：15.

❸ KUR A. What to Protect, and How? Unfair Competition, Intellectual Property, or Protection Sui Generis [M] //LEE N, WESTKAMP G, KUR A, et al. Intellectual Property, Unfair Competition and Publicity. Cheltenham：Edward Elgar, 2014：11.

是什么？另外，利用"兜底条款"和反不正当竞争法寻求"补充"保护通常是原告一方的诉求，对于主张模仿的一方则缺乏对自己模仿行为正当性的辩护。反不正当竞争法是否可以或在何种程度上可以作为被告的救济手段？

如果反不正当竞争法介入调整这些行为，就必须认定这些模仿行为是不正当或不公平的。反不正当竞争法不同于知识产权法，由于无法明示其保护范围和界限，法律不能正面地设定财产，只能消极地禁止某种行为，即通过行使债权请求权对抗不正当行为，而无物权请求权。❶ 此时，这些请求权的行使是积极主动的还是消极抑制的，学界对此一直争论不休。有观点认为，竞争法的宗旨决定了其反对一切有违商业伦理的"不劳而获"和"投机取巧"行为，不论这些行为侵害的对象是否为受到知识产权特别法律保护的智力成果和经营性成果。❷ 另一种观点则认为，对不正当竞争行为的认定采用"权利侵害式"（即先判断受保护的合法权益，接着论述被告主观状态及对原告利益的损害性）的判断方法，是变相地在法外设置专有权，缺乏对保护利益的行为谴责；❸ 反不正当竞争法自身的制度逻辑决定了作为一种对自由的限制需要保持足够的谦抑性。❹ 有学者将上述这两种截然不同的观点总结为"播种/收获"模式和"封闭权利"模式。前者禁止一切"不劳而获"的模仿行为，因而反不正当竞争法和知识产权法之间并无空

❶ 李扬. 商标法中在先权利的知识产权法解释 [J]. 法律科学（西北政法大学学报），2006（5）：42-43.
❷ 邵建东. 论我国反不正当竞争法保护"经营性成果"的条件——对若干起典型案例的分析 [J]. 南京大学学报（哲学·人文科学·社会科学版），2006（1）：48.
❸ 孔祥俊. 反不正当竞争法新原理：原论 [M]. 北京：法律出版社，2019：82-83.
❹ 张占江. 论反不正当竞争法的谦抑性 [J]. 法学，2019（3）：45.

盟 96/9/EC 号指令的"特殊权利"的邻接权，最终抵达享有绝对权利的著作权。权利层级金字塔的底部是反不正当竞争法的一般条款，越接近著作权及邻接权的金字塔顶部，面积越小，权利密度越高，排他性更强。❶ 这样自下而上逐渐"固化"的保护方式，看似符合体系化的思维逻辑，但也在一定程度上削弱了模仿自由原则的适用。对于本身无法获得著作权保护的事实数据信息，为何最终会获得类似邻接权的保护？为何从受到反不正当竞争法一般条款规制之后还要上升到著作权法调整的范围？

面对一项由于技术发展或者商业模式衍生出的新的表达成果时，是否需要对其进行专有权利的保护必须考虑赋权效果是否能够产生激励创新的效果，而不是巩固投资者对现有及将来市场的垄断。即便数据库的建立需要大量人力物力的成本投入，但是也不能阻止其他人利用数据库所收集的内容进行竞争性数据库的开发，除非具有特殊的不当模仿的理由可以予以反不正当竞争法的调整，比如以原数据库同样的汇编方式呈现误导消费者。但对于原本不具有独创性的数据（库）不应予以类似著作权的保护，因为一旦对某项内容或成果予以保护，那么就等于扩展了知识产权法的保护范围，而权利人绝对不肯再退回到原有的状态。如果符合反不正当竞争法保护的竞争利益，就不需要继续向知识产权法靠拢。永远向绝对权进发的趋势，其长远影响确实令人担忧。模仿自由原则的作用就是在向权利"进军"的过程中提供一道防线，在知识产权法介入之前留有回旋的余地。从欧盟 96/9/EC 号指令颁布十几年来的运行结果来看，虽然欧盟对数据库进行特殊赋权保护，但在实践中该指令形同虚设，期待的激励效

---

❶ 卢纯昕. 论知识产权法与反不正当竞争法的共生与协调 [D]. 武汉：中南财经政法大学，2016：89.

果也不尽如人意，实际上"合同对于保护数据库的投资扮演了一个主要的角色，反不正当竞争法只占了相当次要的地位"❶。这进一步说明了应慎重对待所谓"逐级权利固化"的模式，每一次上升都需要考虑模仿自由原则，尽可能进行实证调研分析，并在此基础上谨慎权衡。

　　强调知识产权法与反不正当竞争法之间的缝隙并不意味着放弃对智力新成果进行调整。从欧盟数据库保护的实践经验来看，这样的调整应优先来自市场（合同）机制的调节。不受知识产权保护的新成果一旦推出市场，便获得了一种"先发优势"（first-mover advantage）。由于复制特定创新的实际困难，先行者（创新者）享有事实上的一段独占时期，可以提前锁定市场，或者至少使后来者难以进入市场。即使没有获得知识产权保护的希望，先发优势也可以提供足够的动力进行有意义的创新。❷ 有学者指出，反不正当竞争法在对新成果进行扩展保护之前需要考察在缺乏知识产权法保护的情况下，这些知识成果是否会出现供给不足。如果通过市场调研，发现模仿行为极大地冲击了研发、制造新知识产品的激励，并使市场先行者产品或服务的存在及其质量遭受实质性威胁时，就存在知识产品供给不足的可能性，反不正当竞争法才需要进行干预。❸ 但是，这样的"冲击"与"威胁"的认定也是比较模糊与缺乏确定性的，只能在个案中予以把握。在特殊的情况下，比如"快时尚"的成衣产业，即便是冲击了先行者的市场，威胁了对新产品

---

❶　孙远钊. 美国与欧盟对数据保护的梳理与参考 [J]. 政法论丛，2021（4）：100-101.

❷　RAUSTIALA K, SPRIGMAN C. The Knockoff Economy: How Imitation Sparks Innovation [M]. New York: Oxford University Press, 2012: 191.

❸　卢纯昕. 反不正当竞争法在知识产权保护中适用边界的确定 [J]. 法学，2019（9）：41.

的激励，但是由于该产业本身更新迭代的速度较快，这样的冲击和威胁可能还来不及发挥作用，该产品就已经被市场所淘汰。此时，仿制行为并不会阻碍创造力，反而会激发创新，这就是"盗版悖论"（piracy paradox）。❶

第四节　典型国家立法范式

一、《德国反不正当竞争法》中的模仿自由原则

德国反不正当竞争法在防止"盗用"和"搭便车"的概念上实现了准知识产权的保护，通常在"不当模仿"的情况下予以讨论。❷ 最初在 1906 年《德国反不正当竞争法》第一条，即"一般条款"来规制有关商业盗用（commercial misappropriation）的行为。2004 年修法时，也未实质性地修改该条，而是根据"一般条款"明确编纂了丰富的案例群。❸ 针对模仿侵权行为，2004 年《德国反不正当竞争法》第四条第（九）项专门指出模仿竞争对手提供的商品或服务是不公平的，并列举了三种情形。至 2016 年再次修法时，该条编号变为第四条第（三）项，内容几乎没有变

---

❶ RAUSTIALA K, SPRIGMAN C. The Knockoff Economy: How Imitation Sparks Innovation [M]. New York: Oxford University Press, 2012: 7.

❷ DORNIS T W. Trademark and Unfair Competition Conflicts: Historical - Comparative, Doctrinal, and Economic Perspectives [M]. Cambridge: Cambridge University Press, 2017: 370.

❸ KUR A. (No) Freedom to Copy? Protection of Technical Features under Unfair Competition Law [M] //PYRMONT W P Z W U, ADELMAN M J, BRAUNEIS R, et al. Patents and Technological Progress in a Globalized World. Berlin: Springer, 2009: 522.

动。另外，该法第六条第（二）项也在比较广告方面对模仿行为作出了一定的约束。前者涉及普遍意义下构成不正当竞争行为的模仿，后者是指模仿或复制具有可识别标识的商品或服务构成比较广告的情形。❶

《德国反不正当竞争法》第四条第（三）项提供的商业成果的兜底保护与知识产权法之间的关系十分模糊，司法判决将该规定的诉权限定在对原物生产者与知识产权侵权类似的损害，但"以行为人具有故意或过失、不正当行为与损害之间有因果关系为必要"。❷ 德国马普学者安妮特·库尔教授（Annette Kur）指出，德国联邦最高法院在实践中强调知识产权法和反不正当竞争法系统性差异和独立性，对于同一行为，知识产权法和反不正当竞争法律制度都在各自体系中进行术语解释和适用，且一种制度的评价不会直接影响另一种制度的法律分析。对于缺乏知识产权法专有权保护的对象，反不正当竞争法必须尊重竞争的"一般原则"（general rule），即带来竞争优势的商业成就在原则上应是所有人都可以自由享有的。因此，法院解决模仿问题通常始于重申"模仿自由"是允许的，只有在某些加重情形使本身合法的"模仿"变得不公平时才予以禁止。❸

---

❶ Act Against Unfair Competition（Gesetz gegen den unlauteren Wettbewerb，UWG），Section 4.3，Section6（2）：6. 另外，《德国反不正当竞争法》第 4 条德语使用的是"Nachahmung"，官方英文版使用的是"replicate（复制）"而非"imitate"，国内学者普遍译为"模仿"。参见范剑虹，张琪. 德国《反不正当竞争法》（2016 修订版）[J]. 澳门法学，2017（1）：83. 范长军. 德国反不正当竞争法研究 [M]. 北京：法律出版社，2010：42.

❷ 博德维希. 全球反不正当竞争法指引 [M]. 黄武双，刘维，陈雅秋，译. 北京：法律出版社，2015：308，316.

❸ KUR A.（No）Freedom to Copy? Protection of Technical Features under Unfair Competition Law [M] //PYRMONT W P Z W U，ADELMAN M J，BRAUNEIS R，et al. Patents and Technological Progress in a Globalized World. Berlin：Springer，2009：534.

对于什么情况下构成加重情形，德国的司法实践也作出了一系列探索。首先，复制品具有"竞争特性"是构成加重情形的最低条件。这一"竞争特性"需要结合产品的"个性"（individual character）与"适当的市场认可度"来认定。❶ 换言之，被模仿的部分必须具有显著性，才能使该产品与众不同、个性突出。如果只是模仿了产品的一部分，则只有在仿制品的竞争特性来源于被模仿的部分时，才可以适用不当模仿的特殊情形。"竞争特性"构成要件的功能在于，基于竞争者、消费者、其他市场参与者及公众利益平衡的考虑，将对被模仿产品的补充保护限于值得保护的产品特征上。如果被模仿的原产品的构造特征通过他人大量的模仿已经变成了公共财产，交易领域不再将之与特定的生产者或商品相联系，则丧失竞争特性。❷ 其次，这类模仿必须使人对仿制品或其某些特征产生来源上的混淆。这种混淆可能性随着模仿的相似程度成正比增加。最后，该模仿必须是"可避免的"，特别是出于技术原因没有必要复制相关特征的情况。

可见，模仿自由原则是德国司法实践中总结出来的竞争政策与法律原则。国内有学者也认为，《德国反不正当竞争法》第四条第（三）项确立了模仿自由原则。❸ 笔者认为，虽然德国司法实践和学界都已对模仿自由原则形成共识❹，但在德国反不正当竞争法的法律文本中并未出现"模仿自由"或"模仿自由原则"的

---

❶ KUR A. (No) Freedom to Copy? Protection of Technical Features under Unfair Competition Law [M] //PYRMONT W P Z W U, ADELMAN M J, BRAUNEIS R, et al. Patents and Technological Progress in a Globalized World. Berlin: Springer, 2009: 535.

❷ 范长军. 德国反不正当竞争法研究 [M]. 北京：法律出版社，2010: 146-147.

❸ 范长军. 德国反不正当竞争法研究 [M]. 北京：法律出版社，2010: 42.

❹ OHLY A. Free Access, Including Freedom to Imitate, As a Legal Principle a Forgotten Concept? [M] //KUR A, MIZARAS V. The Structure of Intellectual Property Law: Can One Size Fit All? Cheltenham: Edward Elgar Publishing, 2011: 100.

用语。因此，若将"法律原则"限定为法律文本明文规定的语境下，该法第四条第（三）项只是对不正当模仿行为未穷尽式的列举，很难依此规定得出德国反不正当竞争法直接确立了模仿自由原则。

根据《德国反不正当竞争法》第四条第（三）项规定的特殊情形来看，构成模仿自由的正当模仿必须具备以下三个特点。

第一，模仿必须是不可避免的。虽然德国反不正当竞争法允许模仿产品外观的功能性要素，但如果构成混淆仍可能会被法院所禁止，因为它们会影响产品的竞争特性。也就是说，如果公众察觉到产品的技术特征并在消费者眼中建立了产品与其商业来源之间的特定联系，则可以禁止复制这些产品的技术特征。❶ 但这样的"混淆"标准也非绝对，在模仿者为避免来源欺骗采取了一切可能的、适当的措施，而仍然存在混淆时，则需要考察所模仿的技术特征是否为技术原因所必要，如是，反不正当竞争法必须对这种"欺骗"予以容忍。❷ 如果导致消费者对产品或服务来源的误认是可以避免却故意为之，那么就构成了不当模仿。另外，相对于商标法"模仿可能性"的标准，禁止因模仿他人产品造成的"混淆"标准实际造成公众产生混淆，而非混淆的可能。❸

第二，模仿行为不得损害或不恰当地利用被模仿商品或服务的声誉。如果对产品的模仿导致市场相对方将被模仿原产品的良好声誉转移至模仿产品的，则构成对被模仿产品声誉的不合理的

---

❶ KUR A. (No) Freedom to Copy? Protection of Technical Features under Unfair Competition Law [M] //PYRMONT W P Z W U, ADELMAN M J, BRAUNEIS R, et al. Patents and Technological Progress in a Globalized World. Berlin：Springer，2009：524.

❷ 范长军. 德国反不正当竞争法研究 [M]. 北京：法律出版社，2010：149.

❸ PORT K L. Dead Copies under the Japanese Unfair Competition Prevention Act：The New Moral Right [J]. Saint Louis University Law Journal, 2006, 51 (1)：103.

充分利用。竞争者或其产品在市场相对方那里必须有涉及质量或价格等方面的积极的正面评价，即必须具有一定的知名度。是否发生了形象转移，需要在个案中根据具体情况特别是模仿与被模仿产品的相似程度及被模仿产品的声誉度来确定，并不一定构成来源混淆。此外，如果低劣的模仿导致被模仿产品的声誉下降或淡化、丑化被模仿商标，也属于不正当模仿。❶

第三，通过正当途径获得模仿所必需的知识或资料数据。通常情况下，该行为表现为通过骗取或破坏信任关系，获得他人作为企业秘密的信息或资料。❷

另外，有学者指出《德国反不正当竞争法》第四条第（三）项并非封闭式规定，不排除其他导致模仿构成不正当行为的特殊情形的存在。其他涉及模仿产品、服务、成果的行为如果存在"不当阻碍竞争者"或违背"一般条款"的情形也会构成不正当竞争。❸ 但是，考虑到模仿自由原则，除该法第四条第（三）项外的其他特殊情形外，只能严格地存在于极其有限的、极个别例外情况中。在司法实践中有三种通过模仿"不当阻碍竞争者"的情形，包括低价倾销，有计划地、系统地模仿，时尚流行产品的模仿。❹

二、《日本不正当竞争防止法》中的模仿商品形态条款

日本 2015 年修正的《不正当竞争防止法》第二条第一款第

---

❶ 范长军. 德国反不正当竞争法研究 [M]. 北京：法律出版社，2010：150.

❷ 范长军. 德国反不正当竞争法研究 [M]. 北京：法律出版社，2010：151.

❸ 博德维希. 全球反不正当竞争法指引 [M]. 黄武双，刘维，陈雅秋，译. 北京：法律出版社，2015：307.

❹ 范长军. 德国反不正当竞争法研究 [M]. 北京：法律出版社，2010：151-152.

（三）项规定："不正当竞争行为包括以转让或出租、进出口为目的，模仿他人商品形态（不包括其必不可少的功能）的转让、出租、展示行为。"根据该法的定义解释，模仿是指根据他人的商品样式，制造出与之实质性相同样式的商品。❶ 所谓商品形态，是指消费者在以普通方式使用商品时可以察觉到的商品的外观和内部形状，以及与形状、颜色、光泽和质地的结合。这意味着根据日本不正当竞争防止法，实质性模仿他人商品样式可能会构成不正当竞争行为。有学者考证，1993 年前，日本法对商品形态模仿行为主要通过《不正当竞争防止法》的第二条的混淆行为、侵犯著作权的行为和《民法》第七百零九条的不法行为处理。❷ 模仿商业形态作为一种特定的不正当竞争行为主要是考虑到保护市场竞争者的先占利益。这种先行利益的主要作用在于新商品的开发者可以通过提前进入市场的"时间差"获得销售渠道或固定的客户，以保证其他模仿者进入市场后自身的优势地位。❸

对于模仿他人的商品形态，《日本不正当竞争防止法》第十九条第一款第（五）项还设置了 3 年的保护期，即自首次在日本销售后 3 年之内，禁止他人以转让或出租、进出口为目的，模仿他人的产品形态进行转让、出租和展示行为。换言之，超过 3 年的销售期后，就可以对该商品的外观形态进行模仿。另外，对行为人主观过错也有规定，以转让或租赁，进出口为目的的转让、出租、展示行为中，如果接收仿制品的当事人不知道存在模仿他人商品形态的情况，并对于不知道这一事实并无重大过失的，也

---

❶ 《不正当竞争防止法》（2015 年修正）第一条第一款第（二十二）项之五.

❷ 李扬. 日本不正竞争防止法上的商品形态酷似性模仿行为 [EB/OL].（2006-09-27）[2021-02-19]. http://privatelaw.com.cn/Web_P/N_Show/?PID=3747.

❸ 田村善之. 日本知识产权法 [M]. 4 版. 周超，李雨峰，李希同，译. 北京：知识产权出版社，2010：24.

不属于不正当竞争行为。

因此，对于日本不正当竞争防止法规定的模仿自由条款来看，同样并未禁止一般的模仿行为。为了区别于一般意义上的模仿，这类被法律禁止的模仿在学界也有不同称谓，即酷似性模仿、依样模仿、盲从模仿、奴性模仿或"死模仿"等。这类被禁止的模仿行为有以下特征。

第一，禁止模仿与他人的商品形态或样式实质性相同的产品。"实质性相同"可以参见外观设计法关于"类似性"要件判断标准。❶ 这种"类似"不等于参考或借鉴，如果模仿产生的变化不是商品形态本质的改变，只是无创造性地对产品要素进行简单的增加或减少，仍不能发挥任何竞争上的积极作用，这对于被模仿者仍然是不利的，可能会以不正当竞争行为论。反之，如果模仿者也投入了成本且未损害被模仿者的先行市场利益，那么这样的模仿行为也不应视为非法。因此，"商品形态的实质性相同"要件避免了对模仿商品形态的创意的保护，也与知识产权制度保持了相互间的整合。❷

第二，这种保护不同于意匠法（外观设计）和商标法的保护，具有一定的灵活性。不仅体现在更短的保护期上，保护的目的也有所不同。按照模仿商品形态的定义，反不正当竞争法律所制止的是对于商品外观或者形态的模仿，而非对于商品功能性要素或者受到功能性要素支配的外观特征。❸ 可见，自 Feist Publications, Inc. v. Rural Tel. Serv. Co. 案后，保护"额头出汗"（sweat of

---

❶ 田村善之. 田村善之论知识产权 [M]. 李扬，等，译. 北京：中国人民大学出版社，2013：176.

❷ 田村善之. 日本知识产权法 [M]. 4版. 周超，李雨峰，李希同，译. 北京：知识产权出版社，2010：27.

❸ 李明德，闫文军. 日本知识产权法 [M]. 北京：法律出版社，2020：848.

the brow）的成果不再是知识产权正当化的理由。● 反不正当竞争法禁止模仿的意义并非保护智力成果，而是保护市场先行者对产品的研发过程，投资、宣传的成本付出。

第三，从列举的具体行为来看，日本法中模仿自由条款限制的模仿行为十分有限，如果是个人非营利的或以营利为目的，但没有进行上述法条所规定的转让、出租、展示等行为的，亦不构成不正当竞争。

第四，禁止模仿他人的商品形态或样式不要求造成消费者混淆。● 日本与美国采取不同的平等价值观念，美国法更强调机会均等●，对于竞争自由更加宽容。因此，有美国学者评论认为，日本依样模仿或奴性模仿的适用范围过于广泛，既不要求消费者产生混淆，也不要求原告遭受实际损失；授予3年的独占保护期不恰当地扩大了产品外观持有者的法定垄断权，相当于设置了一项新的附加严格责任的精神权利。●

综上所述，法院在判定他人的模仿行为是否非法时，仍需判断模仿行为是否可以避免消费者混淆，被告是否故意通过使用原产品的产品外观而使自己获得经济收益。● 当然，也有学者认为，从日本知识产权制度的设计上看，禁止奴性模仿的条款也有一定

● Feist Publications, Inc. v. Rural Tel. Serv. Co., 499 U. S. 340（1991）.

❷ 这与美国判例有所不同，美国判例显示只有存在"第二含义"，即使消费者发生混淆商品来源的情况下，商品外观才会得到保护。Wal-Mart Stores, Inc. v. Samara Bros., 529 U. S. 205, 2000.

❸ 富田彻男. 市场竞争中的知识产权 [M]. 廖正衡，张明国，叙书绅，等译. 北京：商务印书馆，2017：41-44.

❹ PORT K L. Dead Copies under the Japanese Unfair Competition Prevention Act: The New Moral Right [J]. Saint Louis University Law Journal, 2006, 51（1）：96.

❺ 李艳. 论《日本不正当竞争防止法》中的依样模仿条款 [J]. 电子知识产权，2013（6）：89-94.

的合理性。因为在日本无法快速获得外观设计保护，也无法根据著作权法对实用艺术品提供保护，立体商标的注册难以获得显著性。同时，日本法院适用禁止奴性模仿的条款十分谨慎，原因在于大部分案件中，法院都认为产品是不相似的、通常化的、功能性的或部分相同但整体不相似的。❶

本章小结

作为一项未阐明的法律原则，模仿自由原则可以通过既有法律规则、应然的法律精神、隐含的法律目的及宪法上位价值合乎逻辑地推演得出。同时，模仿自由原则也应处于最高原则以特定方向具体化和具有不太严格的构成要件的法律规范之间，是知识产权和反不正当竞争等实证法律规范的基础。该原则在知识产权法和反不正当竞争法领域具有两个方面的含义：第一，作为知识产权法、反不正当竞争法等特别法的例外原则，即"原则—例外"论；第二，具体法律规则的概括性、抽象性原则，即"原则—规则"论。前者以著名竞争法学者麦卡锡的论述为代表，如"通过模仿竞争对手的产品进行竞争是一项基本权利，该权利只是被专利或者版权法暂时否定"❷ "自由模仿和复制是原则，专利、

---

❶ 博德维希. 全球反不正当竞争法指引 [M]. 黄武双，刘维，陈雅秋，译. 北京：法律出版社，2015：444.

❷ In re Morton-Norwich Products, Inc., 671 F. 2d 1332, 213 U. S. P. Q9, 12（C. C. P. A. 1982). MCCARTHY J T. McCarthy on Trademarks and Unfair Competition：Vol. 1 [M]. 4th ed. Eagan：Thomson Reuters/West, 2008：52.

商标、版权之类的专有权是例外"❶ "应将法律授予的这些专有权视为受模仿自由基本原则所控制的飞地"❷ 等。

"原则—规则"论是指模仿自由原则已隐含（或明示）在各国现有知识产权法和反不正当竞争法的规则条款之中，或者说知识产权法和反不正当竞争法的规则是模仿自由原则的具体化。一些国家的反不正当竞争法虽然直接或间接地确立了模仿自由原则，但并不代表模仿自由原则仅是反不正当竞争法的基本原则。知识产权法的具体条款虽多以禁止模仿为外在表现，但究其本质也体现了模仿自由的立法价值，只不过这一立法目的并非直白且明确的，而是需要发掘具体规则背后的共同价值理念，通过学理上的归纳总结而得出的。

通过比较法的考察，目前将模仿自由原则实证法化（主要还是在反不正当竞争法中规定）的国家主要是在"原则—例外"的含义上使用模仿自由原则。内容上都表达了对专有权利之外的成果原则可以自由模仿的意思，但仍然存有例外。同时，反不正当竞争法通过模仿自由原则的确立，也间接澄清了与知识产权法的衔接适用问题。反不正当竞争法中的模仿自由原则要么是直接确立了模仿自由原则并列举了模仿自由的例外情形，或者仅列举了构成不当模仿的例外情形，而不表明或间接表明模仿自由原则。具有较强的操作性，这在技术上使得模仿自由原则以概括性条款的形式出现，与本章第一节所提出的作为"未阐明的法律原则"的模仿自由原则有所不同。"未阐明的法律原则"更偏向于在

---

❶　MCCARTHY J T. McCarthy on Trademarks and Unfair Competition ［M］. 4th ed. Eagan：Thomson Reuters/West，2008：51.

❷　MCCARTHY J T. McCarthy on Trademarks and Unfair Competition ［M］. 4th ed. Eagan：Thomson Reuters/West，2008：5.

"原则—规则"的含义上使用，是从法秩序的内部统一性的意义上对模仿自由原则的具体化过程。因而，在这一含义下，是否对模仿自由原则进行实证法化并没有那么重要，即便没有将模仿自由原则写入法律，也不能否认模仿自由原则在整个法秩序中的正当性，更不能否认知识产权法和反不正当竞争法具体规则受模仿自由原则支配的事实。

也许正是因为模仿自由原则的普适性，在知识产权法律工作者长期的专业活动中，往往忽略了最自然的模仿自由，使其反而成了知识产权法的例外，导致在司法实践中出现了只要有利益就予以专有权利保护的趋势。同理，受到知识产权权利扩张趋势的影响，在反不正当竞争法的相关纠纷中，"权利保护"模式也往往优先适用，模仿自由更是成为束之高阁的某种无法直接适用的"理念"。模仿自由是市场竞争的本质，作为"原则—规则"论的模仿自由原则属于法伦理性原则，蕴含在法律体系内在价值秩序之中，在知识产权法和反不正当竞争法中属于支配性法律原则。即便立法者没有明确规定模仿自由原则，因其内在的说服力，学说和法院也会将其表达出来。

第四章

模仿自由原则的适用：
行为的类型化

　　允许发明者获得其发明的全部社会价值的努力是根本错误的。

　　　　　　　　　　　　　　——［美］马克·莱姆利

　　一项法律意义上自由需要不断地被确定，或是被限制。● 通过界定模仿自由原则的限制或例外，就能确定该原则的适用范围。模仿自由原则的限制主要有"正向限定"和"反向限制"两个方面，在表现形式上又分为"法律形成"和"事实形成"这两个范围。所谓模仿自由原则在"法律形成"上的限制，是指已被特别法明确否定的模仿行为之外的模仿自由原则的范围。有美国学者言，禁止模仿的唯一途径就是该模仿行为与联邦法（如商标法）和州

● 黑塞. 联邦德国宪法纲要［M］. 李辉，译. 北京：商务印书馆，2007：250.

反不正当竞争法或标识法的规定背道而驰。❶ 除了"法律形成"上的保护范围，还有"事实形成"的保护范围，即需要关注处于法律"模糊地带"的模仿自由原则的适用范围。"为了使主体的自由意志能够成为一种真实的意志，主体应当享有一种由国家保障和保护的权利，即有独自支配一系列不确定对象的权利"。❷ 除被知识产权法和反不正当竞争法特别否定的模仿行为外，其余"不确定的内容"应当成为模仿自由原则适用的主要对象。这不仅包括普遍被认同的属于公有领域的范围，更应关注的是司法实践如何解释处于知识产权法和反不正当竞争法之间的、尚未被法律评价的模仿行为。知识产权法和反不正当竞争法共同规制的就是模仿行为，本章通过对在司法实践中出现的"事实形成"模仿行为进行类型化归纳，对发生在尚未被法律所评价的不确定的"灰色地带"中的模仿行为予以梳理，试图对模仿自由原则进行反向的限制。

模仿自由原则不仅体现在知识产权法和反不正当竞争法的具体条款之中，也存在于法院解释特别法的过程中。域外的司法实践为模仿自由原则的适用提供了丰富的案例资源和理论支撑。"模仿是竞争的生命之血"（Imitation is the life blood of competition）的名言并不是来自经济学家，而是来自美国的司法判例。❸ 美国司法实践普遍接受竞争自由的理论，由 International News Service v. As-

---

❶ KAUFMANN P J. Passing Off and Misappropriation：An Economic and Legal Analysis of the Law of Unfair Competition in the United States and Continental Europe（Volume 9）[M]. Munich：VCH Publishers, 1986：74.

❷ 霍耐特. 自由的权利 [M]. 王旭，译. 北京：社会科学文献出版社，2013：119.

❸ Hygienic Specialties Co. v. H. G. Salzman, Inc., 302 F. 2d 614, 1962；Smith v. Chanel, Inc., 402 F. 2d 562, 1968.

sociated Press 案确立的"禁止盗用原则"并未受到广泛的赞同。❶
该案布兰德斯大法官（Justice Brandeis）的反对观点却被接受并一
直被引用，他认为"许多情况还表明即使以牺牲竞争对手为代价
也未必能赚取利润，模仿者追随拓荒者进入新市场，或者从事他
人新推出产品的制造，他们追求利润的主要原因是第一位冒险家
付出的劳力和金钱，但是法律认可并鼓励这种追求"❷。根据这样
的观点，模仿不仅是无可厚非的，并且充分的竞争可以保障产品
和服务的低价和优质。竞争体制是唯一能够最小化压迫人的权力
的体制。

这一复制自由的学说（doctrine of freedom of copying）随后在
1964 年的 Sears，Roebuck & Co. v. Stiffel Co. 案中，由布莱克大法
官（Justice Black）加强。他首先表达了一种观点，由于联邦法律
先占或优先原则（pre-emption），联邦法律是关于版权和专利的
最高法律，因此各州无法对非专利产品提供更多保护；此外，专
利法的目的是促进发明，而同时必须保留竞争。❸ 显然，布莱克大
法官认为专利权的垄断是与竞争背道而驰的：专利法的动机在于
技术公开，并通过传播发明所包含的知识来促进创新。否则，各
州的反不正当竞争法将被架空，无法阻止包括模仿在内的竞争。❹
美国最高法院也一直允许在"功能性"和"非功能性"方面进行
产品的模仿。尊重创新和模仿是美国经济发展的基本前提，实践

---

❶　OHLY A. Free Access, Including Freedom to Imitate, As a Legal Principle a For-
gotten Concept? ［M］//KUR A, MIZARAS V. The Structure of Intellectual Property Law:
Can One Size Fit All? Cheltenham: Edward Elgar Publishing, 2011: 99.

❷　International News Service v. The Associated Press, 248 U. S. 215, 1918.

❸　Sears, Roebuck & Co. v. Stiffel Co. , 376 U. S. 225, 84 S. Ct. 784, 1964.

❹　KAUFMANN P J. Passing Off and Misappropriation: An Economic and Legal Analy-
sis of the Law of Unfair Competition in the United States and Continental Europe（Volume
9）［M］. Munich: VCH Publishers, 1986: 73.

中是无法将模仿、知识产权与创新割裂来观察的：模仿和竞争自由可以促进创新，并且专利制度"垄断换公开"的经济潜力也可以为创新提供支撑。所谓竞争的过程就是在模仿与创新这两个极点之间来回波动。❶

在其他国家也有不少模仿自由原则的司法实践，如澳大利亚法院也允许不造成混淆可能性的模仿行为。不仅仅是依样模仿的行为，包括"将一种产品植入竞争者的产品系统、复制那些产品形状、伪造产品或服务或竞争者的形象等利用竞争者的商业成果"，都不视为不正当竞争。❷ 法国通过法官创造的不正当竞争之诉保护公平贸易行为，并建立了庞大的"案例群"。通过系列案例，法国法院总结了一些判断标准：第一，在知识产权保护范围之外，与竞争产品相同并不具有主观过错；第二，模仿和侵占他人经济成果并不一定构成过错；第三，造成不实混淆构成过错；第四，模仿自由、竞争自由和不法的寄生行为之间没有清晰稳定的界限，需要个案认定。❸

通过对一些研究成果及案件的梳理，笔者发现，受"原则—例外"适用场景所限，模仿自由原则的司法实践主要指向在知识产权专有权利保护之外不构成不正当竞争行为的判断；而以"原则—规则"论的模仿自由原则，在司法实践中的适用范围较"原则—例外"意义上更广，其主要用于解释论证某一模仿行为不构

---

❶ KAUFMANN P J. Passing Off and Misappropriation: An Economic and Legal Analysis of the Law of Unfair Competition in the United States and Continental Europe (Volume 9) [M]. Munich: VCH Publishers, 1986: 74.

❷ 博德维希. 全球反不正当竞争法指引 [M]. 黄武双, 刘维, 陈雅秋, 译. 北京: 法律出版社, 2015: 124.

❸ 博德维希. 全球反不正当竞争法指引 [M]. 黄武双, 刘维, 陈雅秋, 译. 北京: 法律出版社, 2015: 271-274.

成知识产权侵权或不正当竞争行为。为了论述的完整性，笔者将遵循"原则—规则"的思路，从知识产权法和反不正当竞争法共同规制的对象——模仿行为入手，大致将司法实践中出现的模仿行为分为：主要发生在商品外观领域的奴性模仿、发生在作品和商标领域的戏谑模仿、比较广告中的模仿，以及对商业秘密、技术秘密的逆向模仿。在对这些模仿行为的判断中，模仿自由原则都有存在及适用的空间，域外也有大量的案例和经验做法值得我国法院借鉴。

第一节　奴性模仿

一、奴性模仿的概念及发展

模仿自由原则在"原则—例外"含义上适用的典型模仿行为就是奴性模仿。奴性模仿也被称为盲从模仿、依样模仿、寄生模仿、酷似性模仿、死模仿等。奴性模仿在各国反不正当竞争法的立法与司法实践中也有较大的争议。在规制对象方面，日本法主要是指照搬他人商品外观或样式（trade dress）。我国《反不正当竞争法》第六条第一款也禁止"擅自使用与他人有一定影响的商品名称、包装、装潢等相同或者近似的标识"。但国内的研究者并未将奴性模仿限定于商业外观等未注册商标领域，并且普遍提倡将其作为一种特殊的不正当竞争行为列入反不正当竞争法中规制。

自 20 世纪 90 年代开始的研究表明，我国学者普遍对该模仿行为采取否定性评价。如有观点认为奴性模仿是寄生于他人智力成果❶，"经营者不投入人力物力，不加创新，只是系统地、有规律地全盘照搬，以不劳而获的方式模仿同业竞争者的非专利技术成果"❷。"盲从模仿系市场经营者在智力创造领域内的抄袭行为"，违背民法各项基本原则。❸ 还有学者使用"不正当竞争"来定义奴性模仿，是指"经营者以通过不正当竞争的手段牟取暴利为目的，不投入人力物力，全盘毫无改进地模仿同业经营者的智力成果，并使产品与被模仿者的产品造成混同，使竞争对手的利益遭受损害，从而进一步损害了消费者利益"❹。

国外亦有观点将奴性模仿作为模仿自由原则的例外，即属于一类不正当的竞争行为。例如，《日本不正当竞争防止法》第二条第一款就禁止模仿他人的商品形态。还有学者提出，虽然《巴黎公约》第十条之二仅明确禁止了混淆、产生误导及诋毁竞争者的行为，并未明确规定其他诸如"搭便车"等竞争行为，但"搭便车"可能包括淡化、利用他人声誉、奴性模仿/盲目模仿和寄生行为，这些行为已成为引发反不正当竞争法全面保护的独特形式。❺

一方面，对于"搭便车"属于不正当竞争行为的观点，笔者无法完全赞同。以"搭便车""不劳而获"等道德用语来定义"不正当竞争"可能会忽视竞争行为的本质。构成不正当竞争的"搭便车"行为，关键不在于是否利用了他人的成果，而在于利

---

❶ 何炼红. 盲从模仿行为之反不正当竞争法规制 [J]. 知识产权, 2007 (2): 74.

❷ 郑友德, 刘平. 盲从模仿与非专利技术保护初探 [J]. 中国工商管理研究, 1995 (11): 12.

❸ 柳福东, 朱雪忠. 试论盲从模仿的法律调控 [J]. 科技与法律, 2000 (1): 68.

❹ 陈谊. 论知识产权法和反不正当竞争法对模仿行为的规整——兼论"两法"的联系与区别 [J]. 重庆工学院学报, 2004 (6): 113.

❺ SANDERS A K. Unfair Competition Law: The Protection of Intellectual and Industrial Creativity [M]. Oxford: Clarendon Press, 1997: 8-10.

用行为是否实质性地损害了对方的竞争利益，进而影响到整个社会的竞争秩序。虽然各国通行的做法是将违背诚实信用或商业道德、商业习惯等作为判断竞争行为是否正当的依据，但"搭便车"在一定程度上是商业环境所需要的注重效率的市场行为，接近经济学上的充分竞争，并不具有太高的非难性。❶

另一方面，奴性的模仿并不一定构成不正当竞争行为。域外的案例和文献显示，有关奴性模仿的判断并非"一边倒"式的认定，而倾向于在具体案件中根据要素分别判断。最早可见 1785 年英国曼斯菲尔德法官（Lord Mansfeld）在一起关于地图或航海图是否应受到版权保护的案件（Sayre v. Moore）中，他认为由于地图应具备准确性，任何出版航海地图的人都可以利用之前的出版物，这不能被认为是"缺乏独立性的模仿（servile imitation）或其他"。❷在之前，威尔斯法官（Justice Willes）在 Millar v. Taylor（1769）案中也认为版权法并不能阻止"善意地模仿"（bona fide imitations）。❸

荷兰法在防止奴性模仿方面属于欧洲国家中最为严格的。❹1953 年，荷兰最高法院在具有里程碑意义的 Hyster Krane 案中奠定了奴性模仿的基础。法院首先允许设计产品的最大功用，"每个人都可以自由使用他人的努力、成果或知识尽可能提高其工业产品的可靠性和实用性，即使这可能会导致公众混淆两种产品，除

❶　周樨平. 不正当竞争法对"商业抄袭行为"的规范 [J]. 法学，2012 (6)：49.

❷　KAPLAN B. An Unhurried View of Copyright [M]. Clark：The Lawbook Exchange，Ltd.，2008：16–17.

❸　Willes, J., in Millar v. Taylor, 4 Burr. 2303, 2310, 98 Eng. Rep. 201, 205, 1769.

❹　RICHARDS J. Recent Developments Concerning Trademarks and the European Economic Community [J]. The Trademark Reporter, 1984, 74 (2)：152.

非在不降低产品的可靠性和实用性的情况下可以采用其他方法"❶。也就是说，复制他人不受版权法或专利法保护的成果，只有在非必要的情况下（可以通过其他方式获得产品功能）并且引起混淆的情况下才是非法的。❷ 根据后来的判例法，构成奴性模仿必须满足四个要求：第一，被模仿产品具有"独特性"或"显著性"。这种独特性并非产品本身的新颖性或独创性，而是在竞争市场上有一席之地，在市场中使用得越多，越有独特性。第二，使公众产生"混淆"是禁止奴性模仿的主要标准。但奴性模仿与知识产权提供的保护功能不同，前者并不是要给被模仿产品以专有权利，而只是保证公众免受混淆。第三，产品的功能性要求。基于经济因素，生产者被允许模仿竞争对手产品的某些功能以达到标准化的目的。如果某些产品的实用性产生于标准化的需求中，即使这种模仿导致消费者在原始产品和模仿产品之间产生混淆，模仿这类产品的某些特征也具备正当理由。第四，属于不必要的"混淆"。如果模仿者并没有在不降低产品可靠性和实用性的前提下采取了一切措施来防止公众混乱，那么这样的模仿就是失败的。换言之，如果模仿者附加一些标志以示区别，就可以模仿自由进行抗辩。❸

美国成文法中缺乏有关奴性模仿的明确表述，法院在一系列判例中形成了对奴性模仿的一般看法，总体来看是逐渐开放和宽容的态度。"slavish"的概念最早在 1862 年 Boucicault v. Fox 案中进入美国版权法理论，该案法院称"抄袭和奴性模仿是不被鼓励

❶ Hyster Karry Krane, Hoge Raad, June 26, 1953 [1954] N. J. 90.

❷ SPOOR J H. The Novelty Requirement in Design Protection Law: The Benelux Experience [J]. AIPLA Quarterly Journal, 1996 (24): 728.

❸ BARTOSZ S. Slavish Imitation and Trade Mark Protection: A Dutch Perspective [J]. European Intellectual Property Review, 2011, 33 (12): 743-744.

的",并且确定了奴性模仿的三个判断标准,即精确模仿、缺乏创造性投入、复制意图。❶ 至 20 世纪 50 年代美国司法实践中普遍地称奴性模仿为"中国式复制"(Chinese copying),并表示,在缺乏证据证明"第二含义"的情况下,拒绝对被模仿者进行救济是令人不安的;越来越多的竞争对手打着"营业自由"(free enterprise)的名号准备肆无忌惮地复制,已触及法律评价的极限。❷ 1960 年 Audio Fidelity,Inc. v. High Fidelity Recordings,Inc 案中,第九巡回上诉法院巴恩斯(Judge Barnes)法官认为,即便缺乏专有权利的保护,唱片制造商的产品包装也应当受到保护,以免被告复制唱片外包装的印刷材料,哪怕这些材料没有功能性特征。还有法院认为,虽然不受专利或版权保护的特征可以自由复制,但被告有义务向公众告知所购买产品的来源。鉴于被告产品上完全没有任何附加的识别标记,被告被认定为"有预谋的仿冒"。❸ 如果通过中立的调查表明消费者确实通过颜色和形状等区别来源,而全盘模仿这些即便不受知识产权保护的外观,也应视为"欺骗",此时奴性模仿应被禁止。❹ 可见,除了模仿原告的产品外,被告如果有蓄意欺诈的行为,那么原告也可以此理由获得救济。此外,在希望更有效打击奴性模仿或"盗用"行为的学者眼中,美国最高法院在 International News Service v. Associated Press 案中

---

❶ KOGAN T S. Photographic Reproductions, Copyright and the Slavish Copy [J]. Columbia Journal of Law & the Arts, 2012, 35 (4): 473-474.

❷ Eighth Year Administration, Unfair Competition by Misappropriation or Slavish Imitation [J]. The Trademark Reporter, 1955 (45): 1045.

❸ DERENBERG W J. Unfair Competition by Slavish Imitation; Copying of Nonfunctional Features [J]. The Trademark Reporter, 1961, 51 (8): 845-846.

❹ BERESKIN D R. Brand Name and Look-Alike Drugs in Canada after Ciba-Geigy v. Apotex: A Proposal for Relief from Slavish Imitation [J]. The Trademark Reporter, 2004, 94 (5): 1104.

确立的禁止"搭便车"理论也提供了一些支撑。❶

　　然而，越来越多的法院也开始逐步意识到对缺乏专有权利的成果进行模仿，即便是奴性模仿也有一定的合理性或合法性。美国宾夕法尼亚州最高法院在一起不涉及专利的婴儿汽车座椅案件中认为，一个人可以自由复制或模仿另一个人的产品乍看起来是"令人震惊"的，但这种复制"限制了垄断，极大地促进了美国的进步和繁荣，符合绝大多数人民的最佳利益"❷。第二巡回上诉法院在著名的 American-Marietta v. Krigsman 案中裁定，原告不拥有拖把或填充海绵的外观设计专利，并且所售拖把的非功能性特征已在市场中普遍存在，并不能禁止被告复制。认定不正当竞争行为的唯一依据就是——任何人不得以混淆来源的方式出售其货物。❸ 随后 Blissaraft of Hollywood v. United Plastics Company 案的法官认为，在缺乏有效外观设计专利的情况下，被告产品与原告产品极为相似也并不构成不正当竞争，因为原告并未使法院相信，购买者是通过产品的外观而不是通过产品本身识别来源。实际上，购买者之所以购买产品是因为该产品的来源而非商品外观。❹

　　直到1962年，第二巡回法院在 Hygienic Specialties 案中的意见，消除了在这方面可能存在的任何疑问。该案中法院在作为财产的商誉之外，提出了"产品的善意"（good-will of product）的概念。市场中模仿不受专利或商标保护的产品，是所有人都享有的可自由行使的权利，允许模仿的"善意"应为公众保留，不能

---

❶　International News Service v. The Associated Press, 248 U. S. 215, 1918.

❷　Jessar Mfg. Corp. v. Berlin, 380 Pa. 453, 110 A. 2d 396, 1955.

❸　American-Marietta v. Krigsman, 275 F. 2d 287, 1960.

❹　Blisscraft of Hollywood v. United Plastics Co., 294 F. 2d 694, 1961.

因为模仿了非专利产品且获得商业成果就推断出消费者发生了混淆。❶ 考夫曼法官（Judge Kaufman）指出，尽管地区法院认为被告是"奴性模仿"行为，但是根据先例并不能认定为不正当竞争。❷ 总而言之，在美国如果版权和专利已过期（或从未获得专利或版权），则无权阻止第三方模仿没有识别来源功能的商品外观。也就是说，除非该产品外观属于专利保护的对象，如果缺乏第二含义，那么它将致力于公共利益，任何人都可以将其用于任何用途。❸

欧盟法院另辟蹊径，从保证"共同市场"（common market）的角度出发，表示遵循"鼓励货物自由流通的原则"（free movement of goods principle），拒绝颁布限制奴性模仿的禁令，但是也承认因各国法律的差异性造成的商品流通障碍。❹ 法国巴黎上诉法院虽然在1854 年的一份判决中称，"奴性模仿"说明模仿者除了利用别人的技术和劳动成果之外什么也没有做❺，但在 1930 年法国的法院和法学界也已达成共识，即奴性模仿那些相对而言少量的、不能单独获得法定保护的外观设计并不构成可起诉的过失行为（actionable wrong）。❻ 德国也在经历了多年激烈的争论后普遍认识到，

---

❶　Hygienic Specialties Co. v. H. G. Salzman, Inc. , 133 U. S. P. Q. （BNA）96, 302 F. 2d 614, 1962.

❷　Hygienic Specialties Co. v. H. G. Salzman, Inc. , 133 U. S. P. Q. （BNA）96, 302 F. 2d 614, 1962.

❸　PORT K L. Dead Copies under the Japanese Unfair Competition Prevention Act: The New Moral Right ［J］. Saint Louis University Law Journal, 2006, 51（1）: 102.

❹　RICHARDS J. Recent Developments concerning Trademarks and the European Economic Community ［J］. The Trademark Reporter, 1984, 74（2）: 152.

❺　SCHWARTZ B. Code Napoleon and the Common – Law World ［M］. New York: New York University Press, 1956: 204.

❻　SCHWARTZ B. Code Napoleon and the Common – Law World ［M］. New York: New York University Press, 1956: 204.

根据 1909 年《德国反不正当竞争法》第一条的一般条款，奴性模仿并不被视为不公平竞争，换言之，它不被认为是违反善良风俗的。❶ 瑞典 2008 年通过的《营销行为法》规定，奴性模仿本身不受禁止，除非具备不正当性因素。❷ 瑞士高级法院也提出，尽管奴性模仿可能不是非法的，但如果随着利用竞争对手的声誉并利用他人商品上的商业成功可能就成为非法。❸

对奴性模仿逐步放宽的态度也体现在国际条约上。反对者通常引用 BIRPI 于 1967 年颁布的《发展中国家商标、商号和不正当竞争行为示范法》用以佐证奴性模仿的不正当性。❹ 该法第四编"商号、不正当竞争行为、产地标记、原产地名称"的序言中举例了几种非法行为（unlawful acts），其中"奴性复制"（slavishly copying）被认为是违背了工商业活动中的诚实做法。❺ 但是，1970 年 BIRPI 更名为 WIPO 后，在 1996 年颁布了《关于反不正当竞争保护的示范规定》，其中有并不禁止关于"奴性模仿"的规定，"因为暂时无法对此种保护规定普遍接受的条件，以证明在专利法保护之外采用该条件有正当的理由"❻。可见，基于"新法优于旧法"的理念，WIPO 对奴性模仿的观念也发生了变化。

---

❶ SCHWARTZ B. Code Napoleon and the Common-Law World [M]. New York: New York University Press, 1956: 205.

❷ 博德维希. 全球反不正当竞争法指引 [M]. 黄武双, 刘维, 陈雅秋, 译. 北京: 法律出版社, 2015: 658.

❸ SCHWARTZ B. Code Napoleon and the Common-Law World [M]. New York: New York University Press, 1956: 207.

❹ 何炼红. 盲从模仿行为之反不正当竞争法规制 [J]. 知识产权, 2007 (2): 72.

❺ BIRP: Model Law on Marks, Trade Names, and Acts of Unfair Competition (Geneva, 1967), Part IV. Unlawful acts can, for example, consist of any of the following acts: (ix): Slavishly copying goods, services, publicity, or other features of the trade of a competitor.

❻ WIPO: Model Provisions on Protection Against Unfair Competition (Geneva, 1996), Notes on Article 1, 1. 11.

二、认定奴性模仿的相关要素

行文至此，对于奴性模仿的争议还没有停止。从"模仿"到"奴性模仿"，字面意思来看，是模仿者逐步放弃了对自己成果的控制权。但是这种"放弃"并不能因此被描述为非法，模仿者也绝非全然盲目、虚假或毫不费力，对于奴性模仿的态度需要审慎、中立，不带预设的否定进行综合评价。笔者认为，对奴性模仿的概念仅限于"依葫芦画瓢"地模仿了他人的智力成果，是最低层次的模仿，并且发生在不受知识产权专有权利保护的商业外观领域。只有在例外的情况下，奴性模仿构成不正当竞争行为，属于模仿自由原则的例外。❶ 但是，立法者和司法者无法完全预见和列举所有"例外"情形，还是会存在特殊情形。因此，在理论上很难就自由模仿、自由竞争及不法寄生行为之间划定一条清晰稳定的界限。❷ 笔者以为，试图从正面界定模仿自由的范围甚至奴性模仿是困难的，但是可以通过某些确定要素，否定个案中模仿的正当性，进而对奴性模仿行为做出否定的法律评价；反之，如果缺乏这些要素，则遵循模仿自由原则，属于合法的正当模仿。

通过上述文献的梳理，可以发现有关"奴性模仿"的法律评价集中在以下要素。

（一）"功能性"与"第二含义"的要求

如果模仿的对象是属于公有领域的智力成果，自然不需要法

---

❶ 孔祥俊. 反不正当竞争法新原理：原论 [M]. 北京：法律出版社，2019：382.
❷ 博德维希. 全球反不正当竞争法指引 [M]. 黄武双，刘维，陈雅秋，译. 北京：法律出版社，2015：273.

（并非产品包装、装潢等商业外观）的商标保护，也仅适用于能
够实际和明显地向消费者表明来源的特征的情形，原告必须证明
该产品特征在消费者心目中已获得"第二含义"，即该商标的主
要意义是识别产品的来源而不是产品本身。❶

　　模仿自由原则首先要求竞争对手能够获得参与市场竞争所必
要的产品功能。制造商没有义务使他们的产品在每个非功能方面
都与现有产品有所不同，而只是必须使其具有足够的差异以避免
混淆。❷ 具言之，在缺乏"第二含义"的情形下，模仿非专利产
品的"非功能性"特征不构成不正当竞争行为，而具有"功能
性"的标识即使通过使用获得了显著性也不能作为商标获得保
护。❸ 因此，法律在保护商标权的同时，为了维护竞争自由，在模
仿功能性的形状和商业外观方面，法律可以容忍一定程度的欺骗
（在消费者混淆的意义上）。❹

（二）模仿是否引起混淆

　　模仿的对象如果是知识产权法保护的客体，且仍在保护期
限内，那么奴性模仿可能被以侵犯各类知识产权为由禁止。这
样的判断由各国或地区的知识产权法的制度设计决定。我国
《商标法》第五十七条第一款第（一）项规定，"未经商标注册
人的许可，在同一种商品上使用与其注册商标相同的商标的"

---

❶　Wal-Mart Stores v. Samara Bros., 529 U. S. 205, 2000.

❷　SPOOR J H. The Novelty Requirement in Design Protection Law: The Benelux Experience [J]. AIPLA Quarterly Journal, 1996 (24): 730.

❸　杜颖. 商标法中的功能性原则——以美国法为中心的初步分析 [J]. 比较法研究, 2009 (1): 130.

❹　DAVIS J. The Role of Confusion in Unfair Competition Law: A Comparative Perspective [M] //FRANKEL S. Is Intellectual Property Pluralism Functional? Northampton: Edward Elgar Publishing, 2019: 150.

就是侵犯注册商标专用权。那么，只要在相同产品上奴性模仿他人商标就构成侵犯商标权。但是《TRIPS 协议》第十六条第一款规定，"……在对相同货物或服务使用相同标记的情况下，应推定存在混淆的可能性……"。与之类似的是 2020 年 11 月 15 日由我国主导签署的《区域全面经济伙伴关系协定》第十一章第二十三条 "……在同一种货物或服务上使用相同标记的情况下，应推定存在混淆的可能……" 的规定。而相较而言，国际条约的规定比国内法直接认定 "双相同" 即混淆更为合理。诉讼案件的胜败取决于证据，而不仅依据法官的良知或道德取向，"推定" 意味着可以由证据推翻。国外也有案例显示，即使在 "双相同" 的情况下仍要调查是否会导致消费者的混淆，如果没有发生混淆就不会影响商标指示来源的功能，也就不会发生商标侵权。❶

因此，判断奴性模仿的关键在于能否引起消费者将仿制品与竞争对手的商品或出处混淆。❷ "功能性" 和 "第二含义" 的要求也是确保商标法仅在消费者可能会造成混淆时才限制基于产品特征的竞争。❸ 汉德法官认为，"复制本身并不侵权，市场和客户不是原告所拥有的，占领他人的市场和客户不能被认为是侵权行为，也不存在利用他人商誉的侵权行为……仿冒的核心在于欺诈或欺

---

❶ Adam Opel AG v. Autec AG Case C‑48/05［2007］IP & T 408，［2007］ECR I‑1017, ECJ. 有关在商标 "双相同" 语境下允许 "混淆" 推定的观点可参见韦稼霖，朱冬. 体系化思维下混淆在商标侵权判定中的定位［J］. 电子知识产权，2020（10）：61‑65.

❷ 郑友德，刘平. 盲从模仿与非专利技术保护初探［J］. 中国工商管理研究，1995（11）：12.

❸ DOGAN S L, LEMLEY M A. The Merchandising Right：Fragile Theory or Fait Accompli［J］. Emory Law Journal, 2005, 54（1）：471.

诈的可能性，特别是对终端消费者的欺骗。"❶ 荷兰最高法院也指出，只要不引起公众的混淆，通常就可以自由模仿不受或不再受知识产权法保护的产品。❷ 换言之，原告想要获得胜诉，必须证明商品的非功能性特征具有"第二含义"，消费者可以通过识别该特征将商品与该商品特定来源相联系。❸ 可见，如果没有发生混淆的奴性模仿行为就不宜认定为不正当竞争。

商标法提供的混淆保护应只限定在商品的商标或名称，而不是商品本身，否则可能产生阻碍竞争的效果。若权利人能够通过商标法来阻止竞争者复制产品在外观或工艺上的先进功能，相当于权利人可以一直垄断这些功能并拒绝降低产品价格，最终受损的是市场的竞争秩序和消费者利益。如果商标法从保护作为标识来源的商标转向保护商标与商品的结合，可能会对自由竞争和公平竞争产生恶劣的影响。虽然可能通过商品外观等方式帮助消费者识别，减少发生混淆的可能性以降低消费者的搜索成本，但它也可以直接阻碍商品销售中"基于法定权利"（on the merits）的竞争。❹

关于混淆的判定时间，荷兰地区法院在 Lego v. Mega Brands 案中认为，只要美高积木没有外包装都会造成消费者将其与乐高积木混淆，不需要考虑发生混淆的时间点是在销售中还是销售后。

---

❶ SOŁTYSIŃSKI S. Coexistence between the Tort of Passing Off and Freedom of Slavish Imitation in Polish Unfair Competition law [M] //VAVER D, BENTLY L. Intellectual Property in the New Millennium. Cambridge: Cambridge University Press, 2004: 190.

❷ Borsumij v. Stenman, Hoge Raad, May 31, 1991 [1992] N. J. 391.

❸ ERESKIN D R, Brand Name and Look-Alike Drugs in Canada after Ciba-Geigy v. Apotex: A Proposal for Relief from Slavish Imitation [J]. The Trademark Reporter, 2004, 94 (5): 1090.

❹ DOGAN S L, LEMLEY M A. The Merchandising Right: Fragile Theory or Fait Accompli [J]. Emory Law Journal, 2005, 54 (1): 470.

当然，也有反对者坚持检验奴性模仿不能使用售后混淆的标准。比如安塞姆·桑德斯（Anselm Sanders）教授认为，将售后混淆理论从商标法应用到反不正当竞争法领域缺乏资格并容易造成混乱。售后混淆导致的是产品的混淆而非产品来源的混淆，使用者（非购买者）在组装积木时并不会特别区分此积木与彼积木。❶ 遗憾的是，该案的上诉法院并没有解释售后混淆在奴性模仿中的适用问题，而是另辟蹊径，从乐高积木在玩具市场上的特殊地位（u-nique position）出发，认为奴性模仿产品的正当性理由是需要满足潜在和实际的消费者对于标准化产品或非商标性的、通用的主要商品（generic non-distinctive staple goods）的需求。❷

乐高积木在波兰法院同样被判定没有与被告酷陞积木造成混淆，原因是被告所生产的每块积木的每一面都贴上了他们的商标"Cobi"。酷陞积木除了显眼地展示其商标外，包装上还包含公司的全名及其地址，被告的包装材料与乐高积木的包装材料完全不同。模仿者履行了《波兰反不正当竞争法》第十三条第二款规定的标注区别标识的注意义务，因而在缺乏知识产权保护的情况下，奴性模仿乐高积木本身在波兰也不认为是不正当竞争行为。❸

我国在 1995 年由当时的国家工商行政管理总局颁布的《关于禁止仿冒知名商品特有的名称、包装、装潢的不正当竞争行为的若干规定》的第二条和第三条规定，所谓"特有"的商品名称、

❶　SANDERS A K. Do Whiffs of Misappropriation and Standards for Slavish Imitation Weaken the Foundations of IP Law？［M］//DERCLAYE E. Research Handbook on the Future of EU Copyright. Cheltenham：Edward Elgar Pubhlishing，2009：571-572.

❷　SANDERS A K. Do Whiffs of Misappropriation and Standards for Slavish Imitation Weaken the Foundations of IP Law？［M］//DERCLAYE E. Research Handbook on the Future of EU Copyright. Cheltenham：Edward Elgar，2009：3.

❸　Lego System v. K. Podles，R. Podles and Colbert Sp. z o. o. Supreme Court decision of 11 July 2002，OSNC 2003/5/73.

包装、装潢，并非为相关商品所通用，而是具有显著特征的并造成与他人的知名商品相混淆，使购买者足以产生误认时才能认定不正当竞争。2017 年修订的《反不正当竞争法》第六条也首次使用"混淆"这一概念界定不正当竞争行为。原法只是将"与他人知名商品相混淆"作为一种不正当竞争行为，新法则提取"混淆"要件作为所有商业标识不正当竞争行为的公因式。可见，对知识产权法保护范围之外成果进行模仿造成混淆的，也属于我国《反不正当竞争法》规制的不正当竞争行为。

（三）模仿的主观故意

通常来说，知识产权侵权适用无过错责任，主观过错不是侵权判定的必要条件，但却是损害赔偿责任的构成要件。❶ 在认定不正当竞争行为时，是否需要考虑模仿者的主观过错。换言之，即便是在相同商品上使用了相同的标志，但客观上没有造成混淆，主观具有攀附他人商誉的故意是否构成认定不正当竞争的要件？欧盟法院在著名的 L'Oréal v. Bellure 案中显然给出了肯定的答案。在这起比较广告的案件中，被告模仿欧莱雅公司香水的味道和包装，并在广告中制作了产品对照表，提示消费者自己的产品与原告欧莱雅的某款香水类似。欧盟法院称，根据欧盟商标第 89/104/EEC 号指令第五条的规定，不公平地利用某一标记的显著性或商誉，并不要求有混淆可能性。模仿使用他人具有一定声誉的标志，是不正当地利用了该标志的吸引力、名声和威望。这是一种"搭便车"的行为，并且不用支付任何费用就可以享受到该标志所有

---

❶ 郑成思. 侵害知识产权的无过错责任 [J]. 中国法学, 1998 (1): 85.

人为创造和维护标志的营销努力。❶ 在认定《欧盟关于误导和比较广告的指令》（2006/114/EC 号第四条中的"不正当利益"（take unfair advantage）和"复制、模仿展示商品或服务"（presenting goods or services as imitations or replicas）时，法院指出，在比较广告中展示带有他人商标仿制品属于非法的不正当竞争行为，不论比较广告的投放者是明确表示或暗示对该驰名商标的产品进行模仿，广告投放者都是公平地利用了该商标的商誉。❷ 可见，欧盟法院将商标保护范围从客观的"混淆可能性"标准扩展至攀附商誉的主观意图上。这一结论也遭到不少批评，他们认为这种做法可能导致所有商标的保护水平都向驰名商标看齐，造成商标法体系上的紊乱；❸ 还会进一步限制公众对商标的合理使用，影响自由竞争的市场秩序。❹

笔者以为，反不正当竞争法不同于商标法在相同商品或服务上使用相同商标中"推定"行为人的主观状态。不正当竞争行为的认定，不仅要考虑是否产生混淆，而且要考虑其主观要件，不能唯客观行为论。❺ 美国《反不正当竞争法重述（第三版）》第二十二条指出在判断混淆要件方面主观意图的重要性，"如果有证

---

❶ L'Oréal SA and others v. Bellure NV and others, [2010] All ER (EC) 28, paragraph 50.

❷ L'Oréal SA and others v. Bellure NV and others, [2010] All ER (EC) 28, paragraph 79-80.

❸ 韦稼霖，朱冬. 体系化思维下混淆在商标侵权判定中的定位 [J]. 电子知识产权，2020（10）：64.

❹ 周樨平. 商业标识保护中"搭便车"理论的运用——从关键词不正当竞争案件切入 [J]. 法学，2017（5）：134.

❺ 关于不正当竞争行为是否需要认定主观要件，学界争议可以参见孔祥俊. 反不正当竞争法新原理：原论 [M]. 北京：法律出版社，2019；蒋舸. 关于竞争行为正当性评判泛道德化之反思 [J]. 现代法学，2013，35（6）：85-95；黄武双，谭宇航. 不正当竞争判断标准研究 [J]. 知识产权，2020（10）：23-40.

为毫无必要，还有可能起到限制竞争的反作用。当知识产权法和反不正当竞争法都不能对产品的特征或样式提供保护时，就应当落入模仿自由的领域，没有必要提供额外的保护。❶

也有学者认为，奴性模仿可以通过反不正当竞争法为商标提供补充保护，特别是不构成注册商标的商业标识或商业外观。但是，注册商标的保护范围通过驰名商标"反淡化"等理论不断地扩展，应限制奴性模仿对注册商标提供额外的保护。❷ 但这一观点提示笔者，模仿自由原则作为模仿者的抗辩理由，同时也可以成为商标权人扩张垄断范围的"尚方宝剑"。

第二节　戏谑模仿

戏谑模仿，也称戏仿或滑稽模仿，通常是指以文化符号、驰名商标、知名作品、社会公众和名人等作为模仿对象，以讽刺性批评和滑稽嘲弄为目的的重新解构。戏谑模仿是模仿的一种形式，首要的特点即模仿者复制了在先作品或商标的显著特征，以便让读者回忆起原作来。这种"回忆"的功能不可缺少，如果受众没有对被模仿品存有一定的认识，则戏谑模仿会因此失败。❸ 也有学

---

❶ 李明德. 关于反不正当竞争法的几点思考 [J]. 知识产权，2015（10）：35-44.

❷ BARTOSZ S. Slavish Imitation and Trade Mark Protection: A Dutch Perspective [J]. European Intellectual Property Review，2011，33（12）：745. 有关商标淡化的问题将在第五章第二节详细论述。

❸ LANDES W M，POSNER R A. An Economic Analysis of Copyright Law [J]. Journal of Legal Studies，1989，18（2）：359.

者称该属性为"互文性"，即通过模仿、借用原作的某些特征或内容，使受众对原表达进行"记忆、重复、对比和修正"，在剧烈的差异中领会模仿者输出的戏谑与狂欢。❶ 因此，戏谑模仿通常会造成原表达所有者与模仿者之间的冲突，原因在于原作者不满被嘲弄或批评。因而，模仿者一般不太可能获得著作权或商标权人的合法授权或许可，这也就给模仿自由原则在戏谑模仿中的适用留有讨论的空间。

一、作品的戏谑模仿

（一）戏谑模仿适用"合理使用"之疑问

戏谑模仿可以指一种追求艺术效果的手段，也可以指使用了这种手段并具有该效果的作品。❷ 从模仿自由这一天然权利的角度来看，以戏谑模仿的表达方式创作文学艺术作品，其历史渊源远远长于著作权法的历史。而在著作权法框架下分析时，戏仿作品用直接模仿和扭曲原作品的方式嘲笑原作，有效的戏谑模仿作品又要求能使人们认出戏谑模仿作品和原创作作品之间的联系，因而必然涉及故意复制原作品。❸ 合理使用成为戏谑模仿经常使用的一种抗辩手段。例如，《英国版权法》第 30（A）条规定，出于讽刺、戏谑模仿或混仿的目的合理使用作品不会侵犯该作品的版

❶ 刘淑华. 论滑稽模仿对我国著作权法的挑战 [J]. 电子知识产权，2006（10）：25.

❷ 苏力. 戏仿作品的法律保护和限制——从《一个馒头引发的血案》切入 [J]. 网络法律评论，2010，11（1）：60.

❸ 墨杰斯，迈乃尔，等. 新技术时代的知识产权法 [M]. 齐筠，张清，彭霞，等译. 北京：中国政法大学出版社，2003：413.

权。并且规定，如果合同条款阻止或限制上述不侵犯版权的任何行为，则该合同条款的效力不可执行。❶ 美国司法实践（如 Campbell v. Acuff-Rose Music，Inc. 案中，美国最高法院承认戏谑模仿是合理使用）通过扩大合理使用的判断标准，将戏谑模仿纳入合理使用的解释范畴。"转换性使用"理论是对《美国版权法》第一百零七条合理使用判定四要素中的"使用方式和目的"标准的一次理论创新，通常是指对原作及其材料的使用必须与原使用的方式或目的不同，并增加了原作的价值。转换性使用强调戏谑模仿作品与原作品的差异性，如斯托里大法官（Justice Story）所言，是"取代了原作的对象"。❷

"转换性使用"强调作品之间的替代性和差异性，为使用者不侵犯著作权寻找了适当的理由，但该理论仍无法解释戏谑模仿作品的合法性。戏谑模仿作品的价值并不完全取决于与原作之间的差异，而体现在新作品的创造性价值。❸ 创造性的价值源于其与更广泛的社会、文化和文学语境的关系，而不仅是来自先前作品的感知差异。❹ 戏谑模仿作品通过破坏原作品的客观性，为观众重构语境来改变其意义，在很大程度上取决于观众与文本的互动，需要特定的审美和社会意识，这样戏谑模仿的目的才能被理解或存在。例如，2006 年引发热议的短视频作品《一个馒头引发的血

---

❶ Copyright, Designs and Patents Act 1988, Last updated 1 February 2021.

❷ LEVAL P N. Toward a Fair Use Standard [J]. Harvard Law Review, 1990, 103 (5): 1111.

❸ 兰德斯，波斯纳. 知识产权法的经济结构 [M]. 金海军，译. 北京：北京大学出版社，2005：188.

❹ ROTSTEIN R H, MATAPHOR B. Copyright Infringement and the Fiction of the Work [J]. Chicago-Kent Law Review, 1993, 68 (2): 750, 755.

案》对电影《无极》的戏谑模仿❶，使用了当时中国观众熟悉的素材、片段，正因为这些内容，受众才会有观看戏谑模仿作品时的"会心一笑"。苏力教授亦指出，对当代中国社会和电影《无极》都不了解的人可以说根本就无法如同中国观众那样理解《一个馒头引发的血案》。❷ 因此，戏谑模仿作品带来的是与原作完全不同的体验落差，并非一定要在使用目的和方式上取代原作，甚至在提示观众或读者回溯原作。

"戏谑模仿"在我国仍是一个文学艺术领域的概念，而非著作权法范畴下的法律概念。我国《著作权法》第二十四条第一款第（二）项"介绍、评论"行为的列举无法完全涵盖戏谑、讽刺模仿等表达手段，即便《著作权法》2020 年修改后通过开放式规定"名正言顺"地引入了《伯尔尼公约》的"三步检验法"，也并未明确列举戏谑模仿作为考虑要素之一，判断戏谑模仿作品"不影响原作品的正常使用"及"不合理地损害合法权益"仍具有较大不确定性。此外，引入美国转换性使用理论也具有法律移植的局限性。我国法院在适用"转换性使用"时不能突破《著作权法》第二十四条列举性的规定，只能限于适当引用基础上的内容和目的转换。❸

可见，不论是美国"转换性使用"理论还是我国《著作权法》中合理使用的规定，都不能成为戏谑模仿合法性的制度基础，

---

❶ 关于该案，较多认为根据我国《著作权法》合理使用的狭义解释，可能侵犯了著作权；如果适用美国"转换性使用"的判断标准，《一个馒头引发的血案》显然是合理使用。参见周艳敏，宋慧献. 滑稽模仿与版权保护——由《无极》与《一个馒头的血案》谈起 [J]. 出版发行研究，2006（6）：61.

❷ 苏力. 戏仿作品的法律保护和限制——从《一个馒头引发的血案》切入 [J]. 网络法律评论，2010，11（1）：59.

❸ 熊琦. 著作权转换性使用的本土法释义 [J]. 法学家，2019（2）：131.

只是为其不侵权寻找到一个"暂时"合法的理由。模仿自由原则却提供了一个论证视角。

首先，出于模仿自由原则，在著作权戏谑模仿作品的相关理论与实践中，并非只有著作权侵权或合理使用这两种情况。戏谑模仿"要么侵权，要么构成合理使用"的判断并没有穷尽所有的选言肢。❶ 在一些情况下，戏谑模仿不仅不构成合理使用，也不侵犯著作权，而是属于完全自由使用的情况。虽然也可以将戏谑模仿视为衍生（演绎）作品，但这会使原作者扼杀体现模仿者特殊性的批评、嘲弄，也极有可能使模仿者因为不能满足合理使用的认定标准而承担侵犯著作权的不利后果。❷

其次，合理使用并非不侵犯著作权，"要么侵权，要么构成合理使用"的表述本身也存在矛盾。合理使用的真正含义是借用作品的行为已经构成侵权，然而被告提出一些合理的抗辩理由，可以不用承担责任。❸ 合理使用是一种特权，即属于"版权所有者以外的其他人的一种特权，可以在未经其同意的情况下以合理的方式使用受版权保护的素材，尽管已授予所有者以垄断权"❹。

再次，不少文献对使用原作品的行为描述为"挪用或盗用"（appropriation）。如前文所述，作品的创造是一个动态的过程，无不在与其他文本、素材、观众或语境互动。当作者创作完毕，并不对作品文本的全部内容都享有排他性的权利，"挪用""盗取"

---

❶ 刘淑华. 论滑稽模仿对我国著作权法的挑战 [J]. 电子知识产权，2006 (10)：26.

❷ 张玉敏，曹博. 论作品的独创性——以滑稽模仿和后现代为视角 [J]. 法学杂志，2011，32（4）：57.

❸ 李明德. 美国知识产权法 [M]. 2 版. 北京：法律出版社，2014：375.

❹ GORDON W J. Fair Use as Market Failure：A Structural and Economic Analysis of the Betamax Case and Its Predecessors [J]. Columbia Law Review，1982，82（8）：1601，Footnote10.

"播种/收获"等词语更是将作品比作有体物，带来的歧义与贬义应予以避免。总而言之，仅依靠"作品"和"作者"作为确定戏谑模仿何时构成合理使用的手段，未能认识到受众和戏谑模仿语境的重要性。❶

最后，通过合理使用制度保障作为宪法权利的表达自由，其法律效果值得商榷。对于表达自由和民主等公共利益价值的实现，合理使用作为私权的一项制度，仅需要保证私人经济权利不得侵害这些公法上的价值目标，而非积极地主动承担。❷ 合理使用是对侵权的暂时豁免，而非保障表达自由对财产权直接进行的限制。立法者不仅应确认公众的表达自由，还应提示使用者通过戏谑模仿地表达不同于"挪用"他人作品用于其他目的的行为。❸ 换言之，需要对限制表达自由的私人权利（著作权）进行"反限制"。戏谑模仿的范围不宜扩展到戏谑、讽刺原作品以外的，用来攻击其他内容，如肖像权、名誉权等情形。❹

（二）作为基本权利的戏谑模仿

由于著作权法本身也是对公共利益和私人权利的切割，对于不受著作权法保护的素材或对象进行戏谑模仿，自然不会涉及著作权侵权。但是，民主社会对于表达自由的珍视及对潜在创新增长的促进作用，也是戏谑模仿正当性的价值基础。正如前文所述，

❶　ROTSTEIN R H, MATAPHOR B. Copyright Infringement and the Fiction of the Work ［J］. Chicago-Kent Law Review, 1993, 68 (2): 750, 797.

❷　熊琦. 论著作权合理使用制度的适用范围 ［J］. 法学家, 2011 (1): 90-91.

❸　LAI A. The Natural Right to Parody: Assessing the (Potential) Parody/Satire Dichotomies in American and Canadian Copyright Laws ［J］. Windsor Yearbook of Access to Justice, 2018, 35 (1): 84.

❹　POSNER R A. When Is Parody Fair Use ［J］. Journal of Legal Studies, 1992, 21 (1): 67.

表达自由，以及由表达自由派生的模仿自由是自然法原则下的普遍权利。戏谑模仿增进了表达的多样化，而削减表达的方式或抑制表达就是对言论自由的践踏。"消灭多余的文字……就能把思想的范围缩小……人们也没有理由或借口犯思想罪了。"❶ 言论自由，尤其是政治性言论的表达对民主制度至关重要。比如鲁迅先生的创作风格主要是"对被压迫而又不觉悟的下层人民的幽默的批评，和对传统观念及其维护者的辛辣讽刺"❷。他把真实看成讽刺艺术最基本的属性，认为如果脱离了对现实社会的模仿，戏谑或讽刺则成为"堕入传统的学笑话和讨便宜"。❸ 也因坚持"讽刺的生命是真实"，戏谑模仿作品的创作者经常成为独裁或专制政府的受害者。1949 年台湾当局对政治、经济、文化严加管控，多次发布禁书目录，至 20 世纪 60 年代中期，鲁迅的作品成为禁书之首。❹ 纳粹德国时期，具有模仿和讽刺天赋的歌舞演员兼作家维尔纳·芬克（Werner Finck）因试图"使党和国家机构变得荒谬"而被关押在集中营；获得诺贝尔文学奖的意大利剧作家达里奥·福（Dario Fo）经常使用戏谑的方法批评其政府和天主教会，也因发表颠覆性信息而受到审查并被政府短暂监禁。❺ 因此，戏谑模仿的价值不在于是否"挪用"了他人的作品，而是对原作戏谑、批判的社会意义。它否决了控制读者思维倾向的作品的威权，具有

❶ 奥威尔. 1984 [M]. 刘绍铭，译. 北京：北京十月文艺出版社，2010：51.

❷ 施建伟. 试谈鲁迅作品的幽默风格 [J]. 上海大学学报（社会科学版），1985（1）：23.

❸ 王卫平. 中国现代讽刺幽默小说论纲 [J]. 中国社会科学，2000（2）：137.

❹ 古远清. 台湾戒严时期查禁文艺书刊述略 [J]. 新文学史料，2018（3）：180.

❺ LAI A. The Natural Right to Parody: Assessing the (Potential) Parody/Satire Dichotomies in American and Canadian Copyright Laws [J]. Windsor Yearbook of Access to Justice, 2018, 35 (1): 74.

极强的民主、自由意蕴。❶ 著作权法律制度可以"在威权体制中诱导民主，在新生民主制度中巩固民主，在更成熟的民主国家中加强民主"。❷ 民主文化不仅体现在民主统治的正式结构中，而且充盈在日常生活的思想与表达中，它是"社会生活的一个特征，也是一种社会组织形式"❸。表达自由让普通人有公平的机会参与到文化创造、演变、发展过程中。如果任何戏谑模仿的创作都必须负担交易成本及向著作权人支付使用费，那么表达自由都将遭到缩减。❹ 可见，构建民主法治社会，表达自由应该构成规范现代著作权制度的核心，而戏谑模仿属于其中重要的组成部分。

　　表达自由与著作财产权相比，前者的价值地位更为基础。罗尔斯提出的第一个正义原则即人人拥有平等的权利，享有最广泛的基本自由；第二个正义原则是关于社会和经济利益分配的正义。第一个正义原则中的基本自由包括了言论自由、思想自由、政治上的自由等，这些自由在位阶关系上都是平等并列的且相互制约的整体。罗尔斯认为第一个原则优先于第二个原则，即"对基本平等自由的侵犯不可能因较大的社会经济利益而得到辩护或补偿"❺。换言之，公民的基本权利不能为了其他社会目的和经济目的而拿来做交易，只有保障社会中的最少受惠者的利益得到最大

❶　李雨峰，张体锐. 滑稽模仿引发的著作权问题 [J]. 人民司法，2011 (17)：100.

❷　ROGOYSKI R S, BASIN K. The Bloody Case That Started From a Parody：American Intellectual Property and the Pursuit of Democratic Ideals in Modern China [J]. UCLA Entertainment Law Review, 2009, 16 (2)：257.

❸　BALKIN J M. Digital Speech and Democratic Culture：A Theory of Freedom of Expression for the Information Society [J]. New York University Law Review, 2004, 79 (1)：35.

❹　兰德斯，波斯纳. 知识产权法的经济结构 [M]. 金海军，译. 北京：北京大学出版社，2005：201.

❺　罗尔斯. 正义论 [M]. 修订版. 何怀宏，何包钢，廖申白，译. 北京：中国社会科学出版社，2009：47-48.

化时，社会和经济的不平等才被允许。❶ 即使著作权属于人权，也属于次一级的人权，而且版权（私权）的过度保护会对表达自由权等基础性的人权造成损害。❷ 在先作品的作者已经通过著作权交易获得财产利益和人格利益，基于著作权对象的非竞争性和不限制分割的属性，应允许人们模仿以确保作品资源的最有效利用并避免浪费，造福渴望接触更丰富作品的公众，积累更多的创作素材。

在德国，讽刺性作品可以适用著作权的自由使用制度。《德国著作权法》第二十四条的自由使用制度规定在该法"著作权的内容"中，而非第6章"著作权的限制"。有关自由使用和著作权限制的关系，有学者认为，自由使用条款的内容既涉及对前人作品的利用，又关联到新作品的出现，属于法定的著作权限制的概括性条款。❸ 设置自由使用条款的原因正是德国立法者考虑全新作品的诞生无法离开对在先作品的引用、模仿和转换。根据《德国基本法》第十四条对私人财产的限制，必须有益于公共福祉，也即必须受制于《德国基本法》第五条规定的基本权利——科学、艺术、研究自由。从维护法律内部体系化完整角度，自由使用是保障表达自由的制度性设计，是对言论自由、创作传统等公共利益的适当让步。

自由使用制度适用的前提是必须有新的独立作品出现，并且与原作相比，被模仿只能"推动"了新作品的创作，原作只能是

---

❶ 张国清. 罗尔斯难题：正义原则的误读与批评 [J]. 中国社会科学，2013 (10)：38-39.

❷ 孙昊亮. 表达自由权在版权制度中的实现——以网络戏仿作品版权纠纷为视角 [J]. 社会科学家，2015 (12)：108.

❸ 易磊.《德国著作权法》自由使用制度研究 [J]. 苏州大学学报（法学版），2019，6 (3)：87.

新作品创作的出发点。❶ 德国法院在实践中发展出了"淡化"与"内在距离"标准❷，通过对新旧作品整体印象方面的独创性特征进行比较，判断是否促进了文化的进步。❸ 如果戏谑模仿作品淡化了被使用作品的个性特征，或与原作借用的创造性片段有非常大的内在距离，以至于成为一件独立的作品，也属于自由使用。相较于美国"转换性使用"标准，自由使用制度更强调"独创性"要件，并不评价使用他人作品的意图，被使用作品或片段的质和量也不是判断自由使用的要素，是否模仿原作的"实质性"部分也不在考察之列。❹

　　戏谑模仿作为表达自由这一宪法性权利的延伸，应当在著作权法中占有一席之地。著作权法应对戏谑模仿进行宽泛的定义，以取代优先适用合理使用规则的解决路径。对于公众来说，欣赏模仿作品不等于再次欣赏原作，模仿者借用部分表达并不一定产生与原作品一致的欣赏体验。特定的文字、故事情节和人物不止一种可感知的表达方式，第一位作者用来增添悬念的情节可能会被第二位作者挪用作为笑话，第三位作者可能会用它作为寓言。这些特定的表达通过上下文的语言环境表现出不同的情感色彩，而一个作品之所以有价值，正是因为它的情感内容❺，这些情感内容也凸显着作品的个性特征。有观点认为，在并未明确戏谑模仿

　　❶　莱特. 德国著作权法 [M]. 2版. 张怀岭, 吴逸越, 译. 北京：中国人民大学出版社，2019：82.

　　❷　易磊. 对我国当前合理使用修改的思考——以德国"合理使用"为视角 [J]. 电子知识产权，2019 (2)：7.

　　❸　雷炳德. 著作权法 [M]. 张恩民, 译. 北京：法律出版社，2004：259.

　　❹　易磊.《德国著作权法》自由使用制度研究 [J]. 苏州大学学报（法学版），2019, 6 (3)：92-93.

　　❺　SCHINDLER D S. Between Safety and Transparency: Prior Restraints, FOIA, and the Power of the Executive [J]. Hastings Constitutional Law Quarterly, 2010, 38 (1)：19.

合法的前提下，法院在判断类似模仿作品是否侵权时，不妨首先考虑模仿作品与原作品是否处于相同的"情感语境"（emotive context）。● 如果与原作品处于同一情感环境，并挪用和表达了具有实质性相似的表达时，显然构成侵权，之后再判断是否具有合理使用的免责条件。反之，如果使用了同样的素材，但没有任何类似的情感环境，不宜认为构成侵权。需要说明的是，戏谑模仿作品表达的"情感语境"是否与原作同一，是判断"实质性相似"这一侵权构成要件时所需要考虑的因素，并非合理使用的判断要素。

二、商标的戏谑模仿

正如上文所述，戏谑模仿凸显着表达自由的基本价值，在落实宪法基本权利与保护私人权利之间需要类似德国著作权法"自由使用"制度予以调和，而不是以"侵权豁免"的合理使用为戏谑模仿提供合法性基础。商标的戏谑模仿与作品的戏谑模仿在维护表达自由方面有共通之处。正如在 L. L. Bean，Inc. v. Drake Publishers.，Inc. 案中鲍恩斯法官（Judge Bownes）所言，"否定已融入日常生活中模仿者戏谑的符号和名称，将严重削弱受保护的表达形式"●。不同的是，有观点认为相较于著作权法对作品宽泛的控制权，商标法仅保护消费者免于混淆产品来源，因而商标法之上的利益似乎与禁止模仿的联系更少。● 但当戏谑模仿的对象为商

● Note，Parody and Copyright Infringement [J]. Columbia Law Review，1956，56 (4)：593.

● L. L. Bean，Inc. v. Drake Publishers.，Inc.，811 F. 2d 26，1987.

● BIAGIOLI M，CHANDER A，SUNDER M. Brand New World：Distinguishing Oneself in the Global Flow [J]. U. C. Davis Law Review，2013，47 (2)：474.

标时，模仿的后果可能造成与原商标指示的来源产生混淆，甚至对驰名商标的声誉和社会形象造成影响，即构成所谓的"淡化"。美国学者兰德斯和波斯纳将商标戏谑模仿分为三类：竞争者在比较广告中对商标的戏谑模仿、竞争者对商标的混淆性模仿、非竞争者的淡化戏谑模仿。❶ 前两类涉及在商业言论中模仿自由原则和商标权之间的平衡，焦点集中于对"混淆可能性"要件在商标戏谑模仿中的认定。至于非竞争者的淡化戏谑模仿，源于美国《联邦商标反淡化法》（Federal Trademark Anti-Dilution Act）将戏谑模仿作为商标淡化的例外——商标合理使用的情形之一。因而，在美国商标法语境下，讨论商标戏谑模仿与淡化的关系有成文法依据。我国《商标法》并未承认"反淡化"理论，在我国商标法语境下，商标的淡化还应基于"混淆可能性"的判断标准，如果并未发生混淆则不构成商标侵权，亦非基于公共利益的考量，对商标权施以的合理限制。❷ 至于是否因"搭便车"而纳入反不正当竞争法还需再详细论证。❸ 遵循这一思路，符合我国立法体系的商标戏谑模仿，应以是否构成消费者混淆为主要判断依据。

（一）商标性使用标准：商标戏谑模仿的过滤器

国内有学者结合了美国理论和司法实践经验，提出构成商标戏谑模仿的认定标准如下：第一，被告具有戏谑模仿的意图而非

---

❶　兰德斯，波斯纳. 知识产权法的经济结构 [M]. 金海军，译. 北京：北京大学出版社，2005：204.

❷　有关商标合理使用概念的澄清，参见熊文聪. 商标合理使用：一个概念的检讨与澄清——以美国法的变迁为线索 [J]. 法学家，2013（5）：148-163，180.

❸　有学者认为，驰名商标反淡化机制中"搭便车"类型的构成与反不正当竞争法一般条款制止的"不当利用他人劳动成果"类型基本相同，可以通过反不正当竞争法予以调整。参见刘维. 我国注册驰名商标反淡化制度的理论反思——以 2009 年以来的 35 份裁判文书为样本 [J]. 知识产权，2015（9）：19-25，78.

以吸引消费者为目的；第二，被告模仿的标志不得与原告商标相同或近似；第三，戏谑模仿属于非商业性使用；第四，不存在商标混淆的可能性。❶ 还有学者基于"混淆可能性"暗含了"商标性使用"这一要件，认为商标戏谑模仿必须实质性使用被戏谑模仿商标，否则难以达到戏谑的效果，需要区别的是非商标性的符号使用和商标性使用。对商标符号的戏谑模仿一般不涉及商业性行为，一般社会公众均可自发进行。❷

笔者以为，一方面，对于商标戏谑模仿须有"不以吸引消费者为意图"和"不得与原告商标相同或近似"的观点违背了商标戏谑模仿的内在要求。首先，模仿者的主观意图不应成为侵权与否的判断标准。即便是非商业性使用的情形下，出于激励和享受赞美的心理，期望获得一定的注意力无可厚非。这个注意力可以来自潜在的消费者或直接的消费群体。将戏谑模仿的目的与吸引消费者的目的分割开来并不具有现实意义。

另一方面，商标戏仿与戏谑模仿作品一样，基本特征就是模仿在先表达。通过商标的相似性判断戏谑模仿商标构成侵权的说服力显然不够充分。进而，模仿的本质决定了不能仅考虑美国《联邦商标反淡化法》中的"相似性"（similarity）与"联想"（association）要件。❸ "混淆可能性"通常是各国商标法判断商标侵权的核心要件，商标近似并非一定造成混淆。有学者指出，"混淆可能性"的评估取决于多个因素，特别是商标的知名度、模仿者的主观意图、消费者的注意程度及模仿标识与原商标可能

---

❶ 邓宏光. 论商标权与言论自由的冲突 [J]. 内蒙古社会科学（汉文版），2006（1）：26-27.

❷ 陈虎. 论商标戏仿的法律性质 [J]. 知识产权，2018（12）：23.

❸ 15 U.S.C. § 1125（c）（2）（B）.

产生的联系等，而商标相似性只是众多的参考要素之一。❶

　　但也需要承认的是，相似性和商标混淆可能性的关系十分密切。双方商标和商品符合相似性要件的要求，就很容易使消费者发生混淆。对商标戏谑模仿是否坚持"混淆可能性"的侵权判断标准还是其他，美国司法实践也有一定的经验。1989 年美国第二巡回法院在 Rogers v. Grimaldi 案中制定的"罗杰斯标准"代替了"混淆可能性"的分析，即允许在作品的表达中模仿他人商标，只要该商标与作品具有一定的艺术相关性，并且不会明确的误导来源。该判决指出，"只有当避免消费者混淆的公共利益高于表达自由的公共利益时，《美国商标法》才可适用于艺术作品。在涉嫌使用名人姓名的误导性标题的情况下，不需要商标法进行规制，除非该标题与原作品毫无艺术关联性，或者有一些关联但该标题明显误导了作品的来源或内容"❷。2003 年在 Mattel, Inc. v. Walking Mountain Productions 案中，法院仍遵循着这一判断标准。法官认为，被告使用芭比娃娃拍摄照片，是因为"芭比娃娃"在文化中的特殊意义，艺术家没有使用"芭比娃娃（包括玩偶本身）"来标记或销售商品，"艺术表达与自由的公共利益大于潜在消费者混淆原告对被告作品的赞助关系"。❸ 可以看出，以上案例未采取"混淆可能性"判断标准的原因是被告并未将戏谑模仿的对象作为商标来使用，也就无法使消费者对商品的来源产生混淆，这种

---

❶　王太平. 商标侵权的判断标准：相似性与混淆可能性之关系 [J]. 法学研究，2014，36（6）：165；姚鹤徽. 论商标侵权判定的混淆标准——对我国《商标法》第57 条第 2 项的解释 [J]. 法学家，2015（6）：56. 将商标的近似性作为判定"混淆可能性"的因素之一，属于美国商标侵权判定标准的立法模式。以上两位学者认为，在相似性和混淆可能性的关系上，美国立法模式较于日本和欧盟模式，逻辑自恰、结论公平，符合商标法的基本原理。

❷　Rogers v. Grimaldi, 875 F. 2d 994, 1989.

❸　Mattel Inc. v. Walking Mt. Prods., 353 F. 3d 792, 2003.

情况下当然不能适用商标法提起侵权之诉。不仅如此，2006 年美国《联邦商标反淡化法》明确规定，模仿、批评或评论驰名商标所有人或驰名商标所有人的商品或服务的不视为侵犯商标权。❶ 有学者根据该条规定认为，商标戏仿作为侵权抗辩仅仅针对商标淡化，而商标混淆侵权没有创设这一合理使用条款。❷ 表面来看的确如此，但是该条同样要求对包括戏谑模仿在内的商标的合理使用不得"指示商标来源"（as a designation of source）。因此，较于"混淆可能性"判断标准， "商标性使用"标准（trademark use doctrine）是一个合乎逻辑的"过滤器"，剔除了比较广告、杂志、电影、电视节目或不涉及品牌推广的任何其他用途中的戏谑模仿案例。❸

与"商标性使用"相关的概念还有"商业性使用"。美国《联邦商标反淡化法》在商标淡化的例外中规定的是商标"非商业性使用"（noncommercial use of a mark）而非"商标性使用"。有学者认为，此处的"非商业性使用"即为"非商标意义上的使用"，是《美国商标法》"商业上使用才构成侵权"的反向重申。❹还有学者指出，美国"商标性使用"分为"在商业中"和"使用"两部分，也可以被解释为"在商业中作为商标使用"。❺ 依上述观点，"商标性使用"是构成商标侵权的前置条件。但是，在 Kelly-Brown v. Winfrey 案中，美国第二巡回上诉法院则指出，人们

---

❶　15 U. S. Code § 1125（c）（3）.

❷　李丽秋. 试论商标戏仿的侵权判定 [J]. 清华知识产权评论，2020（1）：206.

❸　BIAGIOLI M, CHANDER A, SUNDER M. Brand New World: Distinguishing Oneself in the Global Flow [J]. U. C. Davis Law Review, 2013, 47（2）：477-478.

❹　熊文聪. 商标合理使用：一个概念的检讨与澄清——以美国法的变迁为线索 [J]. 法学家，2013（5）：155.

❺　吕炳斌. 商标侵权中"商标性使用"的地位与认定 [J]. 法学家，2020（2）：76.

并不仔细区分"在商业中使用商标"（use in commerce）和"作为商标使用"（use as a mark）两个概念，并用"商标使用"（trademark use）笼统概括，实际上二者并不相同。❶ 与我国对商标使用的定义不同，美国商标法中的"在商业中使用"是指"在贸易活动中真实地使用商标，而不仅仅是为了保持商标权利"❷。只要将商标贴附在商品上或用于销售或运输就可以构成"在商业中使用"；而"作为商标使用""商标性使用"或"商标法意义上的使用"是指将商标作为符号，吸引公众注意力的特定术语。❸ 在1-800 Contacts, Inc. v. WhenU. com, Inc. 案中，法院认为，"使用""商业中"和"混淆的可能性"都是商标侵权认定的要素，但是"使用"标准必须作为一个"门槛"对待。因为任何活动都可能"在商业中"进行或可能造成混淆，如果没有"使用"商标，则不能依据《美国商标法》提起诉讼。第二巡回法院反对这一观点，认为这里的"使用"商标并不等同于"商标性使用"，《美国商标法》也并不认为"商标性使用"是证明消费者混淆的"门槛"。❹

我国商标法理论与实务界基本已形成共识，即"商标性使用"是判断商标侵权的前提要件。但是美国司法实践中有关"商标性使用"不同观点的争论还是有借鉴意义的，特别是区分了"商业使用"和"商标性使用"。在商业中使用的范围较为宽泛，包括商标的"非商标性使用"和"商标性使用"。前者指对商标的"第一含义"的使用，包括描述性使用、指示性使用、对商标

---

❶　Kelly-Brown v. Winfrey, 717 F. 3d 295, 2013.

❷　15 U. S. Code § 1127.

❸　JA Apparel Corp. v. Abboud, 568 F. 3d 390, 2009.

❹　1-800 Contacts, Inc. v. WhenU. com, Inc. , 414 F. 3d 400, 2005.

的戏谑模仿及比较广告中的商标使用等。此时，由于商标的正当使用本意即指没有使用该商标指示来源的功能，即便认定是"商业使用"或具有"混淆可能性"也不构成侵犯商标权。"商标性使用"是商标正当使用抗辩成立的禁止条件。❶ 因此，在戏谑模仿商标不是作为识别商品或服务来源的商标时，采用"商标性使用"标准而不需要再抵达"混淆可能性"即能判断是否构成商标侵权。

（二）基于"推定"的辩护：模仿自由与商标权的平衡

上述使用"商标性使用"标准判断的戏谑模仿作品通常发生在戏谑模仿商标用于艺术创作、广告关键词等情形。如果商标作为标识来源且模仿他人商标（尤其是驰名商标）时，比如"Chewy Vuiton"狗玩具模仿了著名奢侈品品牌路易·威登（Louis Vuitton）❷，婴儿纸尿裤"Gucchi Goo"模仿了古驰（Gucci）❸ 等情形，则不能以"非商标性使用"作为抗辩，但若适用"混淆可能性"的判断标准亦存有一些问题，因为有效的模仿只是"借用"在先的商标，不太可能混淆消费者，也不会淡化著名商标的显著性，反而还会增强该商标识别来源的能力。另外，"混淆可能性"的证明也是需要充分的事实依据与调查分析，很难简单地通过模仿行为就推定混淆的可能。最重要的是，商标戏谑模仿的重要意义不在于是否造成消费者混淆。如果以"防止混淆"为由禁

---

❶ 刘铁光. 商标侵权中"商标使用"的判定规则 [J]. 法学杂志，2021，42（6）：19.

❷ Louis Vuitton Malletier S. A. v. Haute Diggity Dog, LLC, 507 F. 3d 252, 2007.

❸ Gucci Shops, Inc. v. R. H. Macy & Co., 446 F. Supp. 838, 1977.

止商标戏谑模仿，还会将其他的重要利益置于危险之中。嘲讽或批评商标时，宪法警告商标权人不能对言论自由进行审查，适用混淆可能性的分析可能忽视这种利害关系。❶ 因此，为了避免循环定义及维护基本权利，必须区分有效的戏谑模仿及产生混淆可能性的模仿。有效的戏谑模仿是将被模仿的商标作为某种象征加以讽刺，完全可以和原始商标共存，不会威胁到商标法所保护的核心价值，更不会造成真正的市场损害。❷ 莱姆利（Lemley）教授甚至提出应将未经授权的模仿、讽刺等行为视为驰名商标的"肯定性证据"（affirmative evidence）或是认定知名度的必要条件。❸

基于"混淆可能性"适用于商标戏谑模仿出现的弊端，有学者总结了美国司法实践中有关商标戏谑模仿的各种判断标准后，提出了作为商标侵权抗辩的"基于推定的辩护"（a presumption-based defense）方法。❹ 该方法是指，如果法院确定被告的使用符合滑稽模仿或讽刺（parody and satire）的条件，则推定不构成商标侵权，除非出现了例外的特殊情形，即戏谑模仿构成了竞争性表达，造成消费者混淆的可能性是其中的判断标准之一。正如上文所述，商标法并不禁止他人使用商标，所规范的是对特定消费群体的误导。作为基本权利的戏谑模仿无论是否具有潜在的（需要被证据证明的）混淆，都是对社会具有价值的言论。即便是"搭便车"所产生的有价值言论也不等同于对消费者的特定损害。除非特别

❶ SIMON D A. The Confusion Trap: Rethinking Parody in Trademark Law [J]. Washington Law Review, 2013, 88 (3): 1036.

❷ MCGEVERAN W. The Imaginary Trademark Parody Crisis (and the Real One) [J]. Washington Law Review, 2015, 90 (2): 727, 753.

❸ LEMLEY M A. Fame, Parody, and Policing in Trademark Law [J]. Michigan State Law Review, 2019 (1): 13.

❹ SIMON D A. The Confusion Trap: Rethinking Parody in Trademark Law [J]. Washington Law Review, 2013, 88 (3): 1077-1085.

说明，所有的言论都应受到保护，是否构成的误导性或商业性言论的举证责任应由商标权人或政府承担，而不是被告。❶ 该方法先推定戏谑模仿是有价值的，商标权人只有在大量证据证明以下内容时才能推翻这一"推定"：（1）涉嫌模仿的商标出现在密切相关的产品或服务上；（2）出现该标志的产品或服务是由直接竞争对手提供销售。原告需要证明的是商标戏谑模仿会对被模仿产品产生竞争效果，而不仅是混淆的可能。❷ 因而，将戏谑模仿限于"非竞争性言论"在一定程度上平衡了表达自由与商标权保护的平衡。如果商标使用包含准确的商业信息而不是误导性或毫无宪法价值的虚假事实陈述，则法院不应将其归类为误导性言论，从而保护商业和非商业性表达的自由流动。

对于戏谑模仿中可能产生的淡化问题，也应以"非竞争性言论"的标准来认定。一方面，美国《联邦商标反淡化法》中对于商标戏谑模仿的抗辩是任何"非商业性使用"。❸ 对于该条款中"非商业性"的定义也应宽泛处理，可以包括未对原告产生竞争效果的"非竞争性言论"。另外，当商业性和非商业性的言论发生混同时，也应宽泛地将其归为"非商业性"言论。❹ 另一方面，戏谑模仿发生淡化的情形需要区分"弱化"（blurring）和"丑化"（tarnishment）。基于戏谑模仿的本质，对于"丑化"商标的商业性戏谑模仿应免于淡化诉讼，"弱化"的商业戏谑模仿要根

---

❶ RAMSEY L P. Increasing First Amendment Scrutiny of Trademark Law ［J］. SMU Law Review, 2008, 61（2）: 421.

❷ SIMON D A. The Confusion Trap: Rethinking Parody in Trademark Law ［J］. Washington Law Review, 2013, 88（3）: 1081.

❸ 15 U. S. Code § 1125（c）（3）（C）.

❹ RAMSEY L P. Increasing First Amendment Scrutiny of Trademark Law ［J］. SMU Law Review, 2008, 61（2）: 401.

据"非竞争性"的标准重新评估法定因素。第四巡回法院在 Louis
Vuitton Malletier S. A. v. Haute Diggity Dog，LLC 案中就运用此种思
路，结合商标戏谑模仿的属性对《联邦商标反淡化法》中商标
"弱化"的法定要素❶予以重新认定。法院认为，戏谑模仿商标明
确地标识他们是模仿而不是原创，反而需要唤起对被模仿商标的
评价，因而被模仿的商标显著性越强、模仿的商标越相似，越是
成功的戏谑模仿。成功的戏谑模仿会减少混淆的可能性，并且，
被告戏谑模仿的意图并非出于恶意（bad faith）或违背诚实信用故
意制造消费者混淆，恰恰相反，其目的是"唤起在不同产品上产
生幽默、讽刺的联想"，不会产生实际的混淆。❷

综上所述，对于商标的戏谑模仿从模仿的场景来看有狭义与
广义之分。如果将商标戏谑模仿限定在"非商标性使用"的范
围，则不存在造成混淆或混淆可能性的客观条件，当然也不会构
成商标侵权。❸ 此种为狭义的商标戏谑模仿，戏谑模仿的范围仅限
于商标"正当使用"的情形。但如果发生在"商标性使用"的情
形下，那么可以免责的商标戏谑模仿就不能再适用"非商标性使
用"抗辩。广义的商标戏谑模仿不仅包括"非商标性使用"情
形，还包括"商标性使用"的情况。判断商标戏谑模仿是否侵
权，应当出于维护商业言论自由的价值诉求，采用"基于推定"
的认定方法，将商标戏谑模仿限定在"非竞争性言论"并结合
"弱化"的要素具体把握。❹ 美国《联邦商标反淡化法》在商标淡

---

❶　15 U. S. Code § 1125（c）（2）（B）罗列了 6 项认定要素，包括商标的相似程
度，驰名商标的显著性及驰名程度、认可度，使用者的意图，发生实际联想的事实。

❷　Louis Vuitton Malletier S. A. v. Haute Diggity Dog，LLC，507 F. 3d 252，2007.

❸　陈虎. 论商标戏仿的法律性质［J］. 知识产权，2018（12）：27.

❹　类似观点参见李雨峰. 企业商标权与言论自由的界限——以美国商标法上的
戏仿为视角［J］. 环球法律评论，2011，33（4）：25.

化的免责事由中，不仅规定了驰名商标的合理使用，还包括商标的非商业性使用。如前文所述，特殊情况下商标性使用可以发生在非商业使用的环境中，在商业使用的环境中也有非商标性的使用方式。若将商标戏谑模仿仅适用"商业使用"，没有完全考虑可能存在的"非商标性使用"，则"混淆可能性"的判断毫无用武之地。如果仅将商标戏谑模仿的合理性限制在狭义的"非商标性使用"，可能不适当地扩张了商标权人的利益，在一定程度上抑制了言论自由。笔者以为，成功的商标戏谑模仿，应包括非商标性使用及非竞争领域的商标性使用两种情况。如果是竞争者戏谑模仿商标但并未发生混淆的情况下，在美国可视为商标"弱化"的构成要件进行再判断。我国并未正式引入商标淡化理论，此种情况可以由《反不正当竞争法》进行规制。

戏谑模仿实质上是宪法中规定的基本权利在经济领域的体现，不仅要注意"避免过于宽泛的不正当竞争认定，侵害经营者的基本权利"❶，也要保护非竞争者的表达自由。在网友给"猫舔人脚"的视频配乐国窖 1573 广告案时，被法院判决赔礼道歉并赔偿泸州老窖 7 万元引起广泛热议，不少人指摘泸州老窖"格局小了"，也有人支持其积极维权。❷ 正如上文所述，以"商标性使用"为首要判断标准，该网友的行为属于非商标性使用的戏谑模仿，是对国窖 1573 广告音乐的自由使用，并不侵犯知识产权。即便存在"丑化"泸州老窖驰名商标的情形，在我国也缺乏《商标法》上的法律依据。我国《民法典》第一千零二十四条规定，"任何组织或者个人不得以侮辱、诽谤等方式侵害他人的名誉

---

❶ 张占江. 论不正当竞争认定的界限 [J]. 政法论丛，2021（2）：34.
❷ 泸州老窖名誉维权，为何赢了官司输了口碑？[EB/OL].（2021-08-21）[2023-12-02]. https://new.qq.com/rain/a/20210821A07ZXO00.

权"。从新闻报道显示的部分判决书内容来看，法院认为"光脚"等于"臭"，与国窖 1573"浓香"属性相违背，并以此作为"侮辱"的理由。这样的推理值得商榷，将广告背景音乐运用于视频，正是因为国窖 1573 商标和商品品质深入人心，运用到"猫闻脚"的情景中具有强烈反差的效果，不仅没有损害国窖 1573 的商业信誉，反而凸显了其产品特质。

在互联网及自媒体时代，一些言论很容易被传播或者放大，不排除有人根据这一特点用手段故意贬损知名企业的商业信誉，但是也给一些"微创作""微表达"带来了发展和传播的空间。法院行使公权力对公民经济自由、创作自由的干预必须有正当的理由，否则就构成对基本权利的侵害。此时，模仿自由原则可以作为法官进行价值判断的重要依据。

第三节　模仿与比较广告

在比较广告中对商标进行模仿主要分为两种情况：第一是在比较广告中对竞争者的商标进行滑稽模仿；第二是在比较广告中为了说明自己产品的特性，模仿他人的商标或商品外观。竞争者对商标进行比较广告等商业性使用时，可能会使消费者误导或混淆经营者提供的商品来源或性质。这一行为在我国及其他大陆法系国家通常由成文的反不正当竞争法或民法的一般性规定予以规制，而普通法系国家则归入"仿冒"中。有学者对比了两种法系的不正当竞争概念后认为，普通法系将消费者的利益置于首位，而大陆法系国家使用宽泛的"不正当竞争"或"不公平竞争"的概念，造成在实践中更多地关注含义不明确的"诚实信用"的市场竞争行为，甚至在一些情况下通过灌输类似道德权利的内容（包括防止"盗用"的理论）扩大反不正当竞争法的适用，以显示对商标的敬畏。❶ 但是从上文的分析来看，以英美为代表的普通法系国家也并未放弃对商标商誉的过度关注，通过承认"淡化"或"仿冒"的概念赋予竞争行为"搭便车"等不道德的内涵扩展商标权人权利的保护范围。❷ 在对待不正当竞争方面，两个法系的司法实践都存有权利扩张的趋势。笔者以为，运用模仿自由原则保障商业言论自由及竞争自由，是减少分歧的可取方法。

比较广告是一种极具价值的商业言论。所谓"商业言论"，是指"经营者为了获取交易机会而提议进行商业交易的言论，主要表现为对产品或服务的任何形式的营利性或商业性广告"❸。言论自由是否包括商业言论也曾发生过争议，但目前国内外已基本形成共识，认为言论自由不仅限于政治性言论，也应包括商业言论，后者是经济自由的展现。言论自由也不因言论内容的不同而被区别对待，相对于政治言论，商业言论并不认为是"低价值言

❶ LAFRANCE M. Passing Off and Unfair Competition: Conflict and Convergence in Competition Law [J]. Michigan State Law Review, 2011 (5): 1414.

❷ 在 Diageo North America, Inc. v. Intercontinental Brands (IBC) Ltd. 一案中，英国法院对"伏特加"这一通用名称也予以保护。Diageo North America Inc and another v. Intercontinental Brands (ICB) Ltd and others, [2010] All ER (D) 360 (Jul) [2010] EWCA Civ 920.

❸ 赵娟，田雷. 论美国商业言论的宪法地位——以宪法第一修正案为中心 [J]. 法学评论，2005 (6): 105.

论”而受到较低程度的保护。❶

　　消费者获知的大部分信息是经营者提供的。借助于比较广告，消费者可以了解商品或服务的品质及其提供者、来源地等重要信息，充分的信息有助于消费者进行理性决策。在比较广告中使用商标识别竞争者在所难免。比如经营者提供与知名品牌产品功效相同的非侵权产品时，可以进行广告宣传并以商标标识该知名品牌，或者通过戏谑模仿他人商标的广告推销自己的产品。根据欧盟《关于误导和比较广告的指令》（2006/114/EC 号指令），所谓“比较广告”，是指任何明确或暗示的识别竞争对手或竞争对手提供的商品或服务的广告。❷ 因而，比较广告的真正目的是将广告主的产品与其他已知的替代品区分开，表示自己的产品同样好或者更好。成功的比较广告与戏谑模仿一样，不会造成消费者对商品或服务的来源发生混淆，否则应属于商标侵权行为。欧盟立法者在制定 2006/114/EC 号指令时，特别说明“在符合本指令规定的条件的情况下（比较广告），使用他人商标、商号或其他具有识别性的商标，并不侵犯（商标权人）这一专属权利，其目的完全是为了区分商标，以从客观上突出差异”❸。换言之，注册商标的所有者无权阻止第三方在符合条件的比较广告中使用与其商标相

---

　　❶　主要观点参见 MUNRO C R. The Value of Commercial Speech［J］. The Cambridge Law Journal，2003，62（1）：134-158；邓辉. 言论自由原则在商业领域的拓展——美国商业言论原则评述［J］. 中国人民大学学报，2004（4）：117-123；赵娟. 商业言论自由的宪法学思考［J］. 江苏行政学院学报，2009（4）：114-119；刘闻. 论商业言论自由的法律边界［J］. 江西社会科学，2016，36（8）：164-169.

　　❷　Directive 2006/114/EC of the European Parliament and of the Council of 12 December 2006 Concerning Misleading and Comparative Advertising（Codified Version），Article2. 该指令于 2006 年 12 月修订，代替了 Directive84/450/EEC、Directive 97/55/EC 和 Directive 2005/29/EC。

　　❸　Directive 2006/114/EC，recital 15.

同或类似的标志。❶ 因此，在比较广告领域对不正当竞争行为的预防规则应优先于商标保护的规则。

除了可能侵犯商标权以外，比较广告如果涉嫌内容虚假或故意贬低竞争者名誉，可能构成我国《反不正当竞争法》所规制的虚假宣传或商业诋毁。❷ 简单来说，比较广告是通过展示竞争对手的产品或服务告诉消费者，广告提供者的产品或服务可以更好，属于"他能做的，我能做得更好"；虚假宣传是针对广告主自己的不实言论，比如"所有人都认为我做得好"；商业诋毁是"他做的不好"。❸ 但要注意的是，基于广告本身传递信息的基本功能，其对夸大其词的容忍度比较高，应当允许经营者对自己的产品进行推销或积极宣传，对广告内容的要求只有真实性或至少对事实的判断没有明显的错误。相较于普通广告，比较广告的重点在于"比较"，包括比较的对象、方式和意图等方面，审查标准也更为严格。❹ 欧盟 2006/114/EC 号指令规定了比较广告中有关"比较"的 8 个合法性要件，包括：（1）不具有误导性或者不属于企业对消费者的不公平商业行为；（2）比较商品或服务是出于相同的需求或目的；（3）比较是客观的，包括对商品或服务重要的、相关的、可验证的和有代表性的特征，可以包含价格；（4）不得败坏或诋毁竞争者的商标、商号，其他具有显著性的标

---

❶ O2 Holdings Ltd v. Hutchison 3G UK Ltd, ECJ 12.06.2008 C-533/06.

❷ 《反不正当竞争法》第八条禁止虚假宣传和引人误解的宣传："经营者不得对其商品的性能、功能、质量、销售状况、用户评价、曾获荣誉等作虚假或者引人误解的商业宣传，欺骗、误导消费者。经营者不得通过组织虚假交易等方式，帮助其他经营者进行虚假或者引人误解的商业宣传。"第十一条规定了商业诋毁："经营者不得编造、传播虚假信息或者误导性信息，损害竞争对手的商业信誉、商品声誉。"

❸ LEE J G. Comparative Advertising, Commercial Disparagement and False Advertising [J]. The Trademark Reporter, 1981, 71 (6)：620.

❹ 黄武双. 不正当比较广告的法律规制 [J]. 中外法学, 2017, 29 (6)：1624.

志、商品、服务、活动或经济情况；（5）包含原产地名称的产品在任何情况下都有相同的名称；（6）不得不公平地利用竞争者的商标、商号或其他显著性标志的声誉或竞争产品的原产地名称；（7）不得以仿制品或复制品的形式展示带有他人受保护的商标或商号的商品或服务；（8）不得在交易者之间、广告商与竞争者之间造成混淆，或者对广告商和竞争者的商标、商号、其他显著性标志、商品或服务之间造成混淆。❶ 对于最后的混淆要件，欧盟《关于不公平商业行为的指令》（Directive 2005/29/EC）第六条第二款还规定，"如果商业惯例导致或可能导致普通消费者作出本来不会作出的交易决定，则该商业惯例应被视为误导，包括在商品销售过程中的比较广告，从而与竞争对手的产品、商标、商品名称或其他区别标记产生混淆"❷。

　　与欧盟的贬损标准、客观标准不同，美国法仅禁止对竞争者的虚假陈述。换言之，一些模糊的、概括性的且主观性较强的比较广告在美国也是合法的。❸ 《美国商标法》第四十三条第（c）（3）（A）款明确规定，比较广告属于驰名商标合理使用的情形。❹ 美国《侵权法重述（第二版）》第六百四十九条也表明，竞争者在进行比较广告时可以表达对自己的产品过分有利的言论，该言论享有"附条件的特权"（conditionally privileged），即使它并不诚实且善意地相信自己的产品具有优越性。❺ 只要不是对竞争对手产品的进行虚假陈述，这种"潜意识的贬损"（subliminal disparagement）不能

---

❶ Directive 2006/114/EC，Article4.

❷ Directive 2005/29/EC，Article 6（2）（a）.

❸ 杨祝顺. 欧美比较广告的商标法规制及其启示［J］. 知识产权，2016（10）：118.

❹ 15 U. S. Code § 1125（c）（3）（A）.

❺ Restatement of the Law，Torts 2d § 649.

作为可诉的理由，否则将产生严重的反竞争的效果。❶ 美国联邦贸易委员会在 1979 年发布的关于比较广告的声明中，不仅提出行业自律规范不应限制广告商使用真实的比较广告，甚至不赞成限制贬低竞争对手的真实言论。该委员会相信，比较广告在真实和非欺骗性的情况下，不仅是消费者重要信息的来源，还能够激励产品的创新和改进，降低市场价格，因而应严格限制对比较广告的审查。❷ 还有美国学者认为，相比于禁止模仿者以更低的价格提供相同的产品，禁止以相同的价格提供更优的产品不产生任何社会效益。没有理由让每个竞争者为了进入市场而必须付出与先行者相同的代价，否则模仿者会将成本转嫁给消费者，而消费者将因其选择的特权而支付溢价。❸

欧盟与美国在比较广告方面另一个显著差异在于对待仿制声明 (imitation claims) 或对比清单 (product comparison lists) 的态度截然不同。这两种类型的比较广告在香水行业比较普遍，通常会以列表形式同时展示原品牌的名称和具有相似气味的替代品名称，还包括对二者价格的比较。美国法对于这两种比较广告形式除了防止欺骗消费者、造成消费者混淆以外几乎没有限制，而由法国奢侈香水厂商推动的欧盟 2006/114/EC 号指令第四条 (g) 款则禁止仿造品在对比广告中使用被模仿产品商标，因此该条款也被称为"香水条款"（perfume clause）。❹ 该款内容被纳入

---

❶ Sims v. Mack Truck Corp. , 488 F. Supp. 592, 1980.

❷ FTC Policy Statements: Statement of Policy Regarding Comparative Advertising, 13 de Agosto de 1979.

❸ NYE S. In Defense of Truthful Comparative Advertising [J]. The Trademark Reporter, 1977, 67 (4): 354.

❹ DORNIS T W, WEIN T. Trademarks, Comparative Advertising, and Product Imitations: An Untold Story of Law and Economics [J]. Penn State Law Review, 2016, 121 (2): 423, 433.

各成员国的国家法律后引发了大量不确定的问题。比如，法国特别禁止类似"X 产品是复制品，其质量与 Y 产品相同，但价格是原产品的一半"的广告，法院也将展示与竞争对手商标相同类型或同种类的广告视为是非法。❶ 而德国的司法实践主要关注于如何区分非法的仿制声明与合法提供产品等价性信息的规定。德国联邦法院认为，比较广告必须避免明确使用"模仿""复制"和"复制品"等词汇，以免被定性为非法。❷

　　笔者认为，内容真实且不造成消费者混淆的比较广告有助于促进市场自由竞争及提升消费者福利。正如上文奴性模仿部分所论述的，仿制不受到知识产权法保护的客体并不违法（至少不违反知识产权法）。这类替代品只有与原产品在同一场景进行比较时，才能唤起消费者对二者的"心理联系"。这里的"心理联系"不是对商品来源产生"联想"或"误认"，而是因产品功能类似使消费者对所提供的商品与比对商品产生品质上的联系，消费者明确地知晓所购买的商品来源。可能有观点认为，即便消费者购买时没有发生混淆，但是在使用这类仿制品时旁观者可能会产生混淆，以为购买者购买的是知名度与价格更高的"正品"，即发生了所谓的"售后混淆"。但是学界也有不少观点反对将"混淆可能性"扩大至旁观者混淆的范围。传统混淆理论集中于仿冒商标而使消费者增加搜寻成本，可能挫伤商标权人维护产品质量的积极性，但是"售后混淆"的无限扩张可能干涉正常的商业竞争

---

❶　ROMANO C J. Comparative Advertising in the United States and in France ［J］. Northwestern Journal of International Law & Business, 2004-2005, 25（2）: 400.

❷　DORNIS T W, WEIN T. Trademarks, Comparative Advertising, and Product Imitations: An Untold Story of Law and Economics ［J］. Penn State Law Review, 2016, 121（2）: 433, footnote 47.

行为，损害消费者获得多样化商品信息和选择机会的利益。❶

还有不少反对观点认为此种属于"搭便车"或者"不劳而获"等不法行为，但"搭便车"或者"不劳而获"在具体实践中如何认定十分模糊。甚至欧盟 2006/114/EC 号指令在立法动机的阐述中也特别指出"为了使比较广告产生效果，识别出其他竞争者的商品或服务，提及竞争者是其商标或商号的所有人可能是必不可少的"❷。此处的"必要性"可以理解为，需要将广告主产品和其他产品进行有效比较的情况下，其他竞争者必须容忍对其商标或商号造成一定程度的损害。这种类似"比例原则"的规定是对其他经营者利益最小伤害的考虑，但如何把握仍需要继续探讨。无论如何，禁止比较广告的做法违背了自由竞争的理念。正如尼莫（Nimmer）教授所言，"诚实的商业信誉受损的治疗方法，就像治疗因错误言论而引起的其他罪恶一样，不是压制言论，而是回应言论"❸。即便因"搭便车"造成了商誉的损害，补救的方法不是禁止比较广告中的模仿行为，也不能通过对商业言论进行预审查来扩大反不正当竞争法的范围，以弥补知识产权保护的缺憾。消费者因比较广告享受到仿制品的更高收益（对仿制品的低估）及避免买到不满意的产品（对品牌的高估）的优势，需要与比较广告因"盗用"经营者的商标和商誉而可能导致的潜在损害一并考虑。❹ 只要不出现错误信息或者混淆，关于产品功能及竞争

---

❶ 姚鹤徽. 商标法售后混淆规则适用范围之反思与界定［J］. 东方法学，2016（2）：30.

❷ Directive 2006/114/EC, recital 14.

❸ NIMMER M B. The Right to Speak from Times to Time: First Amendment Theory Applied to Libel and Misapplied to Privacy［J］. California Law Review, 1968, 56（4）：950.

❹ DORNIS T W, WEIN T. Trademarks, Comparative Advertising, and Product Imitations: An Untold Story of Law and Economics［J］. Penn State Law Review, 2016, 121（2）：446.

对手品牌的交流是不应予以过多限制。经过上述比较，美国宽松的立法及司法政策集中体现了模仿自由原则更加关注消费者的保护而非商标权人的利益，符合比较广告的本质及市场竞争的需要。

当今世界主要国家对待比较广告的态度虽有分歧，但基本认同其在促进自由竞争、提高市场资源配置效率及提升消费者福祉方面的作用。我国虽然并未明确禁止比较广告，但实际上大大限缩了比较广告的生存空间。立法者对进入市场的广告信息实行严格的审查制度❶，最高人民法院也在"王老吉诉加多宝虚假宣传纠纷案"中强调，商业广告描述和宣传必须真实且符合客观事实。❷ 总体上看，我国《广告法》在合法广告的构成要件上接近欧盟 2006/114/EC 号指令所要求的审查条件，即要求广告的内容真实、客观准确并禁止误导消费者，造成消费者混淆。但是，这些条文规定得过于简单，法律概念含义不清，并且与我国《反不正当竞争法》规定的虚假宣传与商业诋毁构成要件有所重合。即便是真实的内容展示也可能因为贬损其他经营者而构成商业诋毁，这也为广告中的比较和模仿增加了阻却事由。此外，我国《反不正当竞争法》为包括商品名称、企业名称、装潢等未注册的商业标识提供保护，但缺乏限制性规定，这也使得比较广告较为容易通过一般条款被认定为不正当竞争行为。因此，我国《广告法》和《反不正当竞争法》有必要划清商业诋毁、虚假宣传和比较广告之间的界限，至少应允许内容真实的批评性比较广告。

司法解释曾有意释放对比较广告放宽审查的信号。2021 年 8

---

❶ 比如《广告法》规定广告不得使用"国家级""最高级""最佳"等比较用语；不得贬低其他生产经营者的商品或者服务；不得含有虚假或者引人误解的内容，不得欺骗、误导消费者；保健食品广告不得"与药品、其他保健食品进行比较"。

❷ 最高人民法院（2017）最高法民再 151 号民事判决书。

月 18 日公布的关于《最高人民法院关于适用〈中华人民共和国反不正当竞争法〉若干问题的解释（征求意见稿）》第十七条和第十八条首先承认了比较广告在不引起误解情况下的合法性，并明确了"引人误解的商业宣传"和"虚假宣传"的界限，要求法院应当结合"日常生活经验、相关公众一般注意力、发生误解的事实和被宣传对象的实际情况等因素"，对引人误解的商业宣传行为进行认定。该征求意见稿特别指出商业广告缺乏真实性或"以夸张方式"宣传不足以造成相关公众误解的，也不宜认定为虚假宣传，但是该规定并未被 2022 年 3 月 20 日颁布的正式司法解释所采纳。

第四节　逆向模仿

一、模仿自由原则与逆向模仿

逆向模仿也称逆向工程、反向工程。模仿者通过已知的产品运用逆向思维，模仿产品的研发过程，获知他人尚未公开的商业或技术秘密。通过反向模仿破解了他人的技术后，模仿者往往也会制造类似的产品与在先产品展开竞争，在一定程度上损害了在先发明人的利益。❶ 因此，逆向模仿在实践中仍有可能作为不正当竞争行为对待，也有法院为了避免自由裁量所带来的误判风险，

---

❶ 胡开忠. 反向工程的合法性及实施条件 [J]. 法学研究，2010，32（2）：72.

会选择技术保护措施的规定，从而避开对逆向模仿的适用。❶ 德国法院和学者曾一度认为对复杂产品进行逆向模仿是不公平的竞争❷，直到 2019 年 4 月德国将《欧盟商业秘密保护指令》（Directive（EU）2016/943）转化为国内法［即《德国商业秘密法》（*Gesetz zum Schutz von Geschäftsgeheimnissen*，GeschGehG）］才正式将逆向模仿合法化。❸ 我国目前尚未对商业秘密单独立法，只在《最高人民法院关于审理不正当竞争民事案件应用法律若干问题的解释（2020 修正）》第十四条承认其构成不正当竞争行为的例外。国家市场监督管理总局于 2020 年公布了《商业秘密保护规定（征求意见稿）》，其中第十九条在上述司法解释的基础上，继续规定了反向工程作为侵犯商业秘密的例外，并细化了反向工程相关规定。❹

　　商业秘密保护法与反不正当竞争法所采用的立法技术都是通过禁止不正当的竞争行为来界定模仿自由或正当模仿的范围，即通过禁止他人使用非法手段获取或披露具有商业价值的信息，使其拥有者能够保持相对的竞争优势。反之，如果没有发生非法行为，则商业秘密的公开超出了法律规制的范围，应属于模仿自由。《欧盟商业秘密保护指令》在立法说明中特别指出，"为了创新和促进竞争，本指令的规定不应创造任何技术诀窍的专有权利或将

---

❶　黄武双，李进付. 再评北京精雕诉上海奈凯计算机软件侵权案——兼论软件技术保护措施与反向工程的合理纬度［J］. 电子知识产权，2007（10）：62.

❷　OHLY A. Reverse Engineering：Unfair Competition or Catalyst for Innovation［M］// PYRMONT W P Z W U，ADELMAN M J，BRAUNEIS R，et al. Patents and Technological Progress in a Globalized World. Berlin：Springer，2009：535.

❸　Directive（EU）2016/943，Article 3. 1（b）；GeschGehG § 3（1）. 2.

❹　相比于现有司法解释的规定，该商业秘密征求意见稿增加了"接触、了解权利人或持有人技术秘密的人员通过回忆、拆解终端产品获取权利人技术秘密的行为，不构成反向工程"。

信息作为商业秘密保护。因此，独立发现相同的技术诀窍或信息应该仍然是可能的"❶。与此同时，该指令出于对言论自由的保护，特别规定了非法获取商业秘密的例外，保护了媒体的表达自由及行使知情权的权利，除非媒体通过违法或违反合同义务的方式获得了该商业秘密。❷

出于技术创新及市场竞争的需要，逆向模仿是平衡私人利益与公共利益重要的政策"杠杆"。逆向模仿在科学实践中十分普遍，逆向的模仿和分析也是科学工程领域重要的思维方法或研究手段。"反向工程本质上是利用某一技术来探寻和掌握另一技术"❸，即通过逐步模仿实现已有产品所包含的已有技术，掌握该技术并以此为基础进行模仿创新。有学者将反向形成产品的过程描述为对现有产品进行分解和拆解，通过掌握产品的参数和结构，进而获知其开发的思想原理，根据市场需求或者现有知识发现的不足，进行改进和再创新。❹ 因此，逆向模仿存在的合理性更多的在于通过逆向的学习和模仿他人技术，从"模仿创新"向"自主创新"转换。美国最高法院最早在 Kewanee Oil v. Bicron 案中称逆向模仿是"一种公平和诚实的手段"。❺ 随后 1989 年美国最高法院在著名的 Bonito Boats，Inc. v. Thunder Craft Boats，Inc. 案中将逆向模仿定义为是"创新的重要组成"。法院认为，在逆向模仿的过程中可以激发模仿者创新的好奇，即便无法产生创新型产品，

---

❶ Directive（EU）2016/943 Recital 16.

❷ Directive（EU）2016/943 Article 1.

❸ 韩兴. 专利制度危机背景下的技术秘密法律制度研究 [J]. 知识产权，2014（8）：68.

❹ 张雄林，和金生，王会良. 反向工程与技术模仿创新 [J]. 科学管理研究，2008（2）：36.

❺ Kewanee Oil Co. v. Bicron Corp.，416 U. S. 470，1974.

也会产生同类型产品。从消费者福利角度看，这会降低新产品的价格，促进市场竞争，进而激励生产者研发更多的创新产品。❶ 这一经典论述消解了对于逆向模仿违法获取技术而构成不正当竞争的指责。

技术秘密或商业秘密的所有者为了阻止他人进行逆向模仿，可以向著作权法、专利法和反不正当竞争法寻求救济，也可以通过合同限制他人模仿。《民法典》第五百零一条规定了合同缔结人的保密义务❷，该条中的"无论合同是否成立"表明这种保密义务贯穿于合同订立、履行乃至于履行完毕之后。❸ 换言之，商业秘密持有者可以在合同的所有阶段要求相对人不得泄露或者不正当使用该商业秘密。但是，逆向模仿不属于《民法典》第五百零一条规定的"泄露和不正当使用"商业秘密的情形。该条规制的对象主要是因合同行为，包括买卖合同或劳务合同等接触、了解技术秘密的人员在事后进行模仿的行为，而逆向模仿的模仿者在实施模仿前，并不知晓有关技术信息。因此，逆向模仿获得商业秘密是由于反向破解的事实行为，而不是作为相对人的合同行为。《商业秘密保护规定（征求意见稿）》第十九条特别规定将"接触、了解权利人或持有人技术秘密的人员通过回忆、拆解终端产品获取权利人技术秘密的行为"排除在逆向模仿以外。

虽然，进行逆向模仿的模仿者不属于因合同行为而知晓、获得技术秘密的人，但当事人仍然可以利用合同法对逆向模仿进行

---

❶　Bonito Boats, Inc. v. Thunder Craft Boats, Inc., 489 U. S. 141, 1989.

❷　《民法典》第五百零一条："当事人在订立合同过程中知悉的商业秘密或者其他应当保密的信息，无论合同是否成立，不得泄露或者不正当地使用；泄露、不正当地使用该商业秘密或者信息，造成对方损失的，应当承担赔偿责任。"

❸　尚连杰.《民法典》第501条（合同缔结人的保密义务）评注 [J]. 法学家，2021（2）：179.

限制。在实践中，商业秘密的持有人可以通过买卖合同或许可使用合同条款，禁止使用者（不仅是买受人）实施任何形式的逆向模仿，甚至还"要求使用者不得公开评论产品或擅自公布对产品的检测"❶。显然，这些行为与知识产权法中的权利限制制度相悖。但是各国的实践做法还是保留了当事人的意思自治对逆向模仿的限制，使用者承担了知识产权法规定以外的附加义务。《欧盟商业秘密保护指令》也特别说明，"本指令不应影响其他领域任何其他相关法律的适用，包括知识产权和合同法""合法获得的产品的逆向工程应被视为获取信息的合法手段，除非另有合同约定。但是，签订这种合同安排的自由可能受到法律的限制"❷。

对于限制逆向模仿合同条款的效力还需要辩证地进行对待。学界形成的基本共识是，过度限制逆向模仿可能会阻碍创新和竞争。立法者不仅需要保护蕴含丰富信息的产品免受具有市场破坏性的复制，使开发者收回研发成本，同时也需要为逆向模仿提供较为宽松的空间，使更多的经营者参与竞争，以健康的形式激励创新。从模仿自由原则的角度来看，合理保护创新和自由模仿是竞争性经济的命脉。模仿是创新重要的组成部分，而逆向模仿通常会使技术发生重大进步。因此，需要在对创新的法律保护和模仿自由之间取得谨慎的平衡。❸

不少经营者试图利用商业秘密的保护代替知识产权制度，但

---

❶ 美国的司法实践显示，对于经双方讨论协商并认可的合同，其中对于逆向模仿的限制条款是有效的；反之，面对不特定多数人的、未经协商的格式合同对逆向模仿的限制无效。参见阮开欣. 软件许可合同中禁止反向工程条款的效力研究——美国法律制度及其借鉴 [J]. 科技与法律，2010（6）：87-92.

❷ Directive（EU）2016/943 Recital 16，Recital 39.

❸ OHLY A. Reverse Engineering: Unfair Competition or Catalyst for Innovation [M] // PYRMONT W P Z W U, ADELMAN M J, BRAUNEIS R, et al. Patents and Technological Progress in a Globalized World. Berlin: Springer, 2009: 540.

由于模仿自由原则的确立，并不是所有的无形客体或投资都应受到保护。第一，根据首次销售原则或权利穷竭原则，进入市场的产品，只要是合法获得的，产品所有者就可以自由处分，包括通过物理或化学的方式进行拆卸、测试、组装等权利。作为个人科学兴趣爱好的逆向模仿更需要作为私人的权利予以保护。第二，知识产权法保护范围之外的功能性特征或软件中的思想内容本来就不属于知识产权法保护的对象，属于自由模仿的范围。对于一些功能性的技术秘密，即便尚未公开，但模仿者通过逆向模仿予以破解，也应属于模仿自由的领域。禁止逆向模仿等于禁止思想的传播。第三，模仿自由原则保证市场准入的自由竞争，以及竞争者进入市场后的公平竞争。为了使产品或软件兼容等情况下，逆向模仿都应是有效的。此时，违背意思自治而规定限制逆向模仿的条款将变相阻碍模仿竞争产生的社会福利，使合同法上的"相对权"扩张成为类似专利权的"绝对权"，将商业秘密变为一种事实上的"权利"。在结果上不利于竞争性市场的建立，反而可能造成制度性垄断。

二、逆向模仿与技术中立

承认和支持逆向模仿的另一种论点是有关技术中立的理论。有学者提出，由于技术具有中立性，任何一种技术都应被法律平等对待，因此利用某一技术的结果虽然对基于另一技术产生的权利构成限制，但也不应被认定为非法。[1] 韦之教授也认为，技术中

---

[1] 韩兴. 专利制度危机背景下的技术秘密法律制度研究 [J]. 知识产权，2014（8）：68.

立意味着拥有某种技术别人可以自由模仿，即允许自由竞争。❶ 在讨论技术中立理论是否可以作为逆向模仿合理性的理由时，首先需要明确技术中立的概念。"技术中立"并不是一个内容明确的词汇，即便是在法学领域下，由于运用在不同语境中，其内容及所指也有所不同。比如，法官裁判方法上的"技术中立"是指"法官在裁判时不应当进行道德判断，而应当单纯运用法律技术解决案件"。❷ 而在立法层面上的"技术中立"指与技术相关的法律是中立的，不仅可以应用于所有的、将来可能出现的相关技术，并且需要克服任何的技术偏见。❸ 而在知识产权法领域，特别是著作权法领域的"技术中立"通常是指由美国最高法院在 Sony v. Universal City Studios 案中确立的一种抗辩理由。在这里的"技术中立"的实质内容是指技术开发者或提供者无法预估和控制技术的使用方式，而不能因为该技术成为侵权工具而要求技术提供者承担侵权责任。❹ 与此同时，对于"技术中立"概念本身的争议也未曾停止。有学者认为，"技术中立并不包含价值中立的含义，否则阻断了技术价值和法律价值之间的碰撞和互动"❺；也有学者认为，"技术中立"是一个伪概念，"技术不只是一种手段或工具体系，它不是中性的而是负载着价值"，"技术正义"的概念取代了

---

❶ 冯晓青. 中国政法大学知识产权法新兴学科建设规划项目——2022 第 21 期知识产权法午后茶会简报 [EB/OL]. (2022-02-12) [2022-02-23]. https://mp.weixin.qq.com/s/uZIpATdbS5m1vHKRu4GV1g.

❷ 王琳. 道德立场与法律技术关系的法哲学分析——"技术中立说"与"技术修饰说"之批判与重构 [J]. 交大法学, 2017 (2): 92.

❸ BIRNHACK M. Reverse Engineering Informational Privacy Law [J]. Yale Journal of Law and Technology, 2012, 15 (1): 27.

❹ 张今. 版权法上"技术中立"的反思与评析 [J]. 知识产权, 2008 (1): 73.

❺ 郑玉双. 破解技术中立难题——法律与科技之关系的法理学再思 [J]. 华东政法大学学报, 2018, 21 (1): 97.

"技术中立"。❶

笔者以为，在本节讨论的"技术中立"，比较有效的概念界定应该是：立法者对所有的技术应该一视同仁，不应对某种技术怀有偏见。学界对作为知识产权侵权抗辩的"技术中立"问题已有不少著述，基本是在区分技术功能和技术使用的基础之上，主张技术的功能中立。换言之，只要一项技术根据其自身的原理和程序，在没有任何外力干预或篡改（使用者有过错）的情形下，正常运行且发挥其功能，就可以技术（功能）中立而主张免除侵权责任。但引起笔者怀疑的是，技术的功能和技术的使用是否能够完全独立？技术的使用内嵌技术的功能，功能的发挥也有赖于技术的运用。即便是在用户生成内容的互联网平台，技术的开发者也完全可以控制技术运用的范围和功能。在"全国首例算法推荐案"中，北京市海淀区法院认为，"即使通过算法推荐识别短视频具体内容不具有技术可行性，但对于允许哪些短视频进入被算法推荐的范围、如何设置和优化算法推荐的具体应用方式，以及如何将已经进入推荐范围的侵权短视频纳入复审环节以避免其被大范围、长时间的传播等方面，字节公司仍可以通过在其服务和运营的相应环节中施以必要的注意、采取必要的措施加以完善"❷。因此，法律关注的应该是技术的使用而不是技术的功能。假使技术造成了负面的社会效果，也是技术的"使用行为"破坏了一定的社会秩序或损害了他人的合法权益，此时再以技术"功能中立"作为抗辩理由未免牵强。学界普遍认为美国最高法院在 Sony v. Universal City Studios 案中确立了"技术中立"原则，但该案法官恰好说明了涉案的技术功能是用于合法用途才免除侵权责

---

❶ 李华荣. 技术正义论 [J]. 华北工学院学报（社科版），2002（4）：18.
❷ 北京市海淀区人民法院（2018）京 0108 民初 49421 号民事判决书。

任。此时已经脱离了技术功能中立的范畴，进入技术使用或目的中立的判断路径。推而言之，此时的技术（功能）中立不过是为法官论证使用目的合法的一个价值判断工具。基于知识产权法普遍对"技术中立"的认识，还有学者提出"反向工程应当被界定为一种中立的使用作品的方式，应当管制对反向工程结果的不正当使用，而不是限制反向工程行为本身"❶。该观点将逆向模仿视为使用技术中立的行为，而不需要受到法律的限制。然而，根据上述技术"功能中立"和技术"使用行为中立"的区分，以"反向工程""使用行为"中立为论证其正当性值得商榷。逆向模仿在某领域的使用一定带有某种价值属性和功用，无法割裂技术本身功能与技术使用之间的关系。监管者可以就技术使用行为属于"非实质侵权用途"的情况下，通过论证"技术（功能）中立"和"技术创新"的关系，从更深层次的价值取向进行衡量。因此，法律评价的从来不是技术功能，而是使用技术的行为。一旦进入法律视野评价技术的使用效果即评价技术对法律关系的影响，很难不带有价值色彩。

笔者以为，对于"技术中立"问题，应该关注的是立法者或司法者如何不偏不倚地管理技术，对所有的技术应平等对待，包括对逆向模仿的技术也不应存有预设的偏见。还有学者进一步提出，对于限制逆向模仿效力的认定还需要结合产业发展模式。美国学者萨缪尔森·帕梅拉（Samuelson Pamela）和苏珊娜·斯科奇默（Suzanne Scotchmer）从经济学角度分析认为，技术在不同领域表现出高度多样化的特征，行业创新方式存在深刻的结构性差异。至少在传统制造领域和软件工程领域，逆向模仿完全不会威

---

❶ 曹伟. 软件反向工程：合理利用与结果管制 [J]. 知识产权，2011（4）：20.

胁到创新或制造商，因为制造商可以通过率先占领市场的时间差
获得收益。并且由于逆向模仿的成本较高，当制造商将许可合同
作为防止竞争的策略时，制造商完全可以通过许可费用收回其研
发成本，同时限制市场竞争，以防止其他潜在的市场经营者。而
在半导体芯片行业，由于芯片复制简单，为了保证芯片开发者收
回研发成本，对该领域的逆向模仿进行限制具有经济学上的合理
性。❶ 对于计算机软件，模仿者进行逆向模仿的主要目的是获得编
写兼容程序所需要的信息，实现相互的操作性。基于此我国也有
学者提出，对于计算机软件许可合同中禁止逆向模仿的条款，其
合法性仅限于"防止掌握关键设施的主体阻碍后来者进入该市场
的自由"❷。在一个理想的世界里，法律制度很可能是量身定制
的，以便为每个不同的行业提供最佳激励，单一的技术制度可能
不是鼓励创新的最佳方式。

　　虽然这一结论可能会帮助论证逆向模仿的正当性，但是针对
特定行业不同的技术需求制定不同的法律法规可能会产生负面效
应，同时也可能违背"对所有的技术应平等对待"的观点。伯克
（Burk）教授和莱姆利教授列出了如果法律试图为每个新技术领域
制定不同的专利法规，可能会产生一些潜在的负面因素，包括：
（1）难以制定详细的法律法规来正确规制每个行业的专利规则；
（2）为每个行业重新制定专利规则会涉及大量的行政成本，为特
定行业技术立法的历史表明，虽然起草时考虑了当前的技术，但
不够笼统无法适应不可避免的技术变化，反而增加了不确定性；
（3）在等待对立法者新法规的解释时，相关从业者缺乏确定性，

---

❶ PAMELA S, SCOTCHMER S. The Law and Economics of Reverse Engineering
[J]. The Yale Law Journal, 2002, 111 (7)：1579-1581.

❷ 熊琦. 软件著作权许可合同的合法性研究 [J]. 法商研究, 2011, 28 (6)：30.

无法作出商业选择；（4）适得其反地增加特殊利益群体游说的风险。❶

　　不论是否应针对不同行业制定不同的技术规则，立法者和司法者至少应当秉持最大限度激发创新的初心，结合竞争秩序利益平等对待各个行业不同的技术需求。如果立法者或法官表现出了对某种技术的偏爱，可能会使采用其他技术方法实现相同功能的技术受到冷遇，打击开发者为市场提供更优质、功能更全面的产品的积极性。因为即使产生了更先进的技术手段，为了减少成本及风险等因素，经营者更愿意采用获得广泛认可和使用的技术。❷当然，市场竞争能够通过自身的调节机制解决类似问题，但是法律不应设置过多的障碍阻止模仿，仅在必要的时候提供反垄断的支持即可。可见，采取技术中立的立法或监管方式可以在一定程度上促进技术的创新。我国立法和司法实践对于技术的态度应采取较为宽松的方式，鼓励通过模仿手段改进既有技术，仅对技术的使用行为作出评价，推动技术创新。对于逆向模仿行为也不应先入为主地认为会对技术的开发者造成不正当的损害。即使是新技术的开发者也不能完全摆脱对逆向模仿技术的运用，不应有偏差地对待新技术与模仿的技术。市场竞争中自由模仿是原则，只有存在特殊情况时才对模仿技术的行为进行规制。

　　❶ BURK D L, LEMLEY M A. Policy Levers in Patent Law [J]. Virginia Law Review, 2003, 89 (7): 1634-1637.
　　❷ BIRNHACK M. Reverse Engineering Informational Privacy Law [J]. Yale Journal of Law and Technology, 2012, 15 (1): 43-44.

本章小结

虽然有关模仿自由原则的立法和司法实践主要集中于反不正当竞争法领域，但如果从知识产权法和反不正当竞争法交叉规制的模仿行为来观察模仿自由原则的司法适用，便会发现在司法实务中也并不能清晰地将知识产权法和反不正当竞争法规制的对象完全予以界定。模仿自由原则主要用于判断模仿行为是否正当，不仅包括知识产权法和反不正当竞争法选择适用的模糊领域，在知识产权法律制度内部、私人权利与宪法所规定的基本权利之间的取舍都有可以解释的空间。本章试图通过对司法实践中出现的主要模仿行为进行分类探讨。这种简单的类型化罗列方法必然存有重复和不周延性，比如奴性模仿、商标的戏谑模仿及比较广告中的模仿行为都属于一般意义上的"搭便车"的情形（下文还会专门针对这类"搭便车"行为的价值判断问题进行论证），但这些模仿行为在模仿自由原则的适用范围上确实存在论证思路与方法上的区别。

奴性模仿主要发生在专有权利之外商业外观领域，是模仿自由原则在"原则—例外"含义下较为典型的模仿行为。对于奴性模仿，应采取较为中立的态度，反不正当竞争法也不宜笼统地禁止一切奴性模仿的行为。当知识产权法和反不正当竞争法都不能对产品的特征或样式提供保护时，就应当落入模仿自由的领域，没有必要提供额外的保护。❶ 只有在少数情况下，奴性模仿不视为不正当竞争，这一抗辩的理由至少需要考虑消费者混淆、模仿外观的功能性特征及模仿的主观要素等。

戏谑模仿中的模仿自由原则更多的是从基本权利的角度，维护表达自由或商业言论自由。戏谑模仿并不完全是要"搭便车"，也可能在文学艺术的创作上、商业文化上丰富了表达的多样性，而削减表达的方式或抑制表达就是对言论自由的践踏。判断戏谑模仿的方法应是首先推定不构成知识产权侵权，然后根据个案的判断是否存在例外情形。因此，对于作品的戏谑模仿，不应将其认为属于著作权的权利限制，而是属于自由模仿，不侵犯著作权。

对于商标的戏谑模仿和比较广告中的模仿他人商标行为，模仿者确实是在商业活动中实际使用了他人的商标，但若能够避免消费者对商品或服务的来源产生混淆，则不构成商标侵权。商标的戏谑模仿首先需要判断是否构成商标性使用，如果构成还需要继续考察模仿是否构成竞争性表达。此时，原告不仅需要证明戏谑模仿产生了混淆的可能性，还需要证明商标戏谑模仿会对被模仿产品产生竞争效果，那么，这样的模仿很有可能会被禁止。而比较广告中的商标模仿与商标的戏谑模仿不同之处在于，模仿者使用商标的行为就是商标性使用，并且通过比较广告已经产生了一定的竞争效果。此时，如果商标使用包含准确的商业信息而不是误导性或没有宪法价值的虚假事实陈述，法院不应将其归类为误导性言论，从而保护商业和非商业性表达的自由流动。内容真实且不造成消费者混淆的比较广告具有帮助消费者进行理性决策、促进市场自由竞争及提升消费者福利等基本作用。基于模仿自由

---

❶ 李明德. 关于反不正当竞争法的几点思考 [J]. 知识产权，2015（10）：37.

原则，比较广告中的模仿优先于权利人的商标权保护，而不是像奴性模仿先判断是否受专有权利保护，然后再考虑权利范围之外的适用。

逆向模仿已经被大多数国家立法所承认，该内容正是模仿自由原则的制度性体现，是模仿自由原则在"原则—规则"含义上的典型行为。在逆向模仿的过程中，可以激发模仿者创新的好奇，即使无法产生创新型产品，也会产生同类型产品。从消费者福利角度看，这会降低新产品的价格，促进市场竞争，进而激励生产者研发更多的创新产品。即便通过合同条款限制逆向模仿也需要符合意思自治的"商谈性"要件，不能通过"格式合同"变相阻碍模仿竞争产生的社会福利，使合同法上的"相对权"扩张成为类似专利权的"绝对权"，将商业秘密变为一种事实上的"权利"。另外，有关技术中立支持逆向模仿的理论通常被忽略，原因是技术中立的概念在不同的法学语境中也有不同含义。笔者认为，如果与技术相关的法律是中立的，不应有偏差地对待在先技术与模仿技术，对于逆向模仿行为也不应先入为主地认为会对技术的开发者造成不正当的损害。采取技术中立的立法或监管方式，不仅可以应用于所有的、将来可能出现的相关技术，并且能够克服技术偏见，在一定程度上为逆向模仿的正当性提供支撑。

第五章

模仿自由原则在实践中的问题与出路

模仿是市场竞争的生命之血。

——［美］凯文·麦卡锡

第一节 我国司法实践中模仿自由原则的适用与困境

一、适用模仿自由原则的案例样本

我国法院有关不正当竞争纠纷的判决大部分缺乏不正当竞争行为破坏竞争导致负面影响的论证。法官通常陈述案件事实后便推断出该行为违背诚实信用或商业道德，较少从不正当竞争行为的构成要件予以推敲，对模仿自由的表达也就更为隐晦。可喜的是，自 2008 年最高人民法院在"费列罗公司诉

蒙特莎不正当竞争纠纷案"❶ 中隐晦地表达了对模仿自由的立场，
各级法院在方法论上开始采用模仿自由原则论证被诉行为对竞争
秩序的影响。

　　笔者以"模仿自由"及"模仿自由原则"在北大法宝案例数
据库进行同义词模糊检索，以"知识产权与不正当竞争纠纷"为
案由的有 379 篇。❷ 通过进一步筛选，在判决书"本院认为"的
说理部分直接运用"模仿自由"或"模仿自由原则"进行论述的
有效案例 15 篇（见表 5-1）；间接表达模仿自由或竞争自由相关
理论用于隐性论证的有效案例 10 篇（见表 5-2）。下文将选取部
分判决书作为样本进行实证分析，就法院对"模仿自由"及"模
仿自由原则"的基本态度及表达进行总结与梳理。

表 5-1　法院直接运用"模仿自由"内容

序号	案号	主要表述	判决结果
1	北京市海淀区人民法院（2016）京 0108 民初 35369 号	（1）法律鼓励自由竞争意味着允许模仿自由，可自由模仿的内容显然包括向公众提供相同功能的软件，而为了实现相同的功能，设计对应的操作步骤是模仿的必要范畴。 （2）为了实现功能性要求，以及无法达到区分商品或服务来源作用的界面设计属于可自由模仿的界面设计，经营者无权禁止他人使用	驳回原告诉讼请求，被告不构成不正当竞争

---

❶　该案历经三审：天津市第二中级人民法院（2003）二中民三初字第 63 号民事判决书、天津市高级人民法院（2005）津高民三终字第 36 号民事判决书、最高人民法院（2006）民三提字第 3 号民事判决书。该案在 2015 年也被选作最高人民法院指导性案例。

❷　检索时间 2024 年 5 月 20 日。

续表

序号	案号	主要表述	判决结果
2	湖南省高级人民法院（2019）湘知民终691号	不正当地利用他人的劳动成果，省却自身投入成本，提升自身竞争优势，超出了模仿自由和竞争自由的界限，违反了诚实信用原则和商业道德，损害了公平自由竞争的市场秩序	维持原判，被告构成不正当竞争
3	①上海知识产权法院（2017）沪73民终278号②上海市普陀区人民法院（2020）沪0107民初3624号	对于市场竞争秩序而言，公平的市场竞争允许一定程度的模仿自由，但被告省却自身劳动，不正当地利用他人的劳动成果攫取竞争优势并以此参与市场竞争活动的行为明显有违公认的商业道德，超出了模仿自由的界限，损害了竞争秩序，若允许其广泛存在，必将损害行业的健康发展，不利于公平的市场竞争	被告构成不正当竞争①
4	上海知识产权法院（2016）沪73民终242号	当某一劳动成果不属于法定权利时，对于未经许可使用或利用他人劳动成果的行为，不能当然地认定为构成反不正当竞争法意义上的"搭便车"和"不劳而获"，这是因为"模仿自由"及使用或利用不受法定权利保护的信息是基本的公共政策，也是一切技术和商业模式创新的基础，否则将在事实上设定了一个"劳动成果权"	维持原判，被告构成不正当竞争
5	北京市海淀区人民法院（2017）京0108民初43926号	在商标混淆可能性的判断上，模仿自由和保护商业成果是商标法需要妥善平衡的重要价值，但是需要明确的是恶意模仿他人知识产权成果的行为极大地损害了知识产权人的合法权益，不利于商标权人产品质量和良好商誉的维持	被告侵害了原告涉案注册商标专用权

续表

序号	案号	主要表述	判决结果
6	常州市天宁区人民法院（2012）天知民初字第1号	在市场经济环境下，利用和借鉴他人的市场成果是文化和经济发展的基石。模仿自由原则是自由市场原则的典范	被告不侵犯著作权
7	①北京知识产权法院（2016）京73民终85号②浙江省杭州市余杭区人民法院（2017）浙0110民初13064号	（1）反不正当竞争法旨在鼓励自由竞争，而模仿自由是竞争自由的重要内容。竞争过程本质上是一种模仿过程，是对他人已取得的成果包括产品或思想（创意）的利用。（2）模仿自由是推动文化和经济创新发展的重要基石，但一概地放任模仿反而会阻碍文化和经济的创新发展。知识产权法通过赋予特定主体对特定法律利益享有垄断权，排除他人在该利益上的竞争和模仿。反不正当竞争法没有为经营者创设一种独占的权利，而是从禁止和救济的消极角度保护相关法益。（3）竞争对手争夺商业机会是竞争的常态，也是市场竞争所鼓励和提倡的。只有不遵守诚实信用原则，违反公认的商业道德，通过不正当手段攫取他人可以合理预期获得的商业机会，才为反不正当竞争法所禁止	①维持原判，被告不构成不正当竞争。②被告不构成不正当竞争

序号	案号	主要表述	判决结果
8	湖北省武汉市中级人民法院（2020）鄂01民终636号	（1）市场模仿行为是否构成不正当竞争行为，以该市场行为具有"不正当性"为前提条件，并以存在市场损害或损害的可能性作为判断标准。应当区分模仿自由和不正当竞争之间的界限，必须将影响市场竞争秩序作为认定其行为具有不正当竞争的不可缺少的因素。（2）在适用《反不正当竞争法》第二条对市场经营行为进行规制时，需从竞争法的本质属性上予以考虑。反不正当竞争法作为维护市场竞争秩序的法律，强调的是竞争自由和市场效率，通过维护竞争公平最终实现维护竞争自由。在市场竞争中，自由是原则，适用反不正当竞争法对市场行为进行干预是例外	二审改判，认为原审被告不构成不正当竞争
9	广州互联网法院（2019）粤0192民初38509号	知识产权法和反不正当竞争法的基本政策是，自由竞争、模仿自由和公有领域是原则，纳入著作权等专有权及反不正当竞争保护的属于例外，专有权及反不正当竞争设定的具体条件构成了其保护权益的边界。在专有权利控制范围外的行为原则上应纳入公有领域，不应再针对同一行为进行重复判断。在专有权利之外通过反不正当竞争补充保护必须有不足以正常保护的其他因素与依据	被告不构成不正当竞争

续表

序号	案号	主要表述	判决结果
10	杭州铁路运输法院（2022）浙8601民初697号	自由竞争的市场环境下应当允许市场主体相互模仿专有权控制范围以外的创意，但模仿自由应控制在合理范围之内，不得损害原创者合法利益。是否构成不正当竞争主要取决于行为人的竞争手段是否符合竞争标准或准则，即获取竞争成果的竞争手段是否正当，禁止不正当地投机取巧、搭便车或不劳而获	被告构成不正当竞争
11	①山东省青岛市市南区人民法院（2022）鲁0202民初3141号②广东省广州市黄埔区人民法院（2021）粤0112民初30408号	对于市场竞争秩序而言，虽然公平的市场竞争允许一定程度的模仿自由，但本案是高度抄袭行为，将原告设计的网站进行复制后增加修改即作为自己的原创案例，这种省却自身劳动，不正当地利用他人的劳动成果攫取竞争优势并以此参与市场竞争活动的行为明显有违公认的商业道德，超出了模仿自由的界限，损害了竞争秩序，构成不正当竞争，若允许其广泛存在，必将损害网页设计行业的健康发展，不利于公平的市场竞争	被告构成不正当竞争
12	浙江省杭州市余杭区（市）人民法院（2020）浙0110民初19760号	《反不正当竞争法》第六条得以适用的前提有二：第一，诉请保护的商业标志具有独立的识别商品或服务来源的功能；第二，被控侵权标识突破模仿自由的限度，与权利标识之间存在混淆性近似，存在竞争性损害。被告并未举证证明变更后的App名称或图标装潢属于服务实用功能所必需或同类App的通用、惯常设计，也未作出合理说明。故其该项行为缺乏正当性，且已突破模仿自由的限度	被告构成不正当竞争

注：① 一审法院认为，权利网页结构要素来源于公有领域，不能体现出独创性，不能为原告带来竞争优势，一般条款的适用需谨慎，被告不构成不正当竞争。

理、法理及通行学术观点等论据论证裁判理由。❶ 模仿自由原则作为未阐明的立法原则属于事理或法理的范畴，可以辅助法官进行价值判断，并在说理过程中提高裁判结论的正当性和可接受性。笔者并未妄图让模仿自由取代竞争自由或公有领域的概念，但从上文对模仿自由及其原则的证成分析可以得出一个基本结论，即模仿自由原则完全可以成为提供给司法实践工作者进行价值判断的一个可选择的工具，为裁判说理论证及规范的适用提供理由来源。❷

　　法官在面对新技术或新商业模式需要现有法律保护的情况下，往往缺乏直接适用的规则，只能转向原则性条款、一般条款或不确定的法律概念。在此过程中，不免需要在相互冲突的价值之间作出判断与取舍，即"法官根据价值判断进行司法推理，或者在法律价值的指导下进行司法推理，也指在司法推理中对价值进行判断。"❸ 法官进行自由裁量时最常用的是价值判断的方法，即价值补充方法。价值补充方法介于狭义的法律解释和漏洞补充之间，是对不确定法律概念、概括条款等进行法律解释的经典和专属做法。❹ 我国法院在法律明确禁止模仿与允许模仿之间的尚未被法律

---

❶ 《最高人民法院关于加强和规范裁判文书释法说理的指导意见》（法发〔2018〕10号）第十三项："除依据法律法规、司法解释的规定外，法官可以运用下列论据论证裁判理由，以提高裁判结论的正当性和可接受性：最高人民法院发布的指导性案例；最高人民法院发布的非司法解释类审判业务规范性文件；公理、情理、经验法则、交易惯例、民间规约、职业伦理；立法说明等立法材料；采取历史、体系、比较等法律解释方法时使用的材料；法理及通行学术观点；与法律、司法解释等规范性法律文件不相冲突的其他论据。"

❷ 有关法律学说在司法实践中的运用问题，可以参见彭中礼. 论法律学说的司法运用 [J]. 中国社会科学，2020 (4)：90-113，206.

❸ 张骐. 司法推理价值判断的观念与体制分析 [J]. 浙江社会科学，2021 (2)：32.

❹ 尹建国. 行政法中不确定法律概念的价值补充——以对"社会效果"的考量和运用为中心 [J]. 法学杂志，2010，31 (11)：135.

评价的"灰色地带"，主要适用《反不正当竞争法》的"一般条款"及各知识产权单行法中的概念和"兜底条款"进行说理。由于"一般条款"和"兜底条款"中包含的"商业道德""其他作品"及类似"混淆""独创性""显著性"等概念本身就具有较大的不确定性，很难根据法教义学三段论式的涵摄方法得到特定的结论。对这些概念或概括性条款的实际运用需要法官根据个案事实，通过价值补充的方法予以具体化，使其法律功能得以充分发挥。法官进行价值补充时，"应参酌社会上可探知、认识的客观伦理秩序及公平正义原则，以期能适应社会经济发展，以及道德价值观念的变迁"❶。模仿自由原则作为知识产权法和反不正当竞争法的法律原则之一，也可以与客观伦理秩序和其他一般法律思想，共同构成法官进行价值衡量的重要考量要素。

在判断一个市场竞争行为是否正当的情况下，反不正当竞争法的逻辑是符合法律规定的否定性评价标准的，即具有不正当性。❷因此，一般条款中的"不诚实""违背商业道德"就是对不正当竞争行为的价值评价标准。但是相较于这些较为主观的价值标准，模仿自由作为市场竞争行为本身的特性，也具有一定的客观性，并不完全依赖法官的道德喜恶。模仿自由原则来源于普遍的社会正义观，在对待反不正当竞争问题的价值判断上，需要将竞争行为本身自有的竞争自由的特点纳入考量范畴，并慎重考虑"搭便车""盗用""挪用""不劳而获""食人而肥"等非法律构成要件作为判断不正当竞争行为的规则和标准予以适用的情形。

---

❶　王泽鉴.民法思维：请求权基础理论体系 [M].北京：北京大学出版社，2019：194.

❷　王艳芳.反不正当竞争法中竞争关系的解构与重塑 [J].政法论丛，2021（2）：22.

同时，模仿自由原则的建立需要重新考虑知识产权法与反不正当竞争法的关系，重新审视公有领域的范围。司法机关应在司法裁判中树立模仿自由是原则，知识产权法和反不正当竞争法是模仿自由原则的具体化，知识产权的私权保护和不正当竞争行为的认定是例外的价值理念。

第二节　基于模仿自由原则审视反不正当竞争法的司法适用

一、反不正当竞争法与商标法的选择适用

相较于著作权法和专利法，反不正当竞争法和商标法在保护商业标识方面存在一定的重合。但是我国学术界对商标法和反不正当竞争法关系的观点并不一致，甚至对二者的观点同知识产权法与反不正当竞争法关系的观点也不相同。总体上有"冰山说"❶或"附加保护说"❷，还有学者总结为功能独立说、互相涵盖说等❸。而具体到反不正当竞争法与商标法的关系上，有学者认为二者是并列关系❹，是特别法与普通法的关系❺。还有学者并不直接

---

❶　邵建东. 竞争法教程 [M]. 北京：知识产权出版社，2004：23.

❷　郑成思. 反不正当竞争——知识产权的附加保护 [J]. 知识产权，2003 (5)：3-6.

❸　吴汉东. 知识产权法 [M]. 5 版. 北京：法律出版社，2014：364.

❹　刘丽娟. 确立反假冒为商标保护的第二支柱——《反不正当竞争法》第 6 条之目的解析 [J]. 知识产权，2018 (2)：58.

❺　韦之. 论不正当竞争法与知识产权法的关系 [J]. 北京大学学报（哲学社会科学版），1999 (6)：29.

回答二者的关系问题，提出反不正当竞争法的商业标识保护制度仅是商标保护法律制度的一部分❶；只有在可能出现竞争时，"作为反不正当竞争法一个部分的商标法才有其法律地位"❷。

上述观点互相矛盾的主要原因是研究者通常不明确区分商标法和反不正当竞争法的出发点是调整对象上的关系、立法价值的关系还是规范选择适用的关系。如果不统一划分依据，那么在我国《民法典》已确认商标作为知识产权的客体前提下，可能会导致学界提出的"商标法和反不正当竞争法的关系论"不能适配于"知识产权法和反不正当竞争法的关系论"。假设两个圆的范围分别是知识产权法（包括商标法）和反不正当竞争法调整的对象，只有在：第一，知识产权法和反不正当竞争法的关系是互相独立的；第二，反不正当竞争法完全包含知识产权法的关系时，才可以推导出与其一致的反不正当竞争法与商标法的逻辑关系。如果前提是知识产权法包含反不正当竞争法或二者为交叉关系，则在逻辑上是无法推导出商标法包括反不正当竞争法或二者相互交叉的。当然，仅以此否定知识产权法包括反不正当竞争法及二者是交叉关系的论点仍然缺乏足够的依据。

从调整对象来看，反不正当竞争法属于知识产权法的观点明显是受到国际公约的影响❸，如《巴黎公约》第十条之二规定成员国有义务对该国国民保证给予制止不正当竞争的有效保护，其

---

❶ 王太平，袁振宗. 反不正当竞争法的商业标识保护制度之评析 [J]. 知识产权，2018（5）：3.

❷ 米勒，戴维斯. 知识财产概要 [M]. 周林，刘清格，译. 北京：知识产权出版社，2017：91.

❸ 李明德. 关于《反不正当竞争法》修订的几个问题 [J]. 知识产权，2017（6）：13.

中第（三）项为禁止对商业标识的不正当使用行为❶。这种不正当使用造成的混淆也是最为典型的一种商业标识不正当竞争行为。笔者赞同郑成思先生的观点，他认为国际公约作为"示范法条"没有打算用知识产权保护的内容覆盖反不正当竞争法的全部，放在什么法里并不重要，反不正当竞争法有一小部分条款去补知识产权单行法之"漏"就足够了❷。大部分国际公约只是规定能被大多数国家接受的"共识"条款，其合理性需要结合各国国内法理和立法传统进一步探讨。

从商标法和反不正当竞争法之间的历史渊源上看，大部分观点认为，商标法是从反不正当竞争法中独立的一部分。由于商业活动中最初的和主要的不正当行为都发生在商标领域，在一些国家的传统理论中，商标并不一开始就作为知识产权法规制的对象存在，而是反不正当竞争法的调整对象，或者适用民法侵权责任制止的行为。例如，德国 1874 年的《货物标志法》就是为了规制商标领域的不正当行为而制定的，直到 1995 年《商标法》生效实施，才转而由商标法保护地理来源标志、著名商标与商业名称及作品标题。❸

英美法系的商标法和反不正当竞争实践起源于普通法系的反仿冒制度。早期的"仿冒"就是商标的仿冒，早期的商标也是由反不正当竞争法予以保护。❹"仿冒"是指未注册商标持有人提出的一种不正当竞争索赔，旨在阻止他人复制商标、包装或装潢

---

❶ WIPO. Paris Convention for the Protection of Industrial Property ［EB/OL］. ［2019-01-17］. https://www. wipo. int/treaties/en/ip/paris/index. html. 在原始的 1883 年版本并没有关于禁止不正当竞争的规定，时至 1900 年布鲁塞尔修订版本才增加该条款.

❷ 郑成思. 知识产权论［M］. 3 版. 北京：法律出版社，2003：265-267.

❸ 范长军. 德国反不正当竞争法研究［M］. 北京：法律出版社，2010：39.

❹ 李明德. 美国知识产权法［M］. 2 版. 北京：法律出版社，2014：630.

（包括品牌名称、商品说明、标签或包装的特征），通过禁止被告的失实陈述行为以保护商业信誉。❶ 这种保护将阻止一个次生产者冒用一个优生产者的商誉进行商业活动。当然也有学者考证，商标法的产生实际早于不正当竞争法，后来随着不正当竞争概念被英美法院判例认可，保护范围逐渐扩张到包括假冒、仿冒商品在内的所有损害其他经营者的行为，而商标法也就成了更广义不正当竞争法的一部分。❷

从法律演变的传统上，以上这些国家的商标法与反不正当竞争法的产生具有同源性。然而，我国法律制度的沿革过程缺乏这样的历史传统。1983 年实施的第一部《商标法》确定了我国注册取得商标权的单一制模式，十年后才出台了《反不正当竞争法》，对未注册商标提供较为完善的保护。虽然从广义的商业标识保护角度看，二者都以商誉保护作为基础调整对象，但从立法体例来看，包括商标法在内的各个知识产权法与反不正当竞争法是各自独立的部门法。从这个角度来讲，二者不能互相融为一体，甚至"相互涵盖"这一表述也有问题。就成文法的位阶效力来看，可以是上下位法的关系，也可以是同位阶的关系。包含关系一般是指某一概念的外延完全同于另一概念的外延，而反不正当竞争法实质上却保护了那些不受特别法保护的客体❸，二者的外延无法完全重合。

---

❶ Passing Off: The Jif Lemon Case (Reckitt & Colman Ltd v. Borden Inc) [EB/OL]. (2015-02-27) [2021-11-20]. https://www.tannerdewitt.com/passing-off-the-jif-lemon-case-reckitt-colman-ltd-v-borden-inc/.

❷ 杜颖. 社会进步与商标观念：商标法律制度的过去、现在和未来 [M]. 北京：北京大学出版社，2012：251.

❸ 韦之. 论不正当竞争法与知识产权法的关系 [J]. 北京大学学报（哲学社会科学版），1999（6）：31.

商标法和反不正当竞争法因共同保护商业标识而关系密切，各国制度的分工不同。英美法国家起源于"仿冒"的侵权之诉，并不因商标是否注册而区分法律的适用，只要商业标识包括产品名称、特有包装或商号等，能够识别商品来源，都可以作为商标予以保护。❶ 在 Two Pesos，Inc. v. Taco Cabana 案中，美国最高法院认为，侵犯未注册的商业外观不亚于商标侵权，"符合商标法的立法目的就是确保商标所有者获得其经营活动的商誉，并保护消费者将其与其他竞争者区分开来的能力"❷。但是，在反不正当竞争单独立法的国家，司法实践中往往强调二者的差异，否则可能出现利用设权规则保护竞争利益的情形。德国学者安妮特·库尔（Annette Kur）教授指出，德国联邦最高法院根据实践发展出了"商标法规范优先"规则（除非在特殊情况下，如比较广告中的模仿），但同时强调知识产权法和反不正当竞争法系统性差异和独立性。对于同一行为，知识产权法和反不正当竞争法律制度都在各自体系中进行术语解释和适用，其中一种制度的评价不会直接影响另一种制度的法律分析。❸

我国属于较为明确的"注册商标—未注册商标"的二元保护模式，反不正当竞争法主要保护未注册商标。对于二者的区别，国内学界已经基本形成共识的是：商标法是财产权法，不正当竞争法是行为法。❹ 我国《商标法》确立的商标专用权，赋予权利

---

❶ 李士林. 商业标识的反不正当竞争法规整——兼评《反不正当竞争法》第6条 [J]. 法律科学（西北政法大学学报），2019，37（6）：169.

❷ Two Pesos，Inc. v. Taco Cabana，Inc. 505 U. S. 763，1992.

❸ KUR A. （No）Freedom to Copy? Protection of Technical Features under Unfair Competition Law [M] //PYRMONT W P Z W U，ADELMAN M J，BRAUNEIS R，et al. Patents and Technological Progress in a Globalized World. Berlin：Springer，2009：535.

❹ 韦之. 论不正当竞争法与知识产权法的关系 [J]. 北京大学学报（哲学社会科学版），1999（6）：25-33.

人独占商标所产生的商业利益，禁止他人对注册商标的不公平利用。这样的设权保护模式通过登记注册确认权利，权利的界限清晰，也使权利转让具有可操作性。而反不正当竞争法对标识的保护，是从规范经营者行为的角度，依照遵循诚实信用及商业道德的标准来评价竞争者的行为，规范市场主体利用标识的行为。反不正当竞争法并非直接保护产权和经营成果，而是指向不正当竞争行为——混淆、仿冒、侵犯商业秘密的行为，对经营活动的手段、后果进行评价。通过对不正当竞争行为加以制止，间接地、防御性地使得商业标识得到保护。因此，与商标法积极地通过设权式保护不同（如商标标识和商品类别的"坐标式"❶保护），反不正当竞争法是将经营性成果作为竞争要素来规范不正当竞争行为的，试图提供一种"消极和被动的保护"。

　　综上所述，立足于我国立法传统，反不正当竞争法和商标法并不能认为二者有"相互包含"或"相互隶属"的关系。至于是否为交叉关系和并列关系也因调整对象的范围不同，得出不同结论。如果就广义的商业标识及对这些标识的模仿行为来看，商标法和反不正当竞争法在调整内容上有所交叉；而从二者的法律地位或适用的角度看，二者又是平行或并列的。商标法的特别规定排除反不正当竞争法的适用，特别法没有规定的，反不正当竞争法对遗漏部分才可有条件地进行"补充"保护。

（一）模仿商业标识引起的"交叉保护"

　　反不正当竞争法和商标法都具有保护经营性成果（商业标识、

---

　　❶　按照美国学者构筑的二维空间模型，任何一个商标都属于由标识和商品或服务构成的二维空间中的一点。参见 BEEBE B. The Semiotic Analysis of Trademark Law [J]. UCLA Law Review, 2004, 51（3）: 621-704.

有价值信息等），维护市场营商环境的功能，并以制止"混淆"的模仿行为作为保护商业标识的基本思想。我国商业标识法律制度以商标法为代表，其保护的主要是经商标局核准注册的商标专用权，使商标等同于注册商标，也就是狭义上的商标。而生活中常见的如商品名称，产品装潢，用于商品上自然人的肖像、姓名等，属于未注册商标，这些标记"同样在商业活动中实际使用而发挥识别商品或服务来源作用"❶。

商业标记只能在市场中存在，尽管识别对象不同，不论是否注册，它们在"功能上是相似的，都是为了表明某商品为特定交易者的产品并保护其商誉，防止将他人商品误作商标所有人的商品出售"❷。然而，从法律渊源来看，我国《商标法》仅在四处对两类未注册商标予以规定：第一类是驰名的未注册商标；第二类是在先使用的未注册商标，其中，第二类又包括在先使用的一般未注册商标和在先使用且有一定影响的未注册商标。❸ 相较于对注册商标的完整保护，商标法对未注册商标的保护是不充分的。一方面，未注册商标须达到"驰名"的标准才可受到商标法保护。根据《商标法》第十四条的规定，驰名的标准至少有四个考察的要素，《驰名商标认定和保护规定》更是要求驰名商标要"在全国范围内为相关公众所熟知"；另一方面，对于有一定影响的未注册商标，商标法提供的保护仅限于禁止抢注。对于其他的使用行为还需要援引反不正当竞争法。有学者认为，忽视在部分省市或地区使用且没有一定影响的未注册商标的正当财产利益不甚合理，

---

❶ 李扬. 商标法基本原理［M］. 北京：法律出版社，2018：4.

❷ 彭学龙. 商标法的符号学分析［M］. 北京：法律出版社，2007：85.

❸ 也有学者将我国法上的未注册商标保护制度包括未注册驰名商标制度、普通未注册商标保护制度和被代理人、被代表人商标保护制度三种，参见王太平. 我国未注册商标保护制度的体系化解释［J］. 法学，2018（8）：135-150.

对于这类在先使用的未注册商标只能援用反不正当竞争法的规定，视为市场的先行利益来保护。❶ 由于注册商标与未注册商标的分野，未注册商标只能通过反不正当竞争法对商业活动中出现的模仿行为提供保护。

因此，保护商业标识的力度自高到低地可以分为：驰名注册商标、普通注册商标、驰名未注册商标、有一定影响的未注册商标、普通未注册商标。其中，根据《商标法》第五十八条的规定，注册商标、未注册的驰名商标既可以受到商标法的特别保护，也可以受到反不正当竞争法的补充保护。有观点认为，商标法和反不正当竞争法对同一对象的交叉调整产生了法律适用的竞合❷，《商标法》第五十八条将对注册商标的保护指向了《反不正当竞争法》，2017 年《反不正当竞争法》却删除了"假冒他人的注册商标"的规定，导致《商标法》第五十八条与《反不正当竞争法》第六条出现衔接困难❸。有学者还认为，从立法沿革来看，《反不正当竞争法》第六条并未刻意区分注册商标与未注册商标，应将《反不正当竞争法》第六条作为《商标法》第五十八条的指向对象，规制"搭便车""傍名牌"等手段实施的误导公众的行为。❹

对此笔者以为，1993 年《反不正当竞争法》第五条的"假冒他人的注册商标"已经被《商标法》第五十七条第一款规定的商标侵权所吸收，假冒注册商标也成为刑法上的罪名，不再在私法

---

❶　杜颖. 社会进步与商标观念：商标法律制度的过去、现在和未来［M］. 北京：北京大学出版社，2012：49-50.

❷　刘继峰. 论商标侵权行为与商标不正当竞争行为的"交错"［J］. 湖北大学学报（哲学社会科学版），2009，36（4）：64.

❸　张伟君.《反不正当竞争法》对商业标识的保护不应仅限于制止混淆——评新修订的反法第六条［N］. 中国工商报，2017-11-14.

❹　刘维. 论混淆使用注册商标的反不正当竞争规制［J］. 知识产权，2020（7）：44.

领域适用，删除该条款势在必行。对于仿冒注册商标和未注册驰名商标的行为，由于商标法的设权性规则，可以优先适用商标法的特别规定，在商标法没有规定且存在破坏竞争秩序的情况下，才可适用反不正当竞争法的一般保护。反不正当竞争法删除对"假冒注册商标"的保护反而在一定程度上理顺了规范适用的冲突。

对于二部门法选择适用的关系，实践中法院有两种做法：一是在同一案件中将商标侵权行为和不正当竞争行为视为两种不同行为，分别认定；二是将两类行为合二为一，只认定商标侵权行为，并由此推出不正当竞争行为。❶ 笔者并不赞同后一做法，如此一来将反不正当竞争法作为商业标识保护的无条件"兜底"法规，忽略了模仿自由原则与商标法和反不正当竞争法之间的关系。在我国商标法和反不正当竞争法分立的情况下，同一个模仿行为不能既构成商标侵权，同时又是不正当竞争行为，只能发生请求权的竞合。《最高人民法院关于印发修改的〈民事案件案由规定〉的通知》第五条规定，"在发生请求权竞合的情形下，人民法院应当按照当事人自主选择行使的请求权所涉及的诉争的法律关系的性质，确定相应的案由"。

根据《商标法》第十三条、第五十七条，《最高人民法院关于审理商标民事纠纷案件适用法律若干问题的解释》第一条及《最高人民法院关于适用〈中华人民共和国反不正当竞争法〉若干问题的解释》第十三条的规定，无论是在企业字号中或其他情形使用他人商标构成侵权，选择适用反不正当竞争法还是商标法时，需要以擅自使用他人的商业标识是否注册、是否驰名及是否

---

❶ 刘继峰. 商业标识混淆认定中的相关地域市场分析 [J]. 天津法学, 2019, 35（3）：27.

具有突出使用、是否具有混淆可能性的构成要素进行逐项分析，具体的法律定性及法律适用可参见表5-3。

表5-3　使用商业标识的行为类型及法律结果判断

序号	是否注册	是否驰名	是否突出使用	是否混淆	可能的法律结果	法律条文适用
1	×	√	\	√	商标侵权	《商标法》第十三条
2	√	√	\	√	商标侵权	《商标法》第十三条
3	√	×	\	√	商标侵权	《商标法》第五十七条
4	√	×	√	√	商标侵权	《商标法》第五十七条
5	√	×	×	√	不正当竞争	《反不正当竞争法》第六条
6	×	×	×	√	不正当竞争	《反不正当竞争法》第六条
7	√	√	×	√	不正当竞争	《反不正当竞争法》第六条
8	×	√	×	√	不正当竞争	《反不正当竞争法》第六条

可见，根据目前的司法倾向，在使用了与他人商标相同或者近似的标志造成消费者混淆的情况下，区分商标法或反不正当竞争法的重要标志是"突出使用"。❶《最高人民法院关于审理商标民事纠纷案件适用法律若干问题的解释》第一条第一款第（一）项中规定的"突出使用"，实际上是指"将与他人注册商标相同或者相近似的文字作为企业的字号在相同或类似商品上"作为商标使用，或为商标性使用。突出使用"与他人注册商标相同或相近似的文字"的目的，是使消费者通过突出使用的标识区别商品或服务来源，只有构成商标性的突出使用才构成商标法予以

---

❶　有学者批判了司法实践中突出使用和规范使用的二分，认为字号使用类纠纷应回归商标法规范路径。参见朱冬，张玲.《商标法》第58条规范路径之反思与重构[J]. 知识产权，2023（1）：50-68.

规制的前提。当注册商标或未注册驰名商标使用在企业名称、域名、装潢、搜索引擎关键词等反不正当竞争法未列举的情况时，须论证该使用行为是否构成商标性使用。若构成，则适用商标法以侵权论，反之则继续判断是否对竞争利益造成损害，进而才可认定为不正当竞争行为。因此，使用他人注册商标（包括驰名商标）或未注册的驰名商标的三种情形的侵权结果如下（见表 5-4）。

第一，将他人商标突出使用。在字体、字号、颜色上独立地、特别地使用，使字号脱离了企业名称的意义，而产生了识别商品来源的作用，属于商标性使用。因此"突出使用"行为进入了注册商标权的"地界"，成为商标注册人禁止权排除的对象，应以商标侵权认定。

第二，如果规范使用（并未加以突出）他人注册商标或未注册的驰名商标也不宜直接认定为不正当竞争行为。以非突出使用的方式使用他人注册商标，构成不正当竞争行为的，不仅要考虑是否产生混淆，还要考虑其主观状态。如果行为人主观上确实具有攀附商标声誉的意图，客观上使相关公众产生误认，那么可能认定为不正当竞争行为。2021 年 8 月 18 日公布的《最高人民法院关于适用〈中华人民共和国反不正当竞争法〉若干问题的解释（征求意见稿）》也吸纳了这一判断标准，其中第十三条第一款第（二）项规定，对于未突出使用他人商标作为字号的，必须构成混淆行为，足以引人误认为是他人商品或者与他人存在特定联系的，才能够认定为不正当竞争。2022 年 3 月 20 日颁布的正式文件中，删除了"未突出使用"，改为"误导公众"，但对造成混淆的要件并未变动。

第三，将他人商标用作企业字号的行为，不是只有商标侵权或不正当竞争行为两个选项，规范使用的字号可以与他人商标并存。这在司法实践中已得到证实，法官考量了企业字号的历史渊源、主观恶意等要件，不违背诚实信用原则和公认的商业道德的，不认定为不正当竞争。[1] 因此，使用他人注册商标、驰名未注册商标，使用规范并未造成消费者混淆的，可以与他人在先权利并存的，属于使用者的模仿自由，只有例外情况下的特殊模仿才能认定为不正当竞争行为。

表5-4　构成模仿自由的行为类型及法律结果判断

序号	是否注册	是否驰名	是否突出使用	是否混淆	可能法律的结果	法律条文适用
1	×	×	√	×	模仿自由	无
2	√	√	×	×	模仿自由	无
3	×	√	×	×	模仿自由	无
4	√	×	×	×	模仿自由	无
5	√	×	√	×	模仿自由	无
6	×	×	×	×	模仿自由	无
7	√	√	√	×	模仿自由	无
8	×	√	√	×	模仿自由	无

（二）对有"一定影响"商业标识的模仿

反不正当竞争法主要调整"有一定影响"的未注册商标。《反不正当竞争法》第六条规定经营者不得擅自实施的若干项混淆行为中皆使用了"有一定影响"作为限定，借鉴了《商标法》第三十二条和第五十九条的称谓。相比对混淆概念的普遍认可，

---

[1] 上海知识产权法院（2015）沪知民终字第754号民事判决书。

学界对"有一定影响"的解释众说纷纭，有使之复杂化的趋势。

有学者认为"有一定影响"在两部法中适用的语境差异构成了商业标识不正当竞争行为与商标先用权及商标侵权行为在认定上的不能通约、不能公约的"范式"❶；《反不正当竞争法》"有一定影响"的判断标准"应当高于《商标法》第三十二条、第五十九条中对一定影响的要求，相当于《商标法》第十三条中未注册驰名商标的程度，或者略微低于未注册驰名商标，也就是知名的程度"❷。对于"有一定影响"与 1993 年《反不正当竞争法》第五条"知名商品"的关系上，有观点认为"有一定影响"在解释论上与之前"知名商品"的认定标准没有实质区别❸，或者认为"判断'一定影响'又落入了以往'知名商品'概念下的怪圈，而不具备'一定影响'的商业标识又被排除出了反不正当竞争法的保护范围"❹。

首先，"知名"并不等于有"一定影响"。1993 年《反不正当竞争法》第五条第一款第（二）项将"知名商品"与"特有的名称、包装、装潢"作为必要条件，共同认定仿冒商业标识的不正当竞争行为。将商品冠以"知名"作为判断标准，若商品不知名可能没有办法落入反不正当竞争法的羽翼之下，反而偏离了反不正当竞争法对商业标识保护的目标。不仅如此，商标法所规定的未注册驰名商标所标识的商品也可能是知名商品，这样又混淆

---

❶ 刘继峰. 反不正当竞争法中"一定影响"的语义澄清与意义验证 [J]. 中国法学，2020（4）：200.

❷ 张玲玲. "有一定影响"在《反不正当竞争法》与《商标法》中的理解与判断 [J]. 中国知识产权，2018（11）.

❸ 孔祥俊. 论商品名称包装装潢法益的属性与归属——兼评"红罐凉茶"特有包装装潢案 [J]. 知识产权，2017（12）：3.

❹ 柴耀田. 论中国《反不正当竞争法》的结构性问题——兼评 2018 年新修订《反不正当竞争法》[J]. 电子知识产权，2018（1）：26.

了与驰名商标保护制度的界限。防止对商业标识的仿冒应在于禁止他人混淆标识和其所指代的商品或服务，以及该商品或服务的特定来源、商誉之间的对应关系，不应仅保护"商品"。使用"有一定影响的标识"是理顺了未注册商标的保护架构，在体系解释上形成自洽。

其次，"有一定影响"是判定混淆可能性的一个因素。商业标识具有"一定影响"暗含的逻辑前提是该商业标志已经使用过一定时间，被消费者所知晓（可能并不熟知），才能产生了一定范围上、程度上的影响。商标法理论认为只有使用于商业活动中的商标才能具有标识来源的基本功效，也只有在商业活动中使用的标识才可能有混淆的可能性。所以，商标知名与否只能作为判断混淆可能性的因素之一，而不应当是对商业标识本身的要求，也不能作为是否受到保护的门槛。《反不正当竞争法》修改后认为对于商业标识的仿冒必须具备混淆可能性这个"公因式"，而非该商品或标识是否"知名"或"有一定影响"。

《最高人民法院关于适用〈中华人民共和国反不正当竞争法〉若干问题的解释》中吸收了上述理念，将"有一定影响"的标识定义为"具有一定的市场知名度并具有区别商品来源的显著特征的标识"。市场知名度和商标的显著性作为判断"有一定影响"的标识的要件，并没有将"混淆可能性"拉入其中，这点值得肯定。该解释在证明市场知名度方面又列举了多个考量因素，包括中国境内相关公众的知悉程度、标识受保护的情况等，并且将缺乏显著性的标识和正当使用的情形排除在外。

再次，对于反不正当竞争法中"有一定影响"的理解应与商标法保持一致。法律的生命在于确定性，任何制定法对同一用语都应有相同确定的内涵和外延，除非法律有特别规定。无论是

"有一定影响"还是"混淆可能性",在我国商标法和反不正当竞争法都应具备一致的判断标准。反不正当竞争法对商业标识的保护制度不应与商标法的价值目标相冲突。立法者正在努力弥合商标法和反不正当竞争法用语和责任承担的差异,目的是即使发生了请求权竞合,商标法也不会架空反不正当竞争法。因此,在商业标识法律保护体系中《反不正当竞争法》第六条规定的"有一定影响"应与《商标法》相关条文中的相同表述作同义解释。❶

最后,《反不正当竞争法》第六条中的"有一定影响"针对的是在先使用的未注册商标❷,与《商标法》第三十二条所禁止模仿的对象一致。根据全国人民代表大会对《商标法》的释义,该条规制的是禁止恶意抢注在消费者中已产生一定影响的未注册商标的行为。❸那么,"有一定影响"可以被理解为已经在先使用并在一定区域内被消费者所知晓的商标。依据体系解释的方法,此类商标不是"知名"或为消费者所"熟知"(《商标法》第十三条第一款驰名商标的规定),但是要高于在先使用的普通未注册商标。因此,在商业标识的分类上也可以分为普通标识、有一定影响的标识、驰名标识。

综上所述,市场上模仿他人商业标志的行为不一定就构成商标侵权或者不正当竞争行为。在没有造成混淆的情况下,模仿他

---

❶ 韦之,王一璠. 在商业标识法律保护体系中"有一定影响"含义存在差异吗? [N]. 中国知识产权报,2020-11-27(8).

❷ 有学者认为,尽管《反不正当竞争法》第六条第一款第(一)至第(三)项都指向未注册商标,且第六条整体及第(四)项的立法理由杂糅了"搭便车"因素和"混淆误认"因素,但立法理由使用的用语是"标识",而并未局限于未注册商业标识,因此在解释上不应限制第四项的范围,可以作为《商标法》第五十八条的指向对象。参见刘维. 论混淆使用注册商标的反不正当竞争规制[J]. 知识产权,2020(7):44.

❸ 全国人大. 商标法释义 2013 [EB/OL]. [2022-03-08]. http://www.npc. gov.cn/npc/c22754/201312/233fc843a62d4f58be404f26a9331613. shtml.

人未注册的普通商标、规范使用与他人类似的标志、将他人的商标以识别功能之外的方式利用等行为，处于商标法和反不正当竞争法之间的模糊地带，并不一定就落入反不正当竞争法的规制范围。基于知识产权法和反不正当竞争法立法目的和立法价值的考虑，原则上应允许自由模仿。

（三）对我国驰名商标反淡化制度的反思

美国新古典经济学家张伯伦认为，"一个生产者没有权力阻止其他人制造和销售同种产品"，法律仅仅对假冒他人名称的行为进行规制，对于消费者来说，在产品质量相同的情况下，商标的识别作用微乎其微，毕竟"只有当实际上存在差别的产品伪装成相似的产品，才会使消费者上当受骗"❶。显然，张伯伦低估了商标的价值，并未预见到商标已经溢出了标识来源的基本功能。象征着地位和身份的商标权利不断扩张，借着驰名商标的反淡化理论，超越了同类商品基于混淆的保护。值得反思的是，商标反淡化制度是否过度保护了商标权人的利益？正常的商业竞争是否因为反淡化制度，以合法的方式维护了商标权人的垄断地位？过度的限制模仿而保护纯粹的垄断是否损害了自由竞争？商标法和反不正当竞争法提供禁止模仿的保护应在什么程度停止而开始允许模仿？

我国《商标法》第十三条就已注册的驰名商标提供了较为宽泛的"跨类保护"，对未注册的商标提供"同类保护"。对于复制、摹仿或者翻译他人驰名商标的行为，行政机关和司法机关在认定不予注册和停止侵权时，对未注册的驰名商标的判断标准是"容易导致混淆"；对已注册的驰名商标，标准则是"误导公众，

---

❶ 张伯伦. 垄断竞争理论 [M]. 周文，译. 北京：华夏出版社，2017：262-263.

致使该驰名商标注册人的利益可能受到损害"。从《商标法》第
十三条第二款和第三款的字面意思来看，不论是否注册，驰名商
标的保护都是以"混淆"或"误导公众"为前提依据。然而《最
高人民法院关于审理涉及驰名商标保护的民事纠纷案件应用法律
若干问题的解释》第九条❶对于《商标法》第十三条第三款规定
的"误导公众，致使该驰名商标注册人的利益可能受到损害"的
解读，从"来源混淆"扩展至"减弱显著性""贬损市场声誉"
和"不正当利用市场声誉"。以上三种行为包括了美国《联邦商
标反淡化法》规定的两种典型情形，即弱化和丑化。因而，学界
普遍认为该司法解释是在我国司法实践中引入了商标的反淡化理
论并将其制度化。

　　对于我国是否应适用反淡化理论或制度，支持者和反对者的
观点针锋相对。反对者认为，《商标法》第十三条缺乏反淡化的
因子，以此规定为基础引入商标反淡化制度缺乏法律依据；❷反淡
化的司法实践冲破了中国法律体系的内在约束，并且超越了国际
条约规定的保护范围和保护力度❸，使商标淡化理论堂而皇之地成
为我国法院处理相关商标侵权案件的重要依据❹。支持反淡化理论

---

❶　《最高人民法院关于审理涉及驰名商标保护的民事纠纷案件应用法律若干问题的
解释》第九条规定："足以使相关公众对使用驰名商标和被诉商标的商品来源产生误认，
或者足以使相关公众认为使用驰名商标和被诉商标的经营者之间具有许可使用、关联企
业关系等特定联系的，属于商标法第十三条第二款规定的'容易导致混淆'。足以使相关
公众认为被诉商标与驰名商标具有相当程度的联系，而减弱驰名商标的显著性、贬损驰
名商标的市场声誉，或者不正当利用驰名商标的市场声誉的，属于商标法第十三条第三
款规定的'误导公众，致使该驰名商标注册人的利益可能受到损害'"。

❷　邓宏光. 我国驰名商标反淡化制度应当缓行 [J]. 法学，2010（2）：99.

❸　张军荣. 驰名商标反淡化的误区和出路 [J]. 重庆大学学报（社会科学版），
2018，24（6）：155.

❹　魏森. 论商标法对表达自由的保护 [J]. 法律科学（西北政法大学学报），
2020，38（4）：160.

的观点则指出，传统混淆理论过于保守，以"误导"或"间接混淆"作为商标跨类保护的依据，表现出对传统混淆理论的过度依赖；❶ 注册驰名商标反淡化保护的正当性，可以由商标保护理论从混淆理论到联想理论的跨越中得到理解；❷ 未注册驰名商标与符合反淡化保护条件的注册驰名商标并无基本性质和价值取向上的根本差异，也具有反淡化保护的正当性。❸

通常而言，因法律解释的结果不得超出文义范围，否则便进入"造法""补充法律"或"法律续造"等领域。❹ 因而，首先需要通过文义解释的方法，正视我国《商标法》第十三条是否包括了反淡化理论的要素。如是，则有关司法解释才不违背我国商标法的要求。对此，需追溯我国商标法有关驰名商标规定的出处。我国《商标法》第十三条脱胎于《巴黎公约》和《TRIPS 协议》的规定。❺《巴黎公约》第六条之二规定，"对……在该国已经驰名……用于相同或类似商品的商标构成复制、仿制或翻译，易于产生混淆的商标，拒绝或撤销注册，并禁止使用"。《TRIPS 协议》第十六条第三款规定，"……与已注册商标的货物或服务不相类似的货物或服务，只要该商标在对那些货物或服务的使用方面可表明这些货物或服务与该注册商标所有权人之间存在联系，且此类使用有可能损害该注册商标所有权人的利益"。可见，《巴黎公

❶　黄汇，刘丽飞. 驰名商标反淡化构成要件的分析与检讨——以欧美相关理论为借鉴 [J]. 知识产权，2015（8）：15.

❷　冯晓青. 注册驰名商标反淡化保护之探讨 [J]. 湖南大学学报（社会科学版），2012，26（2）：141.

❸　王太平. 论我国未注册驰名商标的反淡化保护 [J]. 法学，2021（5）：134.

❹　舒国滢，陶旭. 论法律解释中的文义 [J]. 湖南师范大学社会科学学报，2018，47（3）：68.

❺　全国人大. 商标法释义 2013 [EB/OL].　[2021－06－11]. http://www.npc.gov.cn/zgrdw/npc/flsyywd/minshang/2013-12/24/content_1819929.

约》第六条之二仍采取传统"混淆"理论的判断标准，而
《TRIPS 协议》第十六条则在《巴黎公约》的基础上适当扩展，
以"表明这些货物或服务与该注册商标所有权人之间存在联系"
为前提。有学者指出，由于《TRIPS 协议》要求"存在联系"的
要件，即消费者将两个标记都联系到了驰名商标权人处，显然，
该规定并不属于商标反淡化理论，因为商标反淡化保护不要求发
生商品来源混淆。❶ 那么，是否可以通过解释《商标法》第十三
条第三款中"误导公众"的规定推断出商标保护不要求混淆要
素？根据全国人大常委会的解释，《商标法》第十三条的"误
导"，是指"导致消费者对商品或者服务来源的误认"❷。从后文
的说明来看，仍然采取《TRIPS 协议》"存在某种联系"标准，
以商标基本的识别功能为基础，判断是否能够将模仿的商标与驰
名商标权人联系起来，无法解读出"减弱显著性""贬损市场声
誉"或"不正当利用市场声誉"等相关内容。因此，从立法体系
的逻辑上看，《最高人民法院关于审理涉及驰名商标保护的民事纠
纷案件应用法律若干问题的解释》第九条有关反淡化理论的内容，
确实突破了《商标法》第十三条的规定。

既然有关司法解释超越了法律的规定，那么司法实践中是否
有必要引入有关商标反淡化的理论？是否可借由实践中出现的问
题上升为司法解释，再通过立法将司法解释的内容予以固定？

美国立法与实践中有关商标反淡化的内容比较成熟，但由于

---

❶ 杜颖. 商标淡化理论及其应用 [J]. 法学研究，2007 (6)：52.

❷ 该"误导"包括使消费者认为标识申请注册的商标的商品或者服务系由驰名商
标所有人生产或者提供；使消费者联想到标识申请注册的商标的商品的生产者或者服务
的提供者与驰名商标所有人存在某种联系。参见全国人大. 商标法释义 2013 [EB/OL].
[2021-06-11]. http://www.npc.gov.cn/zgrdw/npc/flsyywd/minshang/2013-12/24/con-
tent_1819929.

其遵循着"实践中基于传统理论制度出现的问题—新理论的提出—部分判例对新理论的接受与引用—部分州现行立法—最高司法判例—联邦立法—司法分歧—修正立法"的变迁过程❶，有关理论受到司法实践的影响仍在不断发展与完善中。最早提出有关商标反淡化思想的是美国学者谢克特于1927年发表的《商标保护的合理性基础》一文，但该文并未直接提出"反淡化"的概念，从其标题也可以看出，谢克特只是论证了商标的显著性是保护商标的唯一理性基础，而非传统的指示来源功能。❷后来支持商标反淡化理论的学者普遍引用该结论，并在其基础上结合实践经验发展出淡化理论。

　　1996年美国《联邦商标反淡化法》总结了学者和司法实践中的成果，确认了商标反淡化理论。该法规定"具有显著性、固有显著性或通过使用获得显著性的驰名商标所有人，有权对任何人在该商标驰名后发生因弱化或丑化造成的商业性使用行为发出禁令，无论是否存在混淆或混淆的可能性、存在竞争关系或实际经济损害"❸。对于淡化的两种方式，弱化和丑化是指由于商标或商号与驰名商标之间的相似性而产生关联，从而损害了驰名商标的显著性和声誉❹。值得注意的是，该法对商标淡化作出了一些限制性规定，包括对商标的描述性使用、比较广告、戏谑模仿等合理使用❺，新闻报道和评论等其他非商业用途❻。该规定是贯彻《美

---

　　❶　李友根."淡化理论"在商标案件裁判中的影响分析——对100份驰名商标案件判决书的整理与研究［J］.法商研究，2008（3）：144.

　　❷　SCHECHTER F I. The Rational Basis of Trademark Protection［J］. Harvard Law Review，1927，40（6）：831.

　　❸　15 U. S. Code § 1125（c）（1）.

　　❹　15 U. S. Code § 1125（c）（2）（B）（C）.

　　❺　15 U. S. Code § 1125（c）（3）（A）.

　　❻　15 U. S. Code § 1125（c）（3）（B）（C）.

淡化法却并不是为此设计的。❶ 在自由竞争的市场环境下，经营者根据所经营商品或服务的性质、对象及市场环境的变化，有自由选择商业标志的权利，只要不侵犯他人权利，就可以自由模仿。过度扩张商标的保护范围会使得商标法向背离竞争政策的方向发展，过于彰显其财产保护功能而淡化了其作为竞争政策工具的社会功能。❷

我国司法解释引进商标反淡化理论有一定的现实依据，但是并未明确商标淡化的构成要素，也缺乏限制性规定。同时，在《商标法》并未授权的情况下，法官过度依赖司法解释，造成市场交易的制度性风险。❸ 柯尼什（Cornish）教授早已发出警告，"淡化"只有在确实有充分的理由、妨碍到所有经营者尽其所能推销其商品和服务的自由时，才应阻止这种做法。❹ 换言之，反淡化理论应较少并谨慎地适用于同一市场的竞争者。在市场竞争正常的情况下，对反淡化的误用必然会破坏自由和公平的竞争秩序，使驰名商标所有人可以利用反淡化之诉作为限制竞争的手段来确保市场份额，从而增加竞争对手进入市场或市场延续的成本，异化为"商标勒索"（Trademark Extortion）。❺ 美国著名牛仔裤生产厂商李维斯（Levi's）公司曾因其口袋缝线的两条相交弧线的设计

---

❶ MCCARTHY T. Dilution of a Trade Mark：European and United States Law Compared［M］//VAVER D，BENTLY L. Intellectual Property in the New Millennium：Essays in Honour of William R Cornish. Cambridge：Cambridge University Press，2004：170.

❷ 罗晓霞. 商标法制度变迁与竞争政策的适应性考察［J］. 知识产权，2013（3）：31.

❸ 陈洁. 商法规范的解释与适用［M］. 北京：社会科学文献出版社，2013：17.

❹ MCCARTHY T. Dilution of a Trade Mark：European and United States Law Compared［M］//VAVER D，BENTLY L. Intellectual Property in the New Millennium：Essays in Honour of William R. Cornish. Cambridge：Cambridge University Press，2004：159.

❺ KENNETH L P. Trademark Extortion：The End of Trademark Law［J］. Washington and Lee Law Review，2008，65（2）：585.

而发起了一系列商标诉讼。然而，在时尚设计领域"灵感和模仿之间的界限很难区分"，李维斯公司也公开表示，它们保护牛仔裤商标显著性诉讼的真正目的不是获得赔偿而是"清除商店中的模仿者"（removing copycats from stores）。也许从短期来看，商标反淡化制度保护了驰名商标权人的利益，但是竞争政策具有连续性和阶段性，如果将眼光放长远一些，需要思考驰名商标所有者是否可能成为吞噬竞争者或者非竞争者的垄断组织。与世界其他国家采取相同的知识产权标准并不一定有助于发展中国家的经济发展。❶ 我国司法解释引进美国商标反淡化理论，却不明确规定反淡化的构成要素或商标淡化的范围，不仅对市场竞争造成负面影响，还可能造成经营者为了避免自己的商标构成淡化他人驰名商标而产生高额成本，进而阻碍表达自由。❷

二、反不正当竞争法与著作权法的选择适用

我国《反不正当竞争法》第二条、第六条第四款对所列举的商业标识予以兜底保护，使得一些"准商标权客体"或"准著作权客体"内容如作品标题、节目名称、角色形象等都可以受到反不正当竞争法的规制。近年来，有关著作权和反不正当竞争法关系的学术成果颇丰。简单检索了国内 2018 年至 2021 年在中文核心期刊发表的学术论文，除了一些专门研究知识产权法和反不正

---

❶　达沃豪斯，布雷斯韦特. 信息封建主义［M］. 刘雪涛，译. 北京：知识产权出版社，2005：序言.

❷　万勇，刘永沛. 伯克利科技与法律评论：美国知识产权经典案例年度评论（2012）［M］. 北京：知识产权出版社，2013：162.

当竞争法关系的论文会涉及后者和著作权法的关系问题以外❶，有关反不正当竞争法和著作权法关系的论文主要关注以下具体议题：第一，作品标题的法律保护问题；❷ 第二，因"金庸诉江南"案引起的角色形象和同人作品的保护问题；❸ 第三，赛事节目直播的法律问题；❹ 第四，聚合平台及其深层链接问题；❺ 第五，互联网

---

❶ 相关文献有：占善刚，张一诺. 试论知识产权确认不侵权之诉与不正当竞争之诉的关系 [J]. 电子知识产权，2020 (1)：95-103；卢纯昕. 反不正当竞争法在知识产权保护中适用边界的确定 [J]. 法学，2019 (9)：30-42；杨红军. 反不正当竞争法过度介入知识产品保护的问题及对策 [J]. 武汉大学学报（哲学社会科学版），2018，71 (4)：116-125.

❷ 相关文献有：赵丰. 比较视野下出版文学作品标题的法律保护研究 [J]. 电子知识产权，2020 (8)：56-64；孔祥俊. 作品名称与角色名称商品化权益的反思与重构——关于保护正当性和保护路径的实证分析 [J]. 现代法学，2018，40 (2)：57-74；彭学龙. 作品名称的多重功能与多元保护——兼评反不正当竞争法第6条第3项 [J]. 法学研究，2018，40 (5)：115-135.

❸ 相关文献有：戴哲. 论作品角色的著作权保护 [J]. 大连理工大学学报（社会科学版），2021，42 (1)：107-115；张伟君. 从"金庸诉江南"案看反不正竞争法与知识产权法的关系 [J]. 知识产权，2018 (10)：14-23；王太平. 知识产权的基本理念与反不正当竞争扩展保护之限度——兼评"金庸诉江南"案 [J]. 知识产权，2018 (10)：3-13.

❹ 相关文献有：李杨. 电竞赛事直播中的利益配置与法律保护 [J]. 学习与探索，2020 (10)：92-101；胡晶晶. "信号"抑或"画面"之保护——体育赛事实况转播保护路径研究 [J]. 北方法学，2019，13 (3)：29-40；马秋芬，郑友德. 体育赛事节目著作权保护比较法证成 [J]. 华中科技大学学报（社会科学版），2018，32 (6)：105-111.

❺ 相关文献有：罗斌. 著作权视域下新闻聚合平台规制的路径 [J]. 中州学刊，2020 (7)：49-55；彭桂兵，陈煜帆. 取道竞争法：我国新闻聚合平台的规制路径——欧盟《数字版权指令》争议条款的启示 [J]. 新闻与传播研究，2019，26 (4)：62-84，127；王云鹤，何佳磊. 论视频聚合 App 中深层链接的法律规制 [J]. 中国出版，2019 (7)：51-55；赵俊梅. 聚合平台深度链接的法律适用问题 [J]. 法律适用，2019 (15)：74-82.

屏蔽广告行为法律的规制问题等。❶ 可见，除了在商业标志方面的交错保护，反不正当竞争法垄断与竞争之间、限制与开放之间的紧张关系也在著作权法传统客体或专有权利之外的"新领域"变得十分复杂。

（一）同人作品引发的思考

2018 年，"金庸诉江南案"❷ 一度引发了国内知识产权法学界对于著作权法和反不正当竞争法关系的探讨，也使"同人"及"同人作品"从动漫的虚拟世界进入著作权法学者的研究视域。所谓"同人作品"可以理解为是"利用原有作品中的人物角色、故事情节、背景设定等元素进行的二次创作作品"。❸ 这种二次创

---

❶ 可参见：龙俊. 视频广告屏蔽类案件中不正当竞争行为认定的再思考 [J]. 法律科学（西北政法大学学报），2021，39（4）：117-131；陈兵. 互联网屏蔽行为的反不正当竞争法规制 [J]. 法学，2021（6）：123-142；陈耿华. 我国竞争法竞争观的理论反思与制度调适——以屏蔽视频广告案为例 [J]. 现代法学，2020，42（6）：165-179；冯晓青，陈东辉. 浏览器屏蔽视频网站广告行为性质研究——关于深圳市某计算机系统有限公司诉北京某科技有限责任公司不正当竞争纠纷案的思考 [J]. 河北法学，2018，36（5）：42-51；梁志文. 论《反不正当竞争法》下广告屏蔽软件的合法性判断 [J]. 电子知识产权，2018（1）：12-20.

❷ 2023 年 5 月，该案二审改判认为侵犯著作权。法院主要观点为：《此间的少年》在故事情节表达上，除小部分元素近似外，推动故事发展的线索事件、场景设计与安排及内在逻辑因果关系，具体细节、故事梗概均不同，不构成实质性相似。但整体而言，郭靖、黄蓉、乔峰、令狐冲等 60 多个人物组成的人物群像，无论是在角色的名称、性格特征、人物关系、人物背景都体现了查良镛的选择、安排，可以认定为已经充分描述、足够具体到形成一个内部各元素存在强烈逻辑联系的结构，属于著作权法保护的"表达"。参见广州知识产权法院（2018）粤 73 民终 3169 号民事判决书。

❸ 同样针对金庸作品，北京知识产权法院在"完美世界诉玩蟹科技手游案"中认为，作品元素指授权作品内所具有的包括但不限于作品名称、作品内任务（含名称、特征及人物关系等），武功武器（含名称、特征及与相应关系等）、其他物品（含名称、特征及相应关系等），对白，场景，故事情节等元素。参见北京知识产权法院（2021）京 73 民终 1265 号民事判决书。对于哪些作品元素受到著作权法的保护，哪些被排除保护，需要结合被控侵权作品进行个案认定，不在本书讨论范围。

作与演绎作品有所不同，所谓演绎作品是指根据原作进行改编，主要内容与原作基本保持一致。如果这类演绎作品未征得原作者的许可，可能侵犯原作者的改编权。学界普遍赞同，同人作品利用原作品的人物名称与简单性格特征、人物关系进行再创作并不侵犯著作权，但论证路径略有区分。例如，张伟君教授认为被告作品徒有人物名称的虚名，并没有人物形象的实质，与利用著名文学作品中的经典人物形象进行独立创作有明显差异；❶ 宋慧献教授则认为，同人小说的创作方式属于转换性合理使用；❷ 还有观点基于我国《著作权法》的立法目的，认为创作同人作品不应受到限制，而作品的传播应从通过许可的方式予以限制。❸

还有一些论述从不正当竞争的视角切入，引起了笔者的兴趣。有学者对同人作品提出了批评，认为同人作品不仅借用了原作的著作权作品元素，更在传播中不可避免地借用了原作的声誉；不仅侵害被"搭便车"的对象的权益，还侵害了其他遵守诚实信用原则的作品经营者的权益。❹ 相反，大部分学者支持同人作品的产生。比如有观点提到被告虽然利用了金庸及其作品的市场声誉来吸引读者阅读其作品，增加了其作品在市场上获得成功的机会，但也很难成立不正当利用。❺ 还有学者从"禁止盗用原则"的角度出发，认为"被告江南的重新创作属于实质改进和创新增量，

---

❶ 张伟君. 从"金庸诉江南"案看反不正竞争法与知识产权法的关系［J］. 知识产权，2018（10）：22.

❷ 宋慧献. 同人小说借用人物形象的著作权问题刍议——由金庸诉江南案谈虚拟角色借用的合法性［J］. 电子知识产权，2016（12）：25.

❸ 孙山. 同人作品传播中的《著作权法》限制［J］. 科技与出版，2017（12）：79.

❹ 马瑞洁. 再论同人作品的法律规制——基于著作权法和反不正当竞争法的框架［J］. 出版广角，2018（15）：16.

❺ 张伟君. 从"金庸诉江南"案看反不正竞争法与知识产权法的关系［J］. 知识产权，2018（10）：23.

可以阻却禁止盗用规则的适用"。❶

　　本书更倾向于后一种观点。如果被告利用原作者才华、独创性和劳动投入的行为不足以构成著作权侵权，那么试图援引类似商誉保护和诚实信用原则进行辩护可能也缺乏一定合理性。这一论点的对象不仅限于同人作品，也包括为商业用途所设计的数据信息、游戏规则、汇编的数据库等。国内司法实践显示，法院在面对这类案件时表现出一种明显的权利保护模式的倾向。比如"金庸诉江南案"，一审法院首先承认被告使用原告作品的人物名称和人物关系等元素不构成著作权侵权，也不能使用"兜底条款"对"商业化使用权"予以保护。然而，一审法院却特别指出他人不能对上述元素"自由、无偿、无限度地使用"。主要理由是：第一，原告作品及其中的元素"凝结了原告的智力劳动成果，具有极高的知名度和影响力"，消费者在"这些元素与作品之间已经建立了稳定的联系，具备了特定的指代和识别功能，具有较高的商业市场价值"。第二，被告利用原作品的市场号召力与吸引力，客观上增强了自己的竞争优势，同时挤占了原告使用其作品元素发展新作品的市场空间，夺取了本该由原告所享有的商业利益，违背了文化产业的商业道德。法院认为文化产业的商业道德应考虑"使用人的身份、使用的目的、原作的性质、出版发行对原作市场或价值的潜在影响等因素"。❷

　　对于上述有关不正当竞争行为的认定，引入"混淆可能性"标准无可厚非，借用商标法的基本理论论述不正当竞争中的混淆标准也具有合理性。但是，商标基本的识别功能是指通过商标识

---

❶　王文敏. 反不正当竞争法中的禁止盗用规则及其适用［J］. 现代法学，2021，43（1）：141-142.

❷　广东省广州市天河区人民法院（2016）粤0106民初12068号民事判决书。

别不同商品或服务的来源，权利人对商标标识本身享有法定的权利。如果法院能够论证被告的作品内容与金庸作品在标题与表达方式上具有相似性，使消费者对被告作品的出处造成混淆，那么在一定程度上可以说，被告的行为构成不当模仿。但是法院认为建立类似商品和商品来源间稳固联系的是作品元素和作品，因而推导出这些不受著作权法保护的元素夺取了原告享有的商业利益的结论值得商榷。

除利用商标的识别功能进行论述外，法院对文化产业的商业道德的判断似乎还借用了美国著作权合理使用的"四要素"方法，即"使用的性质与目的、被使用作品的性质、被使用部分的数量和质量及对作品市场的潜在影响"❶。文化产业的商业道德并无特殊之处，保障竞争的自由是所有行业商业道德具备的唯一的前提条件。即便是文化产业领域的商业道德，其判定标准也不需要考虑使用人的身份，只要是具备民事权利能力和民事行为能力的自然人，就可以从事商事活动；"使用的目的"当然是以营利为目的；"原作的性质"更是语焉不详，不知是指作品的种类还是小说的类型。这四种要素中可能需要考虑的是对"原作市场或价值的潜在影响"。那么接下来需要讨论的是，模仿他人作品中不受著作权法保护的内容是否需要反不正当竞争法的规制？作品利用他人的声誉增强自己的竞争优势，挤占了他人的市场空间是否正当？模仿自由原则在公有领域、反不正当竞争法和知识产权法之间的适用又体现在何处？

---

❶ 《美国著作权法》第 107 条。参见杜颖译. 美国著作权法 [M]. 北京：知识产权出版社，2013：22.

（二）模仿自由原则与自由使用

作品在市场中的传播方式大体上经过三个阶段，即创作行为—传播行为—公众接收行为。如果想要作品在市场中形成竞争关系，只能发生在作品传播环节。❶ 竞争者只能基于居间的传播行为，也就是在向公众传播作品的过程中存在竞争关系。而对于创作阶段来说，属于著作权法规制的内容，还未进入市场竞争领域，也就不发生"不正当竞争"的情形。如果利用了他人作品中有独创性的表达，可能属于复制、改编甚至合理使用等。如果使用不受著作权法保护的作品要素进行再创作，则属于不受任何法律干涉的自由使用。《德国著作权法》第二十四条规定了作品自由使用制度，即"自由使用他人作品创作的独立作品，不经被使用作品的作者同意而可以发表与利用"❷。金庸作品中的人物名称和人物关系属于被告创作作品的"诱发因素"或"推动型因素"，而不是主导因素。自由使用不同于演绎，也不同于合理使用。演绎作品的构成需要被演绎作品的各种要素和表达占主导地位，而合理使用则是对原作品照单全收的原样使用。德国著作权法的自由使用制度是模仿自由原则在划分公有领域、著作权法与反不正当竞争法三者之间界限的规则的直接表现。

"金庸诉江南案"的一审判决代表着部分法院和学者对著作权法和反不正当竞争法关系的看法，即一旦无法受到专有权利的保护，就转而适用反不正当竞争法进行兜底保护。在美国著名的

---

❶　CALLMANN R. Copyright and Unfair Competition [J]. Louisiana Law Review, 1940, 2 (4)：656

❷　德国著作权法（德国著作权与邻接权法）[M]. 范长军，译. 北京：知识产权出版社，2013：29-30.

International News Service v. Associated Press 案中，法院就认为不受版权保护的事实新闻并不能够排除不正当竞争行为的认定。有学者评论道，在讨论作者或汇编者为商业目的而收集的事实信息可获得何种保护时，法院表现出一种明显的倾向，即注入与该问题完全不相关的版权考虑因素。❶ 支持不受著作权法保护的元素应予以反不正当竞争法保护的论者还认为，由于作者的贡献很容易被他人"挪用"，因而有必要采取某种激励措施来避免因价格下跌至印制成本而造成的生产力不足。这种"激励措施"在无法获得著作权法的支持下，转而适用反不正当竞争法提供的禁止模仿。这种通过利益保护激励创作动力的主流思维方式源于哈丁的"公地悲剧"理论。哈丁借由牧民放牧来比喻造成"公地悲剧"的原因：理性的"经济人"都会追求个人利益的最大化，多养一头牛的正效益全部归属于个人，而过度放牧的负效应则由全体牧民承担，理性的牧民也会选择无限制地增加牛的数量，而公地自由则走向毁灭。❷ 知识产权的"悲剧"在于如果没有私人激励，消费者很可能会选择"搭便车"而不是为了维护或提供公共产品作出努力，那么即便"搭便车"符合每个人的直接利益，但最终导致每个人的情况都变得更糟。❸

然而，适用于有体物的"公地悲剧"是否适用于客体与载体具有分类特点的知识财产？即便他人未经许可使用了他人的知识产品，也并不妨碍其他人在不同空间或者以不同手段继续使用。换言之，缺乏知识产权的保护只存在知识产品供给不足的问题，

---

❶ CALLMANN R. Copyright and Unfair Competition [J]. Louisiana Law Review, 1940, 2 (4): 651.

❷ 哈丁，顾江. 公地的悲剧 [J]. 城市与区域规划研究，2017, 9 (2): 18.

❸ SUZOR N. Free-Riding, Cooperation, and "Peaceful Revolutions" in Copyright [J]. Harvard Journal of Law & Technology, 2014, 28 (1): 144.

而不会发生产品本身因损耗发生使用不能的情况，或许还会因为传播范围的扩展而增加其价值。既然不存在信息的耗尽，也就不存在知识产权"公地悲剧"问题。❶ 从结果上看，通过承认专有权来鼓励创作也会增加社会成本，即专有权排他性的交易机制限制了公共产品的消费，从而降低消费者福利。因而，再次出于公共利益的考虑，必须进行第二次分配，即坚定不移地捍卫和丰富公有领域，能够为后来的作者提供免费的创作素材。

另外，随着创意作品的制作和发行成本下降，禁止"搭便车"及给予作者激励的范围和程度需要被限制。作者试图对作品全部利益内部化是不可能的，即便是完全受控的作品也会使作品重要的元素或信息外溢至公有领域。❷ 例如，随着金庸著名武侠小说《笑傲江湖》多次被改编成电影电视剧，其中重要的作品元素"葵花宝典"和《笑傲江湖》及金庸先生之间的指向关系因公众的广泛使用受到阻断，"葵花宝典"已经日渐成为一种流行的词汇，可以用来指代从事某一项工作或任务的高级攻略或手册，市场上不乏冠有"葵花宝典"的专业书籍或教辅材料。如果仍将著作权法中不属于保护对象的虚拟作品名称纳入反不正当竞争法的保护，将在一定程度上损害了社会公众对法律的合理预期利益，并限制了公众的表达自由。❸ 在私法层面，民主社会所珍视的表达自由只有著作权法才有权在一定时间内对其进行限制，不能再通

---

❶　文礼朋，秦敬云，赵相忠. 公共地悲剧理论在知识产权经济学分析中的限制——也谈当前全球科学研究领域的新圈地运动与反公共地悲剧 [J]. 广西社会科学，2011 (9)：58-62；曹阳. 论公有领域——以知识产权与公有领域关系为视角 [J]. 苏州大学学报（哲学社会科学版），2011，32 (3)：107-111.

❷　WAGNER R P. Information Wants to Be Free：Intellectual Property and the Mythologies of Control [J]. Columbia Law Review，2003，103 (4)：1000.

❸　北京知识产权法院（2017）京 73 行初 2800 号民事判决书。

过禁止不正当竞争行为对这种垄断的范围或时间予以扩展。这也是模仿自由原则在公有领域和受法律保护利益之间的一次适用，如果反不正当竞争法要对这些公有领域的内容提供禁止模仿的保护，势必需要更充分且坚决的理由。

"利用反不正当竞争法保护不受著作权法保护的对象"的思路在一定程度上还受到反不正当竞争法是知识产权"孵化器"观点的影响。诚然，所谓"孵化器"是在长期、大量的判例群的基础上，总结出特定的智力成果通常受到反不正当竞争法"一般条款"的保护，那么这一智力成果可以作为"孵化器"中的备选选项，供立法者在下次知识产权立法过程中予以挑选。但是在缺乏先例的基础上，将本不受著作权法保护的内容给予禁止不正当竞争的保护，实际变相将从属于人类共有的公共财产变为禁止他人使用的私人利益。不正当竞争诉讼和著作权侵权之诉的认定标准应该各自独立，不应该用著作权保护"准权利"的思维模式认定不正当竞争。

（三）作品元素的反不正当竞争保护

"金庸诉江南"案一审判决使作者不仅可以依据著作权法，还可依据反不正当竞争法控制其衍生作品在市场的传播。但是，反不正当竞争法对诸如作品标题、角色名称、人物关系等作品元素提供保护，实质上是保护了著作权的派生权益，而不是保护经营者的商业成果。反不正当竞争法对这类派生权益的保护不能有悖著作权保护的利益平衡机制，不能变相延伸著作权保护的边界。❶ 那么被告的衍生作品是否会影响原告作品的市场占有率，或

---

❶ 孔祥俊. 作品名称与角色名称商品化权益的反思与重构——关于保护正当性和保护路径的实证分析 [J]. 现代法学，2018，40（2）：66.

者说损害了原作者创作成本的回收？作者主要依靠原创作品本身的回报来收回其成本，著作权法所保护的演绎权对于激励创意作品的生产不是必需的。而现实是很多情况下，被告尽管创作了与原作品有很大不同的新作品，仍被视为抄袭。鉴于法院对复制权的扩张解释，无论派生权利提供何种边际激励都被阻止衍生作品竞争的成本所抵消。❶ 即便是产生衍生作品，原告的作品也不会因此而被取代，反而是原告希望他的作品取代被告的作品，而不考虑衍生作品实际也是将原作品传播至公众的方式之一。

　　有关作品名称和角色名称的另一个争议点是商品化权的保护问题。我国著作权法、商标法和反不正当竞争法均未规定商品化权或商品化权益。作品本身的知名度并不能创造出如注册商标、有一定影响的商业标识或驰名商标所产生的排他性权利，现行《著作权法》的保护不延及作品的标题及其名声。作品标题及其名称已经通过著作权法获得了利益分配，不需要再通过商标法和反不正当竞争法予以二次保护。当然，并不排除这些元素作为商业标识保护的可能性。《德国商标法》第五条规定，"作品标题，包括印刷作品、电影作品、录音作品、舞台作品或其他具有同比性的作品名称或特别标志可以作为商业名称受到保护"❷。但是在尚未在商业交易中作为未注册商标进行"商标性使用"之前，作品标题及其声誉并不被商标法所调整，也不能成为《反不正当竞争法》第六条所称的"有一定影响"的未注册商业标识。

　　我国有关"商品化权"的内容体现在《最高人民法院关于审

---

❶　LEMLEY M A, MCKENNA M P. Owning Mark(et)s [J]. Michigan Law Review, 2010, 109 (2): 171-172.

❷　德国商标法：德国商标与其他标志保护法 [M]. 范长军，译. 北京：知识产权出版社，2013：3.

理商标授权确权行政案件若干问题的规定》第二十二条第二款的规定中，"对于著作权保护期限内的作品，如果作品名称、作品中的角色名称等具有较高知名度，将其作为商标使用在相关商品上容易导致相关公众误认为其经过权利人的许可或者与权利人存在特定联系，当事人以此主张构成在先权益的，人民法院予以支持"。对此，有不少学者持反对观点。反对理由有三：第一，如果为了避免混淆，则不需要在现有《商标法》和《反不正当竞争法》体系外，提出新的概念；第二，对自然人姓名和肖像的保护不能扩张到作品中的虚拟角色；第三，承认商品化权将会扩张著作权法的保护范围，对不属于注册驰名商品的名称或提供类似反淡化的保护，"破坏现有法律体系已经确立的竞争规则"❶。国外也有学者认为，商品化权概念本身已超越了基于商标法制止混淆的传统功能。商品化权使商标从向消费者表明产品的来源转而成为吸引消费者购买的关键。❷

　　本书认同以上反对意见。对于不属于著作权法保护的内容，属于模仿自由的范畴，不应予以额外的保护，对作品的保护也不应是商标法的职责，除非作品标题和角色名称作为商标使用，也就是通过现有的《商标法》《反不正当竞争法》提供反混淆的保护，不需要再增设另外一种权利。著名作家和其具有知名度的作品之间的联系，不能简单地与商品或服务及其出处之间的关系相类比，除非该作家将其作品名称注册为商标或作为未注册商标使用。权利人作者与作品之间的联系并不如注册商标一开始就具备"显著性"，通常是经过一定时间的传播和宣传，比如获得较高评

---

❶ 蒋利玮. 论商品化权的非正当性 [J]. 知识产权，2017（3）：35-36.

❷ DOGAN S L, LEMLEY M A. The Merchandising Right：Fragile Theory or Fait Accompli [J]. Emory Law Journal, 2005, 54（1）：472.

价，翻拍成电影、电视剧，获得国际大奖或者取得不俗的票房成绩等，才能够在消费者心目中形成一定的对应关系。但是这种对应关系只有作为商标来使用的时候才会产生类似缺乏显著性的标志经过长期使用获得的"第二含义"，如果仍在著作权法的范围内使用作品标题和角色名称等，并不侵犯商标权或著作权。当作为商标来使用这些元素时，起决定性作用的依然是"混淆可能性"。❶

正如本书一再重申的，对商业标志的混淆和混淆可能性的范围，不主张采用广义的混淆界定，这里的混淆仅是指基于商标识别功能带来的对商品及商品来源发生的混淆。商标法和反不正当竞争法对作品标题及作品元素所提供的也仅是禁止混淆的保护，而非其他防止淡化、侵占商业价值等涉及诚信及商业道德内容的利益保护。❷ 虽然商品化权的支持者通常会以禁止竞争对手利用其商誉进行交易为由，阻止"搭便车"或"盗用"行为，但是这些充满道德评价的主张缺乏理论依据，并存在逻辑循环。商品化权利的正当性是建立在假定权利人有权控制所有对商标的使用行为之上，包括戏谑模仿、批评、引用或其他正当性使用，以唤起消费者对产品功能的关注。❸ 商标法从未赋予权利人控制所有商标的使用行为，包括商标的正当使用等。商标法只是为了降低搜寻成本，制止消费者混淆而进行的制度设计。这些正当使用行为是留给公众自由模仿的内容，不能通过商品化权对其进行侵蚀。商品

---

❶　彭学龙. 作品名称的多重功能与多元保护——兼评反不正当竞争法第 6 条第 3 项 [J]. 法学研究，2018，40（5）：130.

❷　宁立志，赵丰. 作品标题的法律保护问题研究 [J]. 出版科学，2020，28（4）：24.

❸　DOGAN S L，LEMLEY M A. The Merchandising Right：Fragile Theory or Fait Accompli [J]. Emory Law Journal，2005，54（1）：479.

化权理论扩大了商标所有人的权利，以牺牲自由竞争为代价，对商标的使用提供了一种新的控制形式。在市场经济中，简单地假设某人必须拥有以特定方式竞争的权利是不合理的。❶ 下文将通过对"搭便车"、商标的戏谑模仿等行为的研究进一步讨论广泛地保护商标所有人商誉的必要性。本书以为，如果模仿者是善意使用（并非具有故意和过失），消费者并没有将在后作品与知名度较强的在先作品相混淆，是不能适用我国商标法和反不正当竞争法所提供的救济规定。

至于反不正当竞争法一般条款的适用问题，如果作品的标题或其他元素通过商标性使用获得"第二含义"可以获得《反不正当竞争法》第六条具体规范保护的话，就不需要再适用一般条款。反不正当竞争法一般条款与具体条款之间并非具有选择适用的关系。反之，如果并不符合具体条款的规定，考虑到适用《反不正当竞争法》第二条可能会导致著作权财产权的实质扩张、对公共利益的进一步侵蚀，违背著作权法定的原则，不建议直接适用。著作权法和专利法所划定的公有领域的边界一定不能被商标法或反不正当竞争法所截短，以致人们无法确定公有领域的内容甚至不敢自由使用。这种由立法者确定的公有领域和著作权专有权利保护领域之间的平衡不应被随意践踏。❷ 我国《反不正当竞争法》第二条也包含模仿自由原则的内容，并不一定就可以成为权益人扩张势力范围的强有力依据，这也是模仿自由原则在著作权法和反不正当竞争法之间的第二次适用。

---

❶ DOGAN S L，LEMLEY M A. The Merchandising Right：Fragile Theory or Fait Accompli [J]. Emory Law Journal，2005，54（1）：480.

❷ 王太平. 美国 Dastar 案：区分商标与著作权法，捍卫公共领域 [J]. 电子知识产权，2006（2）：51.

综上所述，知识产权法和反不正当竞争法的关系错综复杂，原因可能在于知识产权权利客体和权利范围一直处于扩张的趋势，而不正当竞争的认定充满模糊与不确定性。对于二者的适用和选择，应充分保障市场的自由竞争，将模仿自由原则作为立法者和司法者价值判断的重要依据。模仿自由原则作为人类的本性，属于法的一般原则，知识产权法和反不正当竞争法属于模仿自由原则的例外。作为私法领域的模仿自由法律原则，模仿自由原则主要作用于知识产权法覆盖不到的领域。虽然实定法和法学理论都假定知识产权保护法的保护范围与可以免费模仿的成果之间存在明确的边界，但在实践中这种边界划分方法因各国不同的竞争政策取向、法律演进导致的法律制度不同分工，甚至因特定时期法官的伦理价值判断而各有不同。我国反不正当竞争法在保护智力和商业成果方面，采取不同于知识产权法的赋权模式，对无法适用知识产权法提供侵权救济的成果，提供了禁止不正当模仿的保护（《反不正当竞争法》第六条规定禁止商业标识的仿冒）。从模仿自由的角度来看，知识产权法是事先划出禁止模仿的自由模仿（竞争）的区域，反不正当竞争法则是在本可以自由模仿的区域，再次对模仿（竞争）行为的调整，通过个别行为的判断禁止那些"出格"的模仿行为。❶ 所谓"出格"的模仿行为，需要违反反不正当竞争法条款的构成要件，而不能以一些非法律概念限制竞争。

在对某种新出现的智力成果或商业成果选择请求权基础提供保护时，模仿自由原则至少应有三次适用机会：第一次是公有领域和法律可提供救济的范围之间；第二次是专有权利和反不正当竞争法调整的范围之间；第三次是各知识产权部门法所提供的保

---

❶　高富平. 竞争法视野下创新和竞争行为调整的体系化思考 [J]. 法商研究，2015，32（3）：75.

护范围之间。知识产权法和反不正当竞争法之间存在尚待法律评价的真空地带，而非严丝合缝地为知识产权提供"补充"保护。反不正当竞争法不能完全充当知识产权法的"孵化器"，只有出现一些损害竞争的"额外因素"时才可以被纳入反不正当竞争法予以保护。更需要警惕实践中大量出现的藉由反不正当竞争法派生出来的"搭便车""不劳而获"等道德评价，而实质扩张知识产权权利人范围的案例。

当前，已有部分法院根据多年的裁判经验，认识到"反不正当竞争法不是权利保护法，对竞争行为进行规制时不应过多考虑静态利益和商业成果，而应立足于竞争手段的正当性和竞争机制的健全性，考虑市场竞争的根本目标"❶。与此同时，在司法实践中模仿者也可以通过对模仿自由原则的适用进行抗辩。这些抗辩理由可以指向所模仿的内容属于公有领域，也可以指向该内容不属于知识产权法的调整范畴，也可说明竞争行为没有妨碍自由竞争及破坏正常的竞争秩序。

三、"一般条款"的定位与适用

（一）"一般条款"的范围与属性

知识产权法和反不正当竞争法是模仿自由原则的例外，换言之，模仿自由原则贯穿两部特别法始终，特别是在知识产权法与反不正当竞争法之间的"灰色地带"，模仿自由原则的抗辩作用得以凸显。对于我国反不正当竞争法理论和司法实践来说，最为

---

❶ 北京市高级人民法院（2021）京民终 281 号民事判决书。

模糊的地带、最容易发生争议的就是《反不正当竞争法》第二条❶，学界笼统地称其为"一般条款"，在适用上通常认为是"在法律具体列举的不正当竞争行为以外认定其他不正当竞争行为要件的抽象规范"❷。本节需要关注的问题是，我国《反不正当竞争法》"一般条款"是反不正当竞争法的原则吗？"一般条款"和模仿自由原则的关系如何？模仿自由原则是反不正当竞争法的原则吗？

我国《反不正当竞争法》第二条包括了三款内容，对于"一般条款"所指称的是第一款还是第二款的内容，学界有不同观点。例如，刘继峰教授认为，《反不正当竞争法》第二条第一款属于法律原则，而第二款是有限的法律概念，也不是一般条款；❸ 邵建东教授认为，一般条款即体现在第二条第一款对遵守诚实信用、商业道德等竞争基本原则的表述中，也反映在第二款对"不正当竞争"概念的定义中；❹ 郑友德教授等则认为，我国《反不正当竞争法》缺乏严格意义的"一般条款"，第二条第一款是价值指令，第二款是定义性规范❺。另外，对于"一般条款"的属性，

---

❶　采用"北大法宝"数据库的"法宝联想"功能进行初步检索，至 2021 年 9 月 26 日，适用《反不正当竞争法》第二条的判决书共 2939 份。其中，适用第一款的判决书共 468 份，适用第二款的判决书共 269 份，适用第三款的判决书共 122 份。有学者考证，在德国反不正当竞争法的司法实践中，至少 1/3 的案件是用一般条款来判决的。参见郑友德，王活涛．新修订反不正当竞争法的顶层设计与实施中的疑难问题探讨 [J]．知识产权，2018（1）：5.

❷　郑友德，范长军．反不正当竞争法一般条款具体化研究——兼论《中华人民共和国反不正当竞争法》的完善 [J]．法商研究，2005（5）：126.

❸　刘继峰．反不正当竞争法的"不可承受之轻"——论一般条款的缺失及原则受限的改进 [J]．北京化工大学学报（社会科学版），2010（3）：22-23.

❹　邵建东．我国反不正当竞争法中的一般条款及其在司法实践中的适用 [J]．南京大学法律评论，2003（1）：199.

❺　郑友德，范长军．反不正当竞争法一般条款具体化研究——兼论《中华人民共和国反不正当竞争法》的完善 [J]．法商研究，2005（5）：131.

也有"原则说"和"规则说"的分野。邵建东和郑友德等则认为，一般条款是"规则"，属于"规范性法律概念"❶，不仅是兜底条款，还是竞合规范、授权规范。❷ 持"原则说"的有韦之教授和谢晓尧教授等。谢晓尧教授认为"一般条款属于法律原则的特殊样态"❸；韦之教授则认为，既然《反不正当竞争法》第二条出现了"原则"的用语，那么该条就是原则条款。所谓概括性条款、一般条款、原则条款只是用语的差异，本身并无区别。❹ 还有一些学者和法官并没有深究"一般条款"和原则的关系，但是在实际使用中将原则和一般条款混同使用。如有学者在解释何为"向一般条款逃逸"时，并不仔细区分原则和一般条款；❺ 也有法院在裁判文书中使用"原则性条款"或"法律原则"来指称"一般条款"。❻

以上观点的主要分歧在于"一般条款"的界定及其与"原则"和"规则"的关系。根据民法学者的研究，在大陆法系的学说中一般条款与概括性条款是同义语。所谓概括性条款，是由"性质上属于一般性、概括性用语的所谓不确定法律概念，或需价

❶ 郑友德，范长军. 反不正当竞争法一般条款具体化研究——兼论《中华人民共和国反不正当竞争法》的完善 [J]. 法商研究，2005（5）：126.

❷ 邵建东. 我国反不正当竞争法中的一般条款及其在司法实践中的适用 [J]. 南京大学法律评论，2003（1）：200.

❸ 谢晓尧. 未阐明的规则与权利的证成——不正当竞争案件中法律原则的适用 [J]. 知识产权，2014（10）：4.

❹ 2021 年 9 月 25 日与韦之教授电话沟通中，韦之教授口述的观点之一。如转述有误，文责自负。

❺ 在裁判具体案件时，如果已有法律与法律原则的适用都能获得同一结论时，迳行适用原则的，在方法论上称为"向一般条款逃逸"。参见庞凌. 法律原则的识别和适用 [J]. 法学杂志，2004（10）：43.

❻ 例如，山东省高级人民法院（2010）鲁民三终字第 5-2 号民事判决书（最高人民法院指导案例 45 号）、最高人民法院（2013）民三终字第 5 号民事判决书、北京市第一中级人民法院（2014）一中民终字第 3199 号民事判决书等。

值补充的法律概念所组成"。❶ 日本学者我妻荣教授编辑的辞典显示，"一般条款"大致在两种意义上使用：第一，把法律上的要件制定为抽象的、一般性的规定。私法中多体现为如善良风俗、正当理由等为要件的法律条文，其具体适用听任法官，具有灵活性，根据社会情况变化可追求妥当性。第二，在公法上指以不确定的概念为行政行为要件的规定，如"认为公益上有需要时"等，也有把与一定情况有关的情形统一整理为对象的规定。❷ 反不正当竞争法的"一般条款"显然是在第一种情况下使用。同时，大部分民法研究者的成果也表明，德国民法体系中的"一般条款"也属于概括性条款，而非具有一般法律思想的法律原则。❸ 中国台湾学者王泽鉴先生也区分了民法的基本原则和概括性条款。前者明定或蕴含于民法总则中，是为了彰显了民法内在价值体系，主要包括维护个体及人格关系原则、法律主体原则、权利能力及行为能力不得抛弃、保障自由原则、行为自负原则、自由因维护公序良俗受限等。❹

　　反不正当竞争法中的"一般条款"主要以诚实信用或善良风

　　❶　吴秀明. 竞争法上之概括条款——公平法第二十四条法律通用原则与规范功能之再探讨（上）[J]. 政大法学评论，2005（84）：170.

　　❷　我妻荣. 新版新法律学辞典 [M]. 北京：中国政法大学出版社，1991：25.

　　❸　也有学者提到概括性条款包括一些缺乏具体内容的法律原则或法律思想（参见吴秀明文，第173页）。笔者以为，广义的概括性条款是一种立法技术，一些法律原则可以就概括性条款予以表达，但是并不是所有的概括性条款都属于法律原则的范畴，如平等原则、自愿原则等。类似观点参见王福友. 从"一般条款"到一般条款——侵权法立法理念之匡正 [J]. 当代法学，2010，24（1）：14. 也有学者将民法领域的概括性条款限定为诚实信用和公序良俗，是狭义意义上的使用，认为概括条款的本质是转介条款，属于法律原则向法律规则转化的过渡阶段。参见刘亚东.《民法典》法源类型的二元化思考——以"规则——原则"的区分为中心 [J]. 北方法学，2020，14（6）：49-50.

　　❹　王泽鉴. 民法总则 [M]. 北京：中国政法大学出版社，2003：37，56.

俗、商业道德为主要识别点。在德国和中国台湾地区"民法"中的"有悖于善良风俗"规定原本的主要功能就在于规范不正当竞争行为。反不正当竞争法作为特别侵权行为法，和民法典中的一般性规范是特别法与一般法的关系。❶拉伦茨称《德国民法》第八百二十六条"故意以有悖于善良风俗加损害于他人者，应负损害责任"为概括条款。师从于拉伦茨的王泽鉴也认为，规定"悖于善良风俗"的中国台湾地区"民法"第一百八十四条第一款第（一）项后段具有概括条款的性质，并非民法的基本原则。❷1909年《德国反不正当竞争法》根据民法一般性规范，将"在商业交易中以竞争为目的而违背善良风俗者，可向其请求停止侵害和损害赔偿"作为一般条款规定在第一条。德国反不正当竞争法的"一般条款"适用于待解决案件的前提是使"善良风俗"标准具体化为判决规范。❸

不仅是德国反不正当竞争法，国际公约和其他大陆法系国家也普遍采用"一般条款"的立法模式面对纷繁复杂的竞争环境。至于"一般条款"所采用的不确定概念是"正当""公平""公序良俗""诚实信用"抑或"商业道德"，并无法律效果上的不同。❹例如，《巴黎公约》和《瑞士反不正当竞争法》采用的是"诚实

---

❶ 邵建东. 德国反不正当竞争法研究 [M]. 北京：中国人民大学出版社，2001：24.

❷ 王泽鉴. 侵权行为：第三版 [M]. 北京：北京大学出版社，2016：47，327-328.

❸ 黑费梅尔. 通过司法和学说使《反不公平竞争法》的一般条款具体化 [J]. 郑友德，译. 经济法论丛，2000（3）：350. 2004 年修法之前《德国反不正当竞争法》第 1 条是一般条款，2004 年修法之后，一般条款变为第 3 条，以"不正当"取代了"违背善良风俗"概念，但实际上并未造成实质性区别。参见范长军. 德国反不正当竞争法研究 [M]. 北京：法律出版社，2010：84-85.

❹ 2021 年 9 月 25 日与韦之教授电话沟通中，韦之教授口述的观点之一。如转述有误，文责自负。

的习惯做法"或"诚信原则"。《巴黎公约》第十条之二规定，"凡在工商业事务中违反诚实的习惯做法的竞争行为构成不正当竞争的行为"。《瑞士反不正当竞争法》第二条规定，"任何具有欺诈性或以其他方式损害诚信原则，且影响竞争者之间或供应商与消费者之间关系的行为或经营行为，应当被认定为不正当且违法。"❶ 而中国台湾地区"公平交易法"和美国《联邦贸易委员会法》使用的则是"不正当竞争行为""欺骗性行为""影响商业秩序"或"显失公平"。❷

《反不正当竞争法》第二条也是在《民法典》基本原则的框架下罗列了若干不确定的法律概念，但该条在法律属性或功用上也未如台湾"公平交易法"将其明确为概括性规定，以补充具体规范之不足。❸《反不正当竞争法》第二条第一款罗列了"自愿、平等、公平、诚信原则，遵守法律和商业道德"的模糊概念，其中"自愿、平等、公平"等并非法律的衍生物，而是法律赖以产生的前提，属于"一般法律思想"的范畴，与道德准则难以明确划分，不能作为民事法律行为效力判断的裁判依据。❹ 在我国司法实践中，将《反不正当竞争法》第二条作为补充缺乏明文规定的

---

❶ 博德维希. 全球反不正当竞争法指引 [M]. 黄武双，刘维，陈雅秋，译. 北京：法律出版社，2015：687.

❷ 我国台湾地区"公平交易法"（2017 年修正）第 25 条：除本法另有规定者外，事业亦不得为其他足以影响交易秩序之欺罔或显失公平之行为。FTC Act § 5 (a)（1）：Unfair methods of competition in or affecting commerce, and unfair or deceptive acts or practices in or affecting commerce, are hereby declared unlawful. （15 U. S. C § 45）

❸ 在台湾"公平会所"制定的"公平交易法第二十四条案件处理原则"中指出，"公平交易法"为概括性规定，为使其适用具体化明确化。参见吴秀明. 竞争法上之概括条款——公平法第二十四条法律通用原则与规范功能之再探讨（上）[J]. 政大法学评论，2005（84）：167.

❹ 孙山. 请求权视野下"侵权法"一般条款的规范设计 [J]. 甘肃政法学院学报，2020（3）：31.

到损害为由主张适用反不正当竞争法第二条，但不能举证证明损害经营者利益的行为扰乱市场竞争秩序的，人民法院依法不予支持"。虽然正式颁布的司法解释未正式纳入该款，但指出了司法实践中长期以来对仅以竞争利益受损就认定为不正当竞争行为的错误观点，将关注点恢复至不正当竞争行为对竞争秩序的客观影响上。❶ 美中不足的是征求意见稿仅考虑了"经营者利益受损"，对于消费者合法权益和竞争秩序的关系并未作出解释。有学者指出，在我国消费者利益的损害不算作竞争利益的损害，而是作为考量竞争利益保护的一个因素。❷ 还有学者认为，消费者利益不需要依赖竞争秩序而存在，不应将竞争秩序利益标准用于衡量消费者利益，但竞争秩序利益在衡量过程中具有终局意义，对经营者和消费者利益提供保护均以竞争秩序利益受到损害为前提。❸ 笔者以为，反不正当竞争法并未直接赋予消费者诉讼权利，但并不意味着不保护消费者的合法权益，作为判断是否破坏竞争秩序的重要参考因素，消费者的利益应高于经营者利益成为首要考虑因素。反不正当竞争法司法解释既然对"商业道德"作出了定义，也应进一步解释"竞争秩序"的判断标准。

综上，从概念本身来看《反不正当竞争法》第二条整体上还是采用了"诚实信用"和"公序良俗"两个不确定法律概念授权法官对何为不正当竞争行为进行自由裁量。如果从"适用主体"和"适用对象"两个方面来定义一般条款❹，那么我国《反不正

---

❶ 类似文章可参见蒋舸. 关于竞争行为正当性评判泛道德化之反思 [J]. 现代法学，2013，35（6）：85-95.

❷ 黄武双. 不正当竞争的判断步骤 [J]. 科技与法律（中英文），2021（3）：5.

❸ 刘维，陈鹏宇. 论数字时代反不正当竞争法中的消费者利益 [J]. 知识产权，2023（7）：94-95.

❹ 刘亚东. 民法概括条款适用的方法论 [J]. 政治与法律，2019（12）：82-83.

当竞争法》第二条第一款和第二款就是授权法官通过价值补充实现自我评价、自我创造功能的概括性条款。

（二）反不正当竞争法的法律原则之一

在确定了"一般条款"的属性后，接下来需要思考的问题是《反不正当竞争法》第二条规定的若干项不确定法律概念是否为反不正当竞争法的原则。有学者认为包括反垄断法和反不正当竞争法在内的竞争法原则应包括有效竞争原则、促进竞争原则、公平竞争原则、合法有序原则。❶ 谢晓尧教授将我国反不正当竞争法的法律原则形容为"树状结构"❷：第一，"上位阶的法律原则"，即民法基本原则；第二，"同位阶的法律原则"，包括《反不正当竞争法》立法目的及一般条款中的正当竞争原则、公平竞争原则、消费者和经营者合法利益受保护原则、自愿平等公平原则、诚实信用原则、遵守商业道德原则等；第三，"下位阶的法律原则"，主要是指司法实践中对上述原则的具体化，如非公益必要不干扰原则等。对反不正当竞争法原则采取"树状结构"的分类方式是可取的，特别是考虑到尚未被实证法明确的法律原则，基于《反不正当竞争法》第二条留给司法者"造法"的空间，这类原则才得以通过司法实践予以"发现"。根据市场客观伦理秩序的变化，以及公平正义原则，"一般条款"会衍生出适应新环境的司法原则，等待被立法者所确认。然而，将《反不正当竞争法》第二条中所谓"同位阶的法律原则"作为反不正当竞争法的法律原则值得商榷。第一，在反不正当竞争法"一般条款"中，有不少内容

❶ 倪振峰. 竞争法基本原则探讨 [J]. 政治与法律，1998（2）：37-40.
❷ 谢晓尧. 未阐明的规则与权利的证成——不正当竞争案件中法律原则的适用 [J]. 知识产权，2014（10）：5.

也是对《民法典》中基本原则的重复。若将反不正当竞争法作为特别侵权行为法，那么《民法典》是《反不正当竞争法》的上位法，同一个法律原则内容不能既是上位原则，又是下位原则。第二，《反不正当竞争法》第二条的"一般条款"与居于法律基本精神的一般条款并不能作为"同位阶"的法律原则处理。"一般条款"中的"遵守诚实信用"和"遵守商业道德"才是法官直接裁判的依据，与"自愿、平等、公平"的法律伦理性原则有所不同。后者不仅是反不正当竞争法遵守的原则，也是整个私法的原则，这也导致商业道德和诚实信用在内容上与"自愿、平等、公平"的内涵有所重合。❶ 可见，我国目前《反不正当竞争法》第二条的内容不仅涵盖了概括条款所规范的内容，还包括了具有普适性的法律基本精神的更宽泛概念。这也是我国台湾学者认为大陆反不正当竞争法"一般条款"在概念上与法律基本精神的一般条款相混同，且比台湾"公平交易法"第二十四条概括条款的概念更为宽泛的原因。

反不正当竞争法"一般条款"的作用在于，授权法院补充认定明文列举以外的其他不正当竞争行为。❷ 换言之，一般条款是为了避免百密一疏，授权法院利用概括性法律概念进行主观评价。在评价的过程需要援引"其他法律和可能的法外评价"进行吸收和转化，对其适用需要横跨不同的法域或价值。❸ 因而，在一定程度上可以认为，"一般条款"是以法理、反不正当竞争法的原则

---

❶ 也有学者认为，自愿、平等、公平正义、公认的商业道德，均是经营者在市场竞争中秉承诚信实用原则的内核，是诚实信用的应有之义或内涵，其相互之间不呈并列关系。郑友德，王活涛. 新修订反不正当竞争法的顶层设计与实施中的疑难问题探讨 [J]. 知识产权，2018（1）：6.

❷ 5141 课题组. 知识产权法学辞典 [M]. 北京：北京大学出版社，2006：122.

❸ 刘亚东. 民法概括条款适用的方法论 [J]. 政治与法律，2019（12）：82.

和司法经验为基础而制定，为法官"续造"而设置的弹性条款。在"一般条款"之上还应有更高位阶的反不正当竞争法的原则。"一般条款"中的"诚实信用"和"商业道德"并非反不正当竞争法的原则，对于原则的追溯应关注反不正当竞争法的核心立法目的。

反不正当竞争法的核心任务，正如其名称所表述的那样，就是反对不正当竞争行为，区分不正当竞争和其他类似情况并解决这些问题的法律规范。其宗旨是构建正常的竞争秩序，防止有竞争者获得不正当竞争优势。市场竞争是满足所有市场参与者利益的共同基础，自由竞争是被率先考虑的最优的实现途径。❶ 但与此同时，"以竞争自由确保竞争公平的期许只是一个幻想"，竞争并不能使经营者成为"正人君子"，阻止竞争、扩大市场占有份额是竞争者的"天性"，市场机制本身无法完全解决依靠不正当手段"获取竞争优势的诱惑"❷。因此，自由竞争、公平竞争是反不正当竞争法最核心的价值。

公平的竞争以竞争自由为前提条件，竞争自由又可以推演出模仿自由原则。因而，模仿自由原则应在反不正当竞争法的原则中占有一席之地。模仿自由原则如上文所述，属于未阐明的法律原则，属于宪法或上位法内在价值所蕴含的基本自由。这样的自由不得抛弃，只能被立法所限制。我国台湾"民法"第十七条规定，"自由不得抛弃。自由之限制，以不背于公共秩序或善良风俗

---

❶　有观点认为自由竞争原则是市场经济的精髓，在竞争法原则中处于首要位置，其他原则是对自由竞争原则的强化和补充。参见王艳林. 市场交易的基本原则——《中国反不正当竞争法》第 2 条第 1 款释论 [J]. 政法论坛，2001 (6)：44. 笔者也赞同自由竞争原则的优先地位，但是自由竞争和公平竞争并无法相互替代。

❷　博德维希. 全球反不正当竞争法指引 [M]. 黄武双，刘维，陈雅秋，译. 北京：法律出版社，2015：3.

者为限"。因而，作为概括条款的诚实信用原则和商业道德在一定程度上是对模仿自由原则的限制，也就是说模仿自由原则在法律秩序认可的范围内应当先于法律价值评判而存在，模仿自由原则的例外必须是法定的例外情形。在反不正当竞争法上，公平竞争是通过禁止违背诚实信用和商业道德的行为来实现的。韦之教授也认为，模仿自由是竞争法学和知识产权法学中的重要原则之一，但模仿自由受到竞争法的限制，只有不违反商业道德和诚信原则的仿制、利用行为才是合法的。❶ 在我国司法实践中，有法院已经论及了模仿自由的边界及模仿自由和商业道德、诚实信用原则的关系。基本观点都承认模仿自由对于市场竞争的重要性，提出"对于市场竞争秩序而言，公平的市场竞争允许一定程度的模仿自由""竞争对手之间彼此进行商业机会的争夺是竞争的常态，也是市场竞争所鼓励和提倡的"，但对于不正当竞争与模仿自由的界限应以"不正当地利用他人的劳动成果攫取竞争优势并以此参与市场竞争活动的行为明显有违公认的商业道德"为标准，"只有竞争对手在争夺商业机会时不遵守诚实信用原则，违反公认的商业道德，通过不正当手段攫取他人可以合理预期获得的商业机会，才为反不正当竞争法所禁止。"❷

综上，在我国《反不正当竞争法》"一般条款"中起到重要作用的"诚实信用"和"商业道德"的两个不确定概念是授权法官进行自由裁量的工具，二者并非真正体现了反不正当竞争法的立法核心价值。维护自由竞争、公平竞争才是反不正当竞争法最

❶ 5141 课题组. 知识产权法学辞典 [M]. 北京：北京大学出版社，2006：71.

❷ 上海知识产权法院（2017）沪 73 民终 278 号民事判决书、上海市普陀区人民法院（2020）沪 0107 民初 3624 号民事判决书、北京知识产权法院（2016）京 73 民终 85 号民事判决书、浙江省杭州市余杭区人民法院（2017）浙 0110 民初 13064 号民事判决书。

核心目标，而模仿自由是竞争自由的另一种表达。模仿自由原则是反不正当竞争法的基本原则之一，而"诚实信用"与"商业道德"则划定了正当模仿和不当模仿的界限。虽然它们在内涵上也并不排斥模仿自由，但在实践中对二者的适用却有偏离自由竞争的本质而保护权利人竞争利益的倾向。

第三节　利用模仿自由原则辩证分析"搭便车"行为

"搭便车"在经济学上是指得到一种物品的利益但不用为此支付费用。[1] 虽然"搭便车"并不是一个明确的法律概念，至少在我国法律文本包括反不正当竞争法在内并未有所规定。但实际情况是，"搭便车"已被用来描述各种可能构成不正当竞争的非欺骗性行为。[2] 与之类似的还有"不播种就收获"（reap where it has not sown）[3]、"傍名牌""不劳而获"或"食人而肥"等伦理性概念（下文将统称为"搭便车"）[4]。WIPO 将"不公平的搭便

---

[1]　曼昆. 经济学原理：微观经济学分册［M］. 梁小民，梁砾，译. 北京：北京大学出版社，2009：229.

[2]　LAFRANCE M. Passing Off and Unfair Competition：Conflict and Convergence in Competition Law［J］. Michigan State Law Review，2011（5）：1421.

[3]　International News Service v. The Associated Press，248 U. S. 215，1918.

[4]　另外，与"搭便车"相关的还有由"INS 案"创设的"禁止盗用"的概念。比如在我国司法实践中，禁止盗用和禁止"搭便车"都是由法院依据《反不正当竞争法》一般条款创设而来。但也有学者认为，虽然从法经济学上禁止盗用就是知识产权领域禁止"搭便车"的行为，但"搭便车"并非完全对社会有害，因而二者并不完全等同。参见梁志文. 从"山寨现象"看禁止盗用原则及其应用［J］. 法学，2009（7）：103. 但在"INS 案"中，搭便车是构成盗用之诉的五要素之一。International News Service v. The Associated Press，248 U. S. 215，1918.

车行为"（unfair free riding）定义为竞争者或其他市场参与者为了其商业利益故意直接剽窃他人的商业成果，并且在实质上并未与原有成果区分的行为。❶ 可见，不正当的"搭便车"行为要求主观具有谋取商业利益的故意，客观上实质性利用了他人的商业成果。还有法国学者认为"搭便车"是"任何人以营利为目的，且无正当理由以相同或类似方式使用他人个性化的经济价值（他人技术、智力劳动或投资的成果）从而获得竞争优势，则构成'搭便车'的过错行为。"❷

"搭便车"理论是由司法实践和学者构建出的判断标准，因而该理论的运用范围较为不确定。通过比较法研究，域外对"搭便车"的适用范围更为灵活。学者考证法国的司法实践发现，"搭便车"理论不仅在反不正当竞争法领域存在，在传统知识产权领域也十分活跃。比如报刊转载未标明出处❸或未经许可使用他人在论文中涉及的服务方案❹，都属于不正当的"搭便车"行为。除此之外，"搭便车"理论还可适用在反垄断领域。例如，在美国"Leegin Creative Leather Prods. v. PSKS, Inc. 案"中，肯尼迪大法官（Justice Kennedy）认为，折扣商可以通过"搭便车"获得零售商服务所产生的额外需求，如果没有垂直价格限制，可能会削弱品牌间的竞争力，推翻了《谢尔曼法》"制造商为销售商设定商品最低价格为非法"的规定。❺

我国司法实践普遍将"搭便车"理论运用在反不正当竞争和

---

❶ SANDERS A K. Unfair Competition Law: The Protection of Intellectual and Industrial Creativity [M]. Oxford: Clarendon Press, 1997: 7.

❷ 冯术杰. "搭便车"的竞争法规制 [J]. 清华法学, 2019, 13 (1): 179.

❸ 冯术杰. "搭便车"的竞争法规制 [J]. 清华法学, 2019, 13 (1): 179.

❹ 冯术杰. "搭便车"的竞争法规制 [J]. 清华法学, 2019, 13 (1): 180.

❺ Leegin Creative Leather Prods. v. PSKS, Inc., 551 U. S. 877, 2007.

商标侵权领域，集中体现在适用《反不正当竞争法》第二条的
"一般条款"、第六条的反假冒条款及商标侵权的认定中，主要认
为"搭便车"违背商业道德、诚实信用或在商业标识发生混淆时
"搭便车"者具有主观过错或恶意。这类案件群较为丰富，此处
暂举几例。

第一，在保护驰名商标方面，有法院认为《商标法》第十三
条第二款的出发点是防止他人搭驰名商标的便车，故可推知该规
定中的复制、摹仿更多地强调商标申请人的主观故意，只有具备
"搭便车"的主观故意，才符合对驰名商标保护的立法目的。❶

第二，在不规范使用注册商标的案件中，有法院提出被诉侵
权人改变原注册商标的表现形式而实际使用与原告商标相同或近
似的标识的行为，主观上是为了攀附原告商标的知名度而混淆一
般消费者，从而在市场经营活动中获取竞争优势，故侵权人此类
"搭便车"的行为主观上具有故意，构成商标侵权。❷

第三，在企业名称与商标权冲突的情形中，最高人民法院认
为在注册企业名称及使用时突出使用他人商标，具有"攀附他人
商标声誉、'搭便车'的主观故意，其行为在性质上属于违背诚
实信用原则，容易引起市场混淆的不正当竞争行为"❸。

第四，在关键词搜索的案件中，最高人民法院认为将与注册
商标相同的字样作为关键词供网络用户搜索并链接至被告所经营
的网站，虽然结果尚不足以导致消费者对二者所提供商品及服务
的来源产生混淆，但用户在输入关键词时会在搜索结果中发现被
告设置的网站链接，这表明被告主观上具有利用原告的良好信誉

❶　北京市第一中级人民法院（2012）一中知行初字第 1477 号民事判决书。
❷　广东省深圳市中级人民法院（2020）粤 03 民终 15301 号民事判决书。
❸　最高人民法院（2020）最高法民再 380 号民事判决书。

和市场影响力，谋取不正当的交易机会的"搭便车"的故意，客观上使原告的潜在客户减少，该行为不仅侵害注册商标权，且损害了被许可使用人的商业利益，构成不正当竞争。❶

此外，禁止"搭便车"还承担着对尚不属于知识产权法保护的客体以"临时保护"的职责。例如，在 2021 年《著作权法》修订之前，对网络领域的广播组织权也通过禁止"搭便车"行为予以反不正当竞争法保护。❷ 综合来看，禁止"搭便车"主要适用于利用他人知名度谋取利益及保护权利人的创新或投入成果两个方面。下文将分别从"搭便车"与知识产品、商业道德、混淆可能性的内在联系展开论述。

一、"搭便车"与知识产品

"搭便车"在大部分学者和法官眼中，天然地披上了"恶意"的外衣，被认为是违背商业道德和诚实信用原则的不正当竞争行为。不少法院认为只要无正当理由，主观上具有谋取利益的故意，客观上利用他人商标及声誉都属于"搭便车"行为，所谋取的竞争利益都是不正当的。❸ 2012 年 7 月，《最高人民法院关于充分发挥审判职能作用为深化科技体制改革和加快国家创新体系建设提供司法保障的意见》亦规定，"……以诚实信用原则和公认的商业道德为基本标准，有效遏制各种搭车模仿、阻碍创新的新类型不正当竞争行为……"换言之，司法机关认为"搭车模仿"行为

---

❶ 最高人民法院（2014）民申字第 2000 号再审判决书。

❷ 北京市第一中级人民法院（2014）一中民终字第 3199 号民事判决书。

❸ 比如上文提到的"商机在线（北京）网络技术有限公司等诉天津市意典美闻食品有限公司侵害注册商标权及不正当竞争纠纷案"，参见最高人民法院（2014）民申字第 2000 号再审民事判决书。

违背商业道德或诚实信用等价值，经营者不能未经许可利用他人的商业投资或成果，他们担心如果无法使经营者在法律上获得其投入的全部社会价值，会削弱经营者的投资热情。

然而，包括对知识产品在内的公共产品进行"搭便车"是无法避免的经济现象。公共产品具有非竞争性和非排他性，在没有法律特别保护的情况下，难以阻止他人的使用。❶ 知识产品或其他商业成果的究极本质是信息，其客体与载体的可分离性导致一个人对知识成果的使用并不会妨碍其他人对该产品的消费。特别是在数字网络环境下，复制的成本大大降低，智力成果尤其是作品成了"纯粹的公共产品"。❷ 因此，有学者认为缺乏知识产权的保护只存在知识产品供给不足的问题，而不会发生产品本身因损耗发生使用不能的情况，或许还会因为传播范围的扩展而增加其价值。既然不存在信息的耗尽，也就不存在知识产权"公地悲剧"的问题。❸ 甚至有学者提出知识产权的"去产权化"有时在经济学上是最好的政策。❹

使用"盗用"或"挪用"来描述未经授权的复制行为是不恰当的，因为它掩盖了盗窃有形物与复制知识产品之间的区别。❺ 以有形物等私人产品的方式理解知识产权或其他商业成果，将与知

❶ 兰德斯，波斯纳. 知识产权法的经济结构 [M]. 金海军，译. 北京：北京大学出版社，2005：23-25.

❷ 彭学龙. 公共产品与版权保护 [J]. 中南财经政法大学学报，2006 (5)：107.

❸ 文礼朋，秦敬云，赵相忠. 公共地悲剧理论在知识产权经济学分析中的限制——也谈当前全球科学研究领域的新圈地运动与反公共地悲剧 [J]. 广西社会科学，2011 (9)：59.

❹ 兰德斯，波斯纳. 知识产权法的经济结构 [M]. 金海军，译. 北京：北京大学出版社，2005：18.

❺ POSNER R A. Misappropriation：A Dirge [J]. Houston Law Review，2003，40 (3)：622.

识产权公共产品的本质相悖。知识产品或商业成果没有清晰的权利边界，并不具备类似有体财产权的"静态效应"，而是基于激励采取的"动态模式"。因此，通过赋予静态的财产权试图将知识产品的外部性全部内在化是不可能实现的。正如莱姆利教授所言，"任何经济领域都不允许社会收益完全内部化。竞争市场之所以行之有效，并不是因为生产者获取了其产出的全部社会价值，而是因为允许生产者赚取利润来支付其成本，包括合理的固定成本投资回报"❶。通过禁止"搭便车"来获得所有的成本和利益就意味着以"财产权叙事"的方式使经营者对其投入享有排他所有权，以投资产生的全部社会价值或将其社会价值内在化的方式定义其权利范围。❷ 结果就是对创造者的商业投资及产生的商业利益赋予类似不动产那般的绝对权利。

从激励机制的角度来看，知识产权法使权利人受到激励的原因，也是因为权利人对其他人创造的公有领域的知识"搭了便车"。在著作权法和专利法的制度设计上，"激励创新"的基础性地位更为凸显；而在商业标识的保护方面，"竞争"比创新具有更强的激励作用。在市场竞争中，经营者经常对他人建立在产品名称和知名度等方面的投资进行"搭便车"，如首创自选购物型商场的经营者并不能阻止其他人开设超市。立法者并不阻止类似行为的原因在于消费者生活质量的提升受益于这些创意的自由传播。除非"搭便车"行为严重到足以阻止经营者继续投资，否则法律不应该一律禁止。因此，禁止"搭便车"不是"是与否"的

---

❶ LEMLEY M A. Property, Intellectual Property, and Free Riding [J]. Texas Law Review, 2005, 83 (4)：1302.

❷ LEMLEY M A. Property, Intellectual Property, and Free Riding [J]. Texas Law Review, 2005, 83 (4)：1307-1041.

问题，而是程度的判断问题。即便如此，这一经济模型的运行应如何被法律所评价，从事实证据上很难在短期判断"搭便车"是否严重到阻碍创新或投资，以至于需要法律的保护。因而，各国立法者为寻求解决办法，通常为法官提供了几个不确定概念或者由法院在实践中发展出各种判断标准，如美国在里程碑式的"国际新闻社诉美联社案"（International News Service v. Associated Press，多数文献简称为 INS）中确立的"禁止盗用原则"或"禁止挪用原则"。我国《反不正当竞争法》一般条款中的"商业道德"就是在具体案件中判断"搭便车"是否违背商业伦理的一个常用"工具"。

（一）"搭便车"的道德羁绊

"搭便车"行为在市场竞争中的存在是无法估量的。法院在使用"搭便车"认定不正当竞争行为时几乎完全取决于叙事语境。法院对"搭便车"的描述极具有灵活性，有的被宽泛地描述为任何形式的商业不道德行为，或简单地表述为试图不劳而获，侵占竞争对手的技能、劳动和支出，盗用他人利益或者财产权等。其中暗含着不当得利的判断规则，即以牺牲他人利益为代价而获得不公平利益的人，应承担赔偿责任。❶

这种"搭便车"是不道德的观点甚至影响了现代知识产权法的形成。在著名的"国际新闻社诉美联社案"中美国联邦最高法院确立了"禁止盗用（或挪用）原则"。该案皮特尼大法官（Justice Pitney）指出，尽管联邦版权法并未对事实类新闻提供保护，但美联社对这类新闻享有对抗竞争者的"准财产权"（quasi property

---

❶ Restatement（Third）of Restitution and Unjust Enrichment（2011）§ 1.

right）。国际新闻社免费复制竞争对手的新闻是"在没有播种的地方收获"（reap where it has not sown）的"搭便车"行为，该行为违背良善的道德准则，构成不正当竞争。❶ 随着互联网和信息科技的发展，美联社在近一个世纪借由"禁止盗用原则"这一有力"武器"在广播、互联网聚合网站等领域保护了其事实新闻。❷ 事实新闻保护的信息客体也扩展至数据，包括在线新闻信息、社交网站用户信息和金融信息等。❸

除事实新闻之外，"国际新闻社诉美联社案"确立的"禁止盗用"的学说也在知识产权其他领域产生了新的"权利"。比如商标的"淡化侵权"，或者将"搭便车"作为认定惩罚性赔偿的主观恶意的严重情节等。新闻或数据聚合也不是唯一能从竞争对手的播种中获益的行业，类似的还有时尚产业对于服装设计、产品设计的模仿问题。按照"国际新闻社诉美联社案"确定的逻辑，基本上所有从竞争对手的各种投入中获益的经营者，都以牺牲竞争对手的利益为代价，获得了不公平的竞争优势。

知识产权在这些领域的扩张的现实情况可能也导致司法者出于本能地反对"搭便车"❹，或者将虚假陈述或不实陈述（misrepresentation）和禁止盗用作为知识产权法和反不正当竞争法共同重

---

❶　International News Service v. The Associated Press，248 U. S. 215，1918.

❷　KENNEALLY M E. Misappropriation and the Morality of Free-Riding ［J］. Stanford Technology Law Review，2015，18（2）：296.

❸　杨翔宇. 美国法信息盗用制度的演进及其对我国数据财产权益保护的启示［J］. 政治与法律，2019（11）：155-156.

❹　FRANKLYN D J. Debunking Dilution Doctrine：Toward a Coherent Theory of the Anti-Free-Rider Principle in American Trademark Law ［J］. Hastings Law Journal，2004，56（1）：132.

要的"基本道德情感"（basic moral feelings）❶，甚至那些反对"禁止盗用原则"的学者也承认"搭便车"在道德上存疑。布兰德斯大法官（Justice Brandeis）在"国际新闻社诉美联社案"中虽然反对认为将使用他人事实新闻的行为构成不正当竞争，但是他同时提到"以营利为目的地挪用他人的成果和想法而不作出补偿，甚至不予承认，可能不符合礼节（inconsistent with a finer sense of propriety），但除此之外，法律已经批准了这一做法""通讯社或报社在不支付报酬的情况下获得他人努力的成果，利用这些新闻与原始收集者竞争并获得收益，这种行为的不公正是显而易见的。"❷

对"搭便车"出于本能而判定为不道德的行为缺乏有力的证明。在美国，最主要的反对理由是"禁止盗用原则"作为州法学说与联邦版权法冲突。美国联邦版权法允许复制纯粹的事实，只保护特定的表达方式。❸ 而"禁止盗用原则"在一定程度上保护了事实消息及对事实收集所付出的劳动，违背了"联邦法优先（或先占）"（federal preemption）的原则。这意味着，州法保护对事实的收集，只有在未经原告许可复制该事实的表达时，才可能阻止被告或其他复制事实信息的收集者和传播者。即便产生了对违背先占条款的质疑，仍有法院不断地为"禁止盗用原则"的适用寻找新的理由。在 NBA v. Motorola, Inc. 案中，联邦第二巡回上诉法院不再依赖于对"搭便车"进行道德评价的思考路径，对非优先适用的"禁止盗用原则"确立了"五要素测试法"，转向

---

❶ VISSER D. Misrepresentation and Misappropriation [M] //OHLY A, SIEBECK M. Common Principles of European Intellectual Property Law. Tübingen: Mohr Siebeck, 2012: 247.

❷ International News Service v. The Associated Press, 248 U. S. 215, 1918.

❸ 《美国版权法》第 102 条（b）款。

了以"激励"为重点讨论基础。❶ 温特法官（Judge Winter）认为，"国际新闻社诉美联社案"案确立的"禁止盗用原则"与道德判断无关。但除了版权侵权以外，仍然有其他理由使事实新闻的请求权免于"联邦法先占原则"，包括事实信息的时间敏感价值、被告的"搭便车"及对原告提供的产品或服务存在的威胁等。❷ 也就是说，法院认为"搭便车"对社会造成负面影响的原因不再以"搭便车"行为本身是否存有道德瑕疵为论证基础。

然而到了 2011 年，联邦第二巡回上诉法院却在 Barclays Capital Inc. v. Theflyonthewall. com, Inc. 案中拒绝适用自己在 NBA v. Motorola, Inc. 案中创设的"五要素测试法"。法院认为，"禁止盗用原则"不再是良法，该标准已经被 1938 年的 Erie Railroad Co. v. Tompkins 案撤销，但基于 1976 年《版权法》修正案的立法背景，人们普遍认为类似"热点新闻"的诉讼请求可以免于联邦版权法优先的原则。因此，"禁止盗用"理论是侵权理论的说明而不是作为侵权诉讼可遵循的先例而存在。❸

从以上几个案例可以窥见，美国司法实践对"禁止盗用"的适用存在不少争议与反复。虽然目前美国的司法实践大多不再以明显的道德术语叙述"禁止盗用原则"，但"国际新闻社诉美联社案"中有关道德的解读奠定了"禁止盗用原则"理论的发展，

---

❶ KENNEALLY M E. Misappropriation and the Morality of Free-Riding [J]. Stanford Technology Law Review, 2015, 18（2）: 292-293.

❷ National Basketball Association v. Motorola, Inc., 105 F. 3d 841, 1997. "五要素测试法"包括: 第一, 原告在制作或收集信息的过程中投入了成本; 第二, 信息具有时效性; 第三, 被告使用信息的行为属于对原告努力的"搭便车"行为; 第四, 被告与原告供应的某种产品或服务具有直接竞争关系; 第五, 他方当事人对原告或其他人之努力进行"搭便车"的行为将减损其供应产品或服务的激励, 使得产品或服务的生存或质量受到严重威胁。

❸ Barclays Capital Inc. v. Theflyonthewall. com, Inc., 650 F. 3d 876, 2011.

即便不明确使用道德术语，也无法摆脱道德对"禁止盗用"的羁绊。❶ 当然，从美国司法实践中的讨论也可以发现，并没有一个明确反对"搭便车"或"盗用"学说的具体规范，以及如何最大程度地激励社会福利提升的方法。莱姆利教授在《财产权、知识产权和搭便车》（*Property*，*Intellectual Property*，*and Free Riding*）一文中，通过法经济学的分析反驳了以知识产权财产理论为基础构建的禁止"搭便车"的论点。通过"举重以明轻"的规则推论，利用知识产权专有权保护之外的商业成果参与市场竞争的行为，不属于应被禁止的"搭便车"行为。在尚不清楚如何采取有效的激励措施，既不过度地限制公众获得知识产品和其他商业成果，又能保证对信息或其他知识产品进行最佳投资的情况下，不应武断地反对所有以违背商业道德为理由的"搭便车"行为。因为禁止"搭便车"的决定不过是根据以往的道德经验得来，产生的激励效应无法证明能够提升社会整体福利。

因能力所限，笔者也无法提出一个明确的标准判断在何种情况下"搭便车"是允许的，但至少需要反思，不应为"搭便车"套上沉重的道德枷锁。正如卡普兰教授（Benjamin Kaplan）所言，"如果人类有一些'自然'权利，那么一定是模仿同伴的权利，人们就此可以收获不是自己种下的东西。毕竟教育就受益于模仿，同时，人类的发展（如果不是完全的虚幻）也取决于对复制慷慨的宽容"❷。

---

❶ KENNEALLY M E. Misappropriation and the Morality of Free-Riding [J]. Stanford Technology Law Review, 2015, 18 (2)：292, 294.

❷ KAPLAN B. An Unhurried View of Copyright [M]. Clark：The Lawbook Exchange, Ltd., 2008：2.

（二）"搭便车"与"洛克式"的道德

在道德层面探讨"搭便车"是否存在不劳而获的情形时，约翰·洛克（John Locke）在《政府论（下篇）》中有关财产权的经典论述通常会作为禁止"搭便车"的依据。"使创造利益者享受该利益"，实质上是洛克劳动理论的现代翻版。❶ 在 L'Oréal v. Bellure 案中，欧盟法院认为"寄生"或"搭便车"的概念"不涉及对商标造成的损害，而涉及第三人因使用相同或类似标志而获得的优势""如果第三方试图通过使用与享有声誉的商标类似的标志，剥削商标所有人创造和维护商标的形象而花费的营销努力，利用其吸引力、声誉和威望并从中受益，还无须支付任何经济补偿，也无须自己做出努力。由此产生的利益必须被认为是不公平地利用该商标的显著特征或声誉"❷。这种由法官解释并基于伦理道德对商标所有人的投资进行"洛克式"保护的理论得到不少学者的支持。

洛克的"财产劳动理论"影响深远，长期以来被认为是知识财产或知识产权正当性的构成基础。关于知识产权法的规范性基础方面，其核心内容是"每个人都拥有对自己人身的财产，每个人的劳动都属于自己，当一个人把他的劳动掺入人类共有的某物时，该物便成了他的财产"。同时，这一财产权也是有条件的。一个人必须"将足够多且同样好的东西留给其他人所共有，不能从共有物中取走超出其能够充分利用的那部分"❸。

---

❶ 李扬. 知识产权法定主义及其适用——兼与梁慧星、易继明教授商榷 [J]. 法学研究，2006（2）：4.

❷ L'Oréal SA and others v. Bellure NV and others, [2010] All ER (EC) 28, paragraph 41, 49.

❸ 德霍斯. 知识财产法哲学 [M]. 周林，译. 北京：商务印书馆，2017：70.

当然，对洛克"劳动财产理论"的质疑声也不绝于耳。彼得·德霍斯认为洛克的劳动理论关注的是有形物，而非抽象物的所有权，劳动不能作为论证财产权合理性的决定性的或完整的唯一基点。❶罗伯特·诺奇克（Rober Nozick）则在著名的"番茄汁"假设中提出洛克通过在某物掺进劳动而取得财产权的局限性，即通过向海洋倾倒番茄汁就能获得海洋的所有权的结论是荒谬的。❷李杨教授进一步提出，这种未加限定的、含糊不清的劳动观点不仅为知识产权的非法行为提供合法借口，最主要的是可能成为"知识产品生产者滥用权利的武器"。❸

笔者并非意愿加入洛克基于"劳动"来解释财产权正当性的讨论中，上述观点只能说明将"劳动"作为知识产权或知识产品的中心地位还存有不少争议。并不是所有的"劳动"都可以获得法律所认可的财产权，比如盗窃、抢劫或者并不符合著作权法中"独创性"要求的创作。因而，笔者所关心的是何种劳动足以成为财产权的依据，为了获得所获财产的正当性，要付出多少劳动？"搭便车"及所谓从他人各种形式的劳动中获益的"不劳而获"行为，是否违背了洛克的"劳动理论"？洛克有关劳动的解释能否为支持"搭便车"是不道德的提供明确的理论依据？

洛克的"劳动理论"并没有禁止从他人的劳动中获益。他反而支持人们基于理性，可以为了生活和便利的最大好处而加以利用人类共有物。劳动的目的是人类的生存和繁荣。另外，并不是

---

❶ 德霍斯. 知识财产法哲学［M］. 周林，译. 北京：商务印书馆，2017：76.

❷ 莫杰思. 知识产权正当性解释［M］. 金海军，史兆欢，寇海侠，译. 北京：商务印书馆，2019：80. 本书中，莫杰思教授认为，诺奇克的"番茄汁"假设中用"掺进"做比喻是对洛克学说的误解。

❸ 李扬. 知识产权法定主义及其适用——兼与梁慧星、易继明教授商榷［J］. 法学研究，2006（2）：7.

有劳动就可以获得所有权，对一些"处在自然状态中的东西没有人天然享有排斥其余人类的私人所有权"❶。莫杰思教授将这种自然状态下的有体共有物类比为不受任何知识产权占有的公有领域。"通过劳动添加到自然状态所发生的内容"与"把劳动添加到某一样之前存在权利但现在已经丧失权利的东西上，并以此证明可以正当主张个人权利"的情形并没有什么不同。除非某种"劳动"附加于公共领域所提取的内容之上，否则不存在任何的财产主张。❷

除了承认"公有领域"是供全人类使用的以外，洛克的一些限制财产权取得的观点也值得进一步细究。莫杰思教授将这些限制总结为两个附加条件，即"充足性附加条件"和"反糟蹋反浪费附加条件"。前者是指财产权的取得要留下"足够的同样好的东西给其他人共有"❸，毕竟"谁都不会因为另一个人喝了水，牛饮地喝了很多，而觉得自己受到损害，因为他尚有一整条同样的河水留给他解渴"❹。就这一点来说，可能会有人以下面这段话作为"搭便车"不道德的论据：

谁有同那已被占用的东西一样好的东西可供利用，他就无须抱怨，也不应该干预旁人业已用劳动改进的东西。很明显，他是

---

❶ 洛克. 政府论——论政府的真正起源、范围和目的：下篇 [M]. 叶启芳，瞿菊农，译. 北京：商务印书馆，2017：17-18.

❷ 莫杰思. 知识产权正当性解释 [M]. 金海军，史兆欢，寇海侠，译. 北京：商务印书馆，2019：73-74.

❸ 洛克. 政府论——论政府的真正起源、范围和目的：下篇 [M]. 叶启芳，瞿菊农，译. 北京：商务印书馆，2017：18.

❹ 洛克. 政府论——论政府的真正起源、范围和目的：下篇 [M]. 叶启芳，瞿菊农，译. 北京：商务印书馆，2017：21.

想白占人家劳动的便宜，而他并无权利这样做。[1]

一方面，这种说法并不是对"不劳者"占便宜的道德谴责。一个人对某物"无权利"并不一定意味着最终获得了该物的行为是错误的。[2] 根据霍菲尔德的矩阵，对某物没有权利意味着他人没有义务提供该物，或者说其他人有不让"不劳者"获得物的特权。特权是一个人可以做某事的自由，这也意味着其他人有不让"不劳者"获得某物的自由。事实上并不排除"不劳者"最终获得该物的可能，只不过当有人阻止"不劳者"获得该物时，后者并不能以侵犯权利为由主张其诉求。

另一方面，洛克在讨论他人白占别人"劳动的便宜"时，前提是"有同那已被占用的东西一样好的东西可供利用"。从上下文的语境可以了解，洛克这段话的主旨是支持"公有领域"的合理性，即当有人通过劳动从公有领域获取财产权时，其他人是无权"抱怨"的。这里不仅有公有领域的问题，还有如何约束财产权可能给他人造成损害的问题。比如在奴性模仿的情况下，禁止他人模仿不具有专利权的产品功能性设计，就是阻碍了他人利用被先驱者占用的"一样好的东西"。进而，这就涉及莫杰思教授总结的第二个"反糟蹋、反浪费"的附加条件。虽然知识产品无法发生被糟蹋的情况，但是可能造成"浪费性过度划拨财产"的情况。[3] 洛克认为上帝基于理性才将世界给予人类共有，是为了勤

---

[1]　洛克. 政府论——论政府的真正起源、范围和目的：下篇 [M]. 叶启芳，瞿菊农，译. 北京：商务印书馆，2017：20.

[2]　KENNEALLY M E. Misappropriation and the Morality of Free-Riding [J]. Stanford Technology Law Review, 2015, 18 (2)：304.

[3]　莫杰思. 知识产权正当性解释 [M]. 金海军，史兆欢，寇海侠，译. 北京：商务印书馆，2019：110.

劳和有理性的人生活便利的最大化，而不是利用劳动从事巧取豪夺。❶

如果它们（所有权）在他手里未经适当利用即告毁坏……他就违反了自然的共同法则，就会受到惩处；他侵犯了他的邻人的应享部分，因为当这些东西超过他的必要用途和可能提供给他的生活需要的限度时，他就不再享有权利。

凡是经过耕种、收获、贮存起来的东西，在败坏之前予以利用，那是他的特有权利。凡是圈入、加以饲养和利用的牲畜和产品也都是他的。但是，如果在他圈用范围内的草在地上腐烂，或者他所种植的果实因未被摘采和储存而败坏，这块土地，尽管经他圈用，还是被看作是荒废的，可以为任何其他人所占有。❷

可见，洛克并不认为"在别人播种的地方收获"在事实上是不允许的，也并未提及圈用的土地因他人耕种而需要获得额外的补偿。"在没有播种的地方收获"在中文语境中通常被翻译成"不劳而获"。虽然符合"信、达、雅"的要求，但如果根据洛克的理论细究来看，"不劳而获"的说法容易造成一定的误导，使听者可能忽略了行为人的"收获"所付出的劳动，却集中关注"不劳"的情况。洛克认为，"采集"也是获得占有的一种劳动形式，即便是在他人播种的地方收获同样也付出了劳动。"反糟蹋反浪费附加条件"发生在对方无法物尽其用或者并未满足市场交易的需要而造成浪费的情形中。戈登·赫尔（Gordon Hull）认为，如果存在不可避免的需求未满足，而满足该需求的物品已经存在

---

❶ 洛克. 政府论——论政府的真正起源、范围和目的：下篇 [M]. 叶启芳，瞿菊农，译. 北京：商务印书馆，2017：21-22.

❷ 洛克. 政府论——论政府的真正起源、范围和目的：下篇 [M]. 叶启芳，瞿菊农，译. 北京：商务印书馆，2017：24-25.

并且由于财产权的主张阻止了这些需求的满足时，就会发生洛克式的"浪费"。❶ 这种情况下，在他人圈用的土地下的"收获"也可以获得财产权。虽然并没有对所收获的内容进行投资，但并不表示所有的"收获"都是免费的，甚至在"国际新闻社诉美联社案"中被告也花费了成本让员工从美联社公开的新闻简报中收集和复制新闻。

　　"国际新闻社诉美联社案"所确立的"盗用原则"认为，因他人的产品受益就是"盗用"了别人的"收获"。知识产品的公共产品属性使得即便有"盗用"行为，国际新闻社并没有剥夺美联社的新闻使用权，美联社完全可以继续使用这些新闻进行报道。信息效益的最大化就是让更多人可以获得信息，如果无法满足信息最大范围的传播，就应该有条件地允许自由模仿。可能有观点认为，除了新闻报道以外，国际新闻社还获得了其他好处，如美联社的客户群或损害了美联社的广告收益。但是如果没有其他人从美联社复制新闻，那么读者只能通过从单一来源处购买报纸获得信息。至于广告收益等，商业伦理和法律规范通常鼓励这种商业冒险行为，损害竞争对手的经济利益并不是完全不能容忍的，美联社及其成员没有权利获得这种不让竞争对手获得竞争利益的资格。经营者之间的竞争还涉及消费者。消费者的言论自由包括接收信息的自由，也就是说，消费者没有义务放弃免费使用这些信息。国际新闻社的"搭便车"也没有诱导消费者作出错误选择。除对涉及欺诈或损害消费者利益的以外，限制竞争的情况应

---

❶ HULL G. Clearing the Rubbish: Locke, the Waste Proviso, and the Moral Justification of Intellectual Property [J]. Public Affairs Quarterly, 2009, 23 (1): 81. 莫杰思教授不赞同赫尔的观点，认为洛克的浪费并不是未获满足的需求，而是一件东西已经作为财产划拨某人但却未被投入任何的生产性使用。参见莫杰思. 知识产权正当性解释 [M]. 金海军，史兆欢，寇海侠，译. 北京：商务印书馆，2019：112-113.

尽量予以避免，不能不分青红皂白地一律否定"搭便车"行为，而需要关注该行为对社会福利的危害程度。

综上，虽然"搭便车"问题不是洛克理论关注的主要内容，但根据上述分析也无法得出其完全否定了"搭便车"的存在价值。虽然洛克认为对自己的劳动享有财产权是自然权利，但是他也承认"文明的一部分人类已经制定并且增订了一些明文法来确定财产权"❶。很多情况下，即便发生了所谓的"挪用"行为，也并没有侵犯他人的知识产权，使用"挪用"或"盗用"等用语却包含了对该行为不道德的预判。驱动"禁止盗用"诉讼的动因与知识产权法保护目标是一致的，即需要在为作者提供必要的经济激励与维护模仿自由之间形成必要的平衡。❷ 因而，不应对这两种诉讼请求的构成要素区别对待，应当抛弃将"挪用"或"盗用"理论作为知识产权法合理化的主要依据或首要原则，并警惕扩大其适用范围。❸ "搭便车"只有在有限的情况下才会构成不正当竞争，法院需要在个案中关注行为人是否存在避免"浪费"的特别理由，以及"搭便车"是否会带来有益于社会的激励作用。❹

---

❶ 洛克. 政府论——论政府的真正起源、范围和目的：下篇 [M]. 叶启芳，瞿菊农，译. 北京：商务印书馆，2017：19.

❷ Nash v. CBS, Inc., 704 F. Supp. 823, 1989.

❸ POSNER R A. Misappropriation：A Dirge [J]. Houston Law Review, 2003, 40 (3)：621.

❹ 波斯纳对此有不同观点，认为处理这个问题的方式主要是（尽管并非完全）通过法律列举规定知识产权的范围，而不是让法院根据具体情况来权衡激励与获取来决定是否予以保护。POSNER R A. Misappropriation：A Dirge [J]. Houston Law Review, 2003, 40 (3)：638. 笔者以为，美国的"盗用"学说是在联邦法律之外的、

二、"搭便车"与商业道德

除洛克的"自然权利理论"外，还有观点将禁止"搭便车"的理论来源归于法官的良知、公平与正义。❶ 虽然这些理论基础极为模糊，但也要意识到，"搭便车"或"禁止盗用"的理论也是在致力于自由竞争、公平竞争的社会框架内发展起来的，是法律适应经济发展和社会道德（包括商业道德）变化的一个实例。因此，"搭便车"行为是否违背我国《反不正当竞争法》一般条款中的"商业道德"，还需要重新审视"商业道德"的本质。

2022 年 3 月，《最高人民法院关于适用〈中华人民共和国反不正当竞争法〉若干问题的解释》第三条借鉴了近几年学界和司法实践中的经验，首次对"商业道德"进行了界定，即"特定商业领域普遍遵循和认可的行为规范"。可见，商业道德并非传统判断"善恶"的道德规范，而是从社会共同利益出发，总结商人在长期商业交往中的道德准则。因而在选取符合特定历史阶段的道德标准时，"特定商业领域"和"普遍遵循和认可的行为规范"应该成为判断要点。

自古以来，商业竞争无不充斥着"尔虞我诈"和"勾心斗角"，甚至是"血腥"与"残酷"的。《清稗类钞》曾记载《争烧锅》和《京人争牙行》两则故事，是说京师的商人们为抢占市场支配地位、争夺商业利益甚至不惜将儿子丢入油锅或者互相砍

（接上注）

由普通法建立的理论，而我国是司法机关适用统一法律，并无所谓"联邦法律先占"。当然，波斯纳反对扩张知识产权的范围与笔者的观点一致，除了法定的知识产权之外，"盗用"或"搭便车"理论并不能作为扩张知识产权的理由。

❶　Metropolitan Opera Ass'n v. Wagner-Nichols Recorder Corp., 199 Misc. 786, 1950.

杀竞争对手的孩子。❶ 现代商业文明虽不再如此血腥，但在一定程度上依然是残酷且充满激烈竞争的。与此同时，商人的职业化及规模化要求其必须遵循着特定行业的职业伦理。这一道德要求不同于社会道德或个人修养，有其独特的伦理标准。"一般社会伦理所奉行的利他主义不能作为评价商业行为的准则。"❷ 亚当·斯密构建的"经济人"就是"以资本支持产业的人"，他们唯一目的即"谋取利润"，"总会努力使用其资本交换最大数量的货币或其他货物"。❸ 这样的"经济人"不仅是商人的本质，也是"商业道德的基石"❹。

在实践中，我国法院也遵循着"经济人"的标准判断商业道德，将普通公民的道德规范与商人的道德区别开来。最高人民法院在"山东山孚集团有限公司与马达庆不正当竞争纠纷"案中提出，"商业道德要按照特定商业领域中市场交易参与者即经济人的伦理标准来加以评判，它既不同于个人品德，也不能等同于一般的社会公德。经济人追名逐利符合商业道德的基本要求，但不一定合于个人品德的高尚标准"❺。相对于个人的道德修养，商业活动所遵循的道德守则从来都并不是"温、良、恭、俭、让"，更不能要求商人成为"一个高尚的人"或具备"圣人之德"。"即便在最好的法律保障和规制最健全的情况下，贯穿市场经济的活动也主要还是竞争，而不会是统筹地安排、有意地关怀、合作和礼

---

❶ 徐珂. 清稗类钞：第五册 [M]. 北京：中华书局，2003：2301.

❷ 纪良纲，王小平. 商业伦理学 [M]. 北京：中国人民大学出版社，2005：135.

❸ 斯密. 国民财富的性质和原因的研究：下卷 [M]. 郭大力，王亚南，译. 北京：商务印书馆，1974：27.

❹ 黄武双. 经济理性、商业道德与商业秘密保护 [J]. 电子知识产权，2009（5）：38.

❺ 最高人民法院（2009）民申字第 1065 号再审民事裁定书。

让。"❶ 可见，《反不正当竞争法》中的商业道德"不是维护一般意义上的个人品德、社会和谐和公序良俗。在认定市场行为构成不正当竞争时，更加取向于维护竞争自由和市场效率"❷。商人追求自己的商业利益通常不被认为是"不适当的"，只有不适当的干涉另一个人可期的商业利益才构成侵权。❸ 竞争自由包含契约自由和模仿自由的内容。模仿自由及其原则意味着除了特别法所保护的智力成果外，其他的商业成果都可以借鉴、模仿或复制。市场竞争中，竞争自由、模仿自由是原则，反不正当竞争法的规制才是例外。这对于一个"自私"的"经济人"来说，为了谋求个人利益最大化，"希望自己不承担任何费用而能从他人的花费中获得好处"❹ 是完全正常的，也并未超出社会一般认知与预判。因此，对排除在专有权范围之外的商业成果进行"搭便车"并不违背"经济人"的商业道德。

商业道德的"特定领域"要件意味着不同行业领域会有不同的道德规范，但区别应在于技术层面而非阻止商人逐利。在"金庸诉江南案"一审中，法院认为"同人作品"的创作不应以营利为目的，而是为了与原作形成良性互动，丰富文化市场。被告恶意使用他人作品名称进行宣传，博得关注度后"以营利为目的多次出版且发行量巨大，其行为已超出了必要的限度，属于以不正当的手段攫取原告可以合理预期获得的商业利益，在损害原告利

---

❶　何怀宏. 伦理学是什么 [M]. 北京：北京大学出版社，2015：56.

❷　湖北省武汉市中级人民法院（2020）鄂 01 民终 636 号民事判决书。

❸　MOOTZ F J III. Coverage for Unfair Competition Torts under General Liability Policies: Will the Intellectual Property Tail Wag the Coverage Dog [J]. Connecticut Insurance Law Journal, 2001（8）：41.

❹　考特，尤伦. 法和经济学 [M]. 6 版. 史晋川，董雪兵，等译. 上海：格致出版社，2012：36-37.

益的前提下追求自身利益的最大化，与文化产业公认的商业道德相背离，应为反不正当竞争法所禁止"❶。暂不论该案有无"不正当"的情形，公开出版发行图书是作者的权利，著作权法正是基于"丰富文化市场"的目的激励作者创作，而使作者因创作获利更是主要的激励手段。即便以作者营利为目的创作，追求自身利益的最大化亦不违背文化产业领域基本的商业道德。

我国有法院在判断是否应允许网站经营者通过"robots 协议"对其他网络机器人的抓取进行限制时认为，"搜索引擎行业的自律公约仅可作为搜索引擎服务行业的商业道德，而不能成为互联网行业通行的商业道德"❷。即要求法院在实践中必须结合个案，综合考虑若干要素。《最高人民法院关于适用〈中华人民共和国反不正当竞争法〉若干问题的解释》第三条第二款和第三款还规定，"人民法院应当结合案件具体情况，综合考虑行业规则或者商业惯例、经营者的主观状态、交易相对人的选择意愿、对消费者权益、市场竞争秩序、社会公共利益的影响等因素，依法判断经营者是否违反商业道德。人民法院认定经营者是否违反商业道德时，可以参考行业主管部门、行业协会或者自律组织制定的从业规范、技术规范、自律公约等"。

因此，利用他人知识产品或投资而获得任何利益都是不道德的论点值得商榷。与"奴性模仿"等词语一样，"搭便车"理论在经济学上并不具有伦理道德上过多的可责性。不公平的"搭便车"也只是对一类行为的事实性描述，对于符合该描述的行为还是要进行法律评价以认定其是否不正当。❸ 评价"搭便车"行为

---

❶ 广东省广州市天河区人民法院（2016）粤 0106 民初 12068 号民事判决书。
❷ 北京市高级人民法院（2021）京民终 281 号民事判决书。
❸ 冯术杰. "搭便车"的竞争法规制 [J]. 清华法学，2019，13（1）：177.

是否属于不正当竞争的"最根本标准应从该行为是否损害了消费者利益或者是否实质性地阻碍了商业标识所有人获取正当经营的利益来进行衡量和判断"❶。司法评判商业实践的过程，必然有法官的价值取舍，而模仿自由原则应当作为价值判断的要素之一。

三、"搭便车"与商标混淆

总结国内司法案例也可发现，"搭便车"在商标侵权认定中也担任着重要角色。较多法院认为"搭便车"在主观上具有攀附他人商标的恶意。在前文笔者主张"搭便车"本身并不应受到道德谴责，只有在特殊情况下才可能违背商业道德。因而，笔者在本部分将更加关注"搭便车"与商标混淆的关系，是互为因果还是作为侵权要素并列考虑。笔者认为，如果"搭便车"确实造成了混淆或混淆可能性，那么"搭便车"应成为商标侵权认定要素之一。

（一）攀附商誉的"搭便车"行为

我国《反不正当竞争法》与《巴黎公约》第十条之二的规定一致，都将消费者混淆作为识别不正当竞争行为的核心。❷也就是说，反不正当竞争法禁止所有可能造成混淆的竞争行为。具体到商誉的"搭便车"行为与商标混淆的关系时，立法者对于攀附商誉的行为是否构成不正当竞争还存有疑虑。在一些司法案例中，

---

❶　周樨平. 商业标识保护中"搭便车"理论的运用——从关键词不正当竞争案件切入［J］. 法学，2017（5）：138.

❷　Paris Convention, Article 10bis（3）（i）, Article 10bis（3）（iii）.

法院并不明确区别攀附商标知名度的"搭便车"行为和商标混淆❶，或者将商标的知名度、主观具有攀附他人商誉的"搭便车"意图和客观上造成相关公众的混淆共同作为认定不正当竞争行为的因素。❷ 有学者提出，二者在法律适用上也有所区别，"我国《反不正当竞争法》第六条应当定位为规制商业标识混淆行为的条款，而攀附注册商标商誉的行为属于《反不正当竞争法》第二条的规范范畴"❸。

通过比较法视角来看，"仿冒"制度为禁止攀附商誉的"搭便车"行为提供了理论依据。《英国商标法》只保护注册商标，因而"仿冒"对于未注册商标的保护极为重要。❹ 仿冒之诉主要是未注册商标持有人为保护商业商誉而提起的诉讼，但即便商标已注册也不影响仿冒规则的适用。通常来说，构成仿冒的"经典三位一体"（classic trinity）包括：商标具有一定声誉、不实陈述和因不实陈述造成的商誉损害。所谓不实陈述或虚假陈述可以说是通常意义的攀附有一定知名度的商标或商誉的"搭便车"行为，是指经营者通过模仿竞争者的商标或商品名称、商号或个人姓名、商品包装、标签或者虚拟角色等行为。当交易者进行非法的不实陈述，将其提供的商品或服务误导为竞争者的商品或服务并发生损害时，就会发生假冒。

在英国著名的假冒之诉"吉夫柠檬案"（Jif Lemon case）中，

---

❶ 最高人民法院（2016）最高法民再238号民事判决书、深圳市中级人民法院发布10起2020年度全市法院典型案例（基层法院篇）之五：广东小天才科技有限公司与深圳市唐轩电子有限公司、陈某某侵害商标权纠纷案——不规范使用注册商标的搭便车行为构成商标侵权。

❷ 天津市高级人民法院（2012）津高民三终字第0046号民事判决书。

❸ 刘维. 论混淆使用注册商标的反不正当竞争规制 [J]. 知识产权, 2020 (7)：42.

❹ 《英国商标法》第1句就指出："An Act to make new provision for registered trade marks……"。

法官确立了构成仿冒的三个构成要件：第一，商品或服务在市场上获得了商誉或声誉，从而能够将此类商品或服务与其他竞争产品区分开来；第二，被告有意或无意的不实陈述，使消费者可能认为所提供的商品或服务是原告所提供的货物或服务。（至于公众是否知道原告作为制造商或供应商的身份并不重要。如果公众习惯于依赖特定商标来购买商品，只要认为商品或服务被认为来源于原告即可）；第三，原告必须证明由于上述不实陈述导致商誉的损害。❶ 在英国本土以外，"仿冒"的构成要件在其他国家的司法实践中逐步细化。在 Honda Motors Co. Ltd v. Charanjit Singh & Others 案中，印度德里高等法院提出，在仿冒之诉中原告必须：（1）通过证据（根据其商品名称具有独特性，并且相关公众会将原告与产品联系起来）证明经营者的企业或产品已经获得了其所主张的商誉；（2）不需要证明被告的欺诈意图；（3）仅需要证明造成混淆的可能性的若干因素（事实）；（4）证明被告使用原告商标、许可证或其他标志可能对消费者造成混淆，这种混淆很可能对原告的商誉造成损害或伤害；（5）原告使用商标的时间早于被告；（6）无须证明因仿冒行为实际遭受的损失；（7）商标是否注册在仿冒诉讼中并不重要。❷

　　根据以上司法实践中确定的分析要件，虽然"仿冒"的认定也考虑到消费者混淆的问题，但该制度的基础还是保护原告未注册商标的商誉。原告提起侵权之诉的原因不是因为仿冒造成了消费者混淆，而是因为商誉受到了损害。或者说，混淆的判断是原告商誉受到潜在损害的条件之一。在上文的"吉夫柠檬案"中，

---

❶　Reckitt and Colman Products Ltd v. Borden Inc and others，［1990］1 All ER 873.

❷　Honda Motors Co. Ltd. v. Mr. Charanjit Singh And Ors. 101（2002）DLT 359，2003（26）PTC 1 Del.

争议标志"Jif lemon"使用在原告生产和销售的柠檬汁上,产品的外观包装为软塑料挤压式包装,外包装形状、颜色、大小同真实的柠檬相似。❶ 法院对这样的外包装予以保护,事实上赋予原告对柠檬状的塑料包装享有类似注册商标的垄断使用权。然而,商标法却并不允许将类似真实柠檬的标识注册在柠檬汁这类产品上。这样的矛盾在于"仿冒"制度并未从防止消费者混淆的角度限制未注册商标的扩张,而是因"显著性"或"独特性"就可以获得商业信誉。因而有学者指出,假冒制度的主要目的是保护经营者的利益,而不是消费者的利益。❷

美国联邦商标法和普通法的反不正当竞争规则都对商业标识提供保护,并不明确区分二者在注册商标与未注册商标上的分野,只要混淆商品来源的标识都可能构成美国法上的商标侵权。❸ 美国立法与司法实践处理商誉"搭便车"问题的侧重点还是在对混淆的认定上,只不过联邦法律以定义不实陈述为重点,而法院在适用法律时倾向于直接强调混淆的重要性。❹《美国商标法》第四十三条具有规范不正当竞争行为的功能,该条第一款第(一)项规定,禁止"任何主体在商业活动中,在任何商品或服务或任何商品容器上商业使用任何文字、术语、名称、符号、图案或任何它

❶ 有关该案的评论还可参见 KUAN N S. Get-Up of Goods And The Law of Passing-Off:A Case On Lemons:Reckitt & Colman Products Ltd. v. Borden Inc. and Others [J]. Malaya Law Review, 1990, 32 (2):333-345.

❷ DAVIS J. The Role of Confusion in Unfair Competition Law:A Comparative Perspective [M] //FRANKEL S. Is Intellectual Property Pluralism Functional? Northampton:Edward Elgar Publishing, 2019:133.

❸ 李士林. 商业标识的反不正当竞争法规整——兼评《反不正当竞争法》第 6 条 [J]. 法律科学(西北政法大学学报), 2019, 37 (6):170.

❹ DAVIS J. The Role of Confusion in Unfair Competition Law:A Comparative Perspective [M] //FRANKEL S. Is Intellectual Property Pluralism Functional? Northampton:Edward Elgar Publishing, 2019:135.

们的组合或虚假来源（false designations of origin）表示，虚假或引人误解描述事实（false or misleading descriptions）"❶。在对虚假来源或不实陈述的定义上，《美国商标法》还是依据是否存在关联关系和来源关系上引起混淆或发生误解。❷《反不正当竞争法重述（第三版）》第四条也对来源进行不实陈述的仿冒进行了总结性规定，即如果行为人作出可能欺骗或误导潜在消费者的陈述，导致其错误地认为该行为人的经营活动属于另一经营者，或认为行为人是其代理人、附属机构或关联方，或者所销售的商品或服务是由另一方生产、赞助或批准的，应承担法律责任。❸

　　《德国反不正当竞争法》在消费者利益保护方面不同于英美的"仿冒"制度，其核心是禁止误导或混淆，即强调了不实陈述对消费者的影响，包括是否会导致消费者混淆或改变消费者和其他市场参与者的行为，混淆是不实陈述造成的结果，而"仿冒"制度中混淆是不实陈述的原因，其判断标准是不实陈述是否损害或可能损害原告的商誉。这在《德国商标法》中也有所体现，该法第五条第（二）项对商业名称的保护特别规定规定，"意图与其他企业相区别，并在相关商业领域内被认为是商业活动中使用的商业标志和其他标志，应等视为该企业的特殊标志"。该法第十四条规定，"未经商标权利人同意，在相同或类似商品或服务上，使用与该商标相同或近似的任何标志，并且导致相关公众混淆的

---

❶　15 U. S. C. § 1125（a）（1）.

❷　15 U. S. C. § 1125（a）（1）（A）（B）.

❸　GOLDSTEIN P, REESE R A. Patent, Copyright, Trademark, and Unfair Competition: Selected Statues and International Agreements［M］. Saint Paul: Foundation Press, 2013: 3.

可能（包括商标的关联可能性），应予以禁止"❶。但并不是说德国法不调整损害商标商誉的侵权行为。对于驰名商标或在德国享有商誉的商标，《德国商标法》在第十四条和第十五条也予以"跨类保护"，并规定对缺乏正当理由并不公平地利用或损害了商标的显著性和声誉的，即便是没有产生混淆的危险，也应当禁止第三方在商业活动中使用该商业标志或与其近似的标志。❷ 另外，《德国反不正当竞争法》虽然在第三条的"一般条款"中规定了保护消费者利益，但在第四条模仿自由原则的例外中规定了如果"不正当地榨取或被模仿商品或服务的声誉"的，也属于不正当的竞争行为。

在保护商誉方面，欧盟法院走得更远，认为"搭便车"的概念无涉商标的混淆，只因第三人攀附商誉而获得不公平的竞争优势。"如果第三方试图通过使用与享有声誉的商标类似的标志，剥削商标所有人创造和维护商标的形象而花费的营销努力，利用其吸引力、声誉和威望并从中受益，还无须支付任何经济补偿，也无须自己做出努力。由此产生的利益必须被认为是不公平地利用该商标的显著特征或声誉。"❸ 此观点也有不少拥趸者，有学者甚至认为"商业标识不正当竞争行为认定的机理不是混淆，而是"搭便车"。因为一方搭另一方的便车，才使双方之间的竞争存在不正当性"❹。

---

❶ Act on the Protection of Trade Marks and other Signs of 25 October 1994 (Federal Law Gazette [BGBl.]), Article 5 (2), Article 14 (2) 2.

❷ Act on the Protection of Trade Marks and other Signs of 25 October 1994 (Federal Law Gazette [BGBl.]), Article 14 (2) 3, Article 15 (3).

❸ L'Oréal SA and others v. Bellure NV and others, [2010] All ER (EC) 28, paragraph 41, 49.

❹ 刘继峰. 商业标识混淆认定中的相关地域市场分析 [J]. 天津法学, 2019, 35 (3)：31.

对于驰名商标和具有较高声誉的商标，我国与美国、德国商标法做法一致，不考虑"是否存在或不存在实际混淆或可能混淆、竞争或实际的经济损害"❶。《最高人民法院关于审理涉及驰名商标保护的民事纠纷案件应用法律若干问题的解释》第九条第二款和《最高人民法院关于审理商标民事纠纷案件适用法律若干问题的解释》第一条第二款明确规定，不正当利用驰名商标的市场声誉的，属于商标法第十三条第三款规定的"误导公众，致使该驰名商标注册人的利益可能受到损害"，是《商标法》第五十七条第一款第（七）项规定的给他人注册商标专用权造成其他损害的行为。换言之，不正当攀附驰名商标商誉的行为构成商标侵权，即便没有发生混淆。

虽然美国的反淡化规则表面上是为了防止对商标的声称是防止稀释性伤害，但实际上是关于禁止在驰名商标上的"搭便车"行为。❷同时，受 International News Service v. Associated Press 案关于禁止"盗用"观点的影响，在一些案件中，法官已经非常明确地将对驰名商标的淡化等同于对商誉的"盗用"。只要被告通过不当使用原告商标来吸引消费者，就是从原告的商誉中获益，至于消费者是否被混淆或者被告商誉是否确实因此受损、被告的使用是否转移了原告的业务都不被考虑在内。根据这一理论，当经营者的投资使消费者产生品牌忠诚度时，该商标便附加了特殊的价值，即假定随着时间的推移会吸引越来越多的消费者。此时商标便成为这种特殊商誉的表征，进而商标法或反不正当竞争规则

---

❶　15 U. S. C. §1125（C）.

❷　FRANKLYN D J. Debunking Dilution Doctrine: Toward a Coherent Theory of the Anti-Free-Rider Principle in American Trademark Law [J]. Hastings Law Journal, 2004, 56 (1): 117.

对禁止盗用的商誉提供了类似商标权的保护。❶ 例如，在 Thane Int'l，Inc. v. Trek Bike Corp. 案中，法官认为 "联邦反淡化法的重点是防止市场的初入者挪用或歪曲驰名商标多年经营的商誉和正面联想"❷。通过对英国 "仿冒" 制度的继承，商标的商誉在过去和现在都被视为一种财产利益。在 Spring Mills，Inc. v. Ultracashmere House，Ltd. 案中，美国第二巡回上诉法院认为 "除了追求 '搭便车' 的目的之外，没有任何动机可以解释被告对被告吊牌（hang tag）的奴性复制。拥有强商标的在先用户，有权不让后来者利用其商标的声誉，故意造成两个商标之间混淆的可能性。这剥夺了在先用户对自己的声誉和商誉的控制"❸。

但是在未来，是否还会坚持这一观点有待继续观察。随着法经济学对美国司法实践的影响，通过因商誉受损而予以保护的判决思路逐渐转向对混淆可能性的判断。汉德法官就认为，"仿冒的核心在于欺诈或欺诈的可能性，特别是对最终消费者的欺骗"❹。在商誉受损程度的判断上，法院也呈现较为谨慎的认定趋势。在1995 年的 Tom Doherty Assocs. v. Saban Entm't，Inc. 案中，法院认为，只有存在迫在眉睫的损失或威胁的情况下，才存在无法弥补的损害，而这种损失在审判中很难量化。一般而言，商誉的损失是值得怀疑的，因无法销售产品而造成的利润损失可以根据该产品过去的销售情况及当前和预期的未来市场状况确定的金钱损失

---

❶ BONE R G. Hunting Goodwill: A History of the Concept of Goodwill in Trademark Law [J]. Boston University Law Review, 2006, 86 (3): 549.

❷ Thane Int'l, Inc. v. Trek Bike Corp., 305 F. 3d 894, 2002.

❸ Spring Mills, Inc. v. Ultracashmere House, Ltd., 689 F. 2d 1127, 1982.

❹ SOŁTYSIŃSKI S. Coexistence between the Tort of Passing Off and Freedom of Slavish Imitation in Polish Unfair Competition Law [M] //VAVER D, BENTLY L. Intellectual Property in the New Millennium. Cambridge: Cambridge University Press, 2004: 190.

来赔偿。预期的商誉损失不能构成不可挽回的损害，不能成为禁令救济的理由。❶ 这一理由在 2020 年的 Algood Casters，Ltd. v. Caster Concepts，Inc. 案中依然得到执行，法院认为如果原告无法提供任何实际消费者混淆或实际或威胁失去销售的证据来支持其索赔，那么不存在无法弥补的商誉受损。❷

（二）回归混淆功能的"搭便车"

在厘清商标混淆与"搭便车"的关系之前，还是需要回到知识产权法的基础——激励创新来审视商标问题。专利权法和著作权法从不同角度保护着智力成果和创造性活动，这些法律的目的就是鼓励发明人和作者激发创造力。即使发明人没有创造，但其利用自然规律的活动仍然属于智力范畴。作者和发明人的创造性成果使全社会受益，他们的智力成果丰富了文化生活，有助于技术处于最先进的状态。与二者完全不同的是，商标不是智力成果，标志本身只含有少量"发明"或"创造"的成分，至少标志的创造性程度不能与著作权的"独创性"媲美。有的商标或商品名称是由市场营销人员根据消费群体或消费习惯设计的，比如爱马仕的"铂金包"❸。还有一些名称不是由官方发明的，来自消费者口口相传，最终专门指代某商品，比如 SK-Ⅱ 的"神仙水"、兰蔻的"小黑瓶"、雅诗兰黛的"小棕瓶"等。

相比作品和专利，社会公众并没有从这些商标或名称的创造

---

❶ Tom Doherty Assocs. v. Saban Entm't，Inc.，60 F. 3d 27，1995.

❷ Algood Casters，Ltd. v. Caster Concepts，Inc.，No. 20-cv-4623 (LJL)，2020 U. S. Dist，2020.

❸ 铂金包 (Hermes Birkin)，指爱马仕为法国女歌星 Jane Birkin 设计的一款手提包并以其名字命名。知乎：如何区分铂金包和凯利包呢？ [EB/OL]. (2021-10-05) [2021-11-16]. https://www.zhihu.com/question/349744552/answer/854051027.

中获益，奖励或激励商标的创造者缺乏充分的理由。如果仅仅从节约消费者搜寻成本来看，市场中眼花缭乱的标记和名称并没有起到实质的帮助作用。❶ 商标的经济分析路径与著作权法和专利法激励创新，促进人类科学与艺术的进步的初衷有所不同，缺乏对创造标记的投资也不会产生"公共产品"不足的风险。❷ 创造一个新的商标并没有产生任何公共利益，社会公众亦不对商标权人负有任何义务。

商标的最初和最基本的功用是为了向市场中的其他主体诚实地传达商品准确的信息，而这一目的的"试金石"就是消费者的"混淆可能性"。因此，商标法的核心功能在于标识来源，防止混淆消费者从而造成欺诈。当然，这一论断隐含着禁止对消费者误导而获得本不应属于他的利益。但是这种暗示经常被过度解读，已经冲破了商标侵权认定中，购买时发生混淆可能性的"底线"，甚至在商标的不正当竞争领域开枝散叶，比如对商标的反淡化保护、承认初始兴趣混淆和售后混淆理论等。法院越来越依赖禁止对商誉的"搭便车"或禁止对商誉的"盗用"来证明商标理论扩张的合理性。过多关注商标权利人的私人利益就会导致在司法实践中，将商标视为私人财产而不是将商标视为所附商品或服务的

---

❶　蒙牛公司和伊利公司分别在儿童牛奶品牌上使用"未来星"和"QQ星"商标，如果从降低消费者搜寻成本考虑，并不需要多余标记，仅靠"蒙牛"和"伊利"足以分清商品的来源，但在实际市场调研中有57.6%的受访者因商品名称都带有"星"字，认为两公司的产品有一定联系。参见北京知识产权法院（2017）京73民终203号民事判决书。

❷　OHLY A. Free-riding on the Repute of Trade Marks: Does Protection Generate Innovation? [M] //DREXL J, SANDERS A K. The Innovation Society and Intellectual Property. Northampton: Edward Elgar Publishing, 2019: 146-159.

广告或指向。❶ 欧盟法院在 L'Oréal v. Bellure 案中，将商标的功能从基本的"向消费者保证商品或服务来源"扩展到"保证商品或服务的质量以及传播、投资或广告的功能"❷。但是这些"扩展功能"是由识别来源的功能派生而来，如果没有了混淆，其他功能的保护丧失了基础。若出于市场信息透明及维护言论自由的需要，在没有发生混淆的情况下，都属于商标的正当使用，属于商标侵权的抗辩理由，比如描述性使用、指示性使用和商标的戏滤模仿等情形。阻止他人基于这些商标的"附加功能"而获得不公平的竞争优势也缺乏合理性。法院一般只能使用暗示性或带有个人情感色彩的用语来描述行为的"不法"，比如"搭便车""不劳而获""在别人播种的地方收获""寄生行为""攀附行为"等。这些术语诉诸直觉而不是理性，是表明该理论自身薄弱的一个例证。❸

当然，商标的商誉是权利人长期投资的结果，可能有以下两种情况因"搭便车"而给权利人带来损害：第一，如果消费者对模仿者的产品不满意，可能因混淆而将这种不满归咎于原始商品；第二，如果模仿商标的产品更物美价廉，消费者可能改变消费偏好，转而购买模仿者品牌的商品，这减少了原商品的消费者数量。❹ 在后一种情形中消费者并未发生混淆，提供给消费者质优价

---

❶ LEMLEY M A. The Modern Lanham Act and the Death of Common Sense [J]. Yale Law Journal, 1999, 108 (7): 1705.

❷ L'Oréal SA and others v. Bellure NV and others, [2010] All ER (EC) 28, paragraph 58.

❸ OHLY A. Free-riding on the Repute of Trade Marks: Does Protection Generate Innovation? [M] //DREXL J, SANDERS A K. The Innovation Society and Intellectual Property. Northampton: Edward Elgar Publishing, 2019: 146-159.

❹ KAPTAN S S, PANDEY S. Brand Imitation, Himalaya Publishing House [M]. Mumbai: Himalaya Publishing House, 2010: 54.

廉的商品不仅不应被禁止，还应予以鼓励。同时，这也是经营者参与市场竞争应当承受的商业风险。因此，过于宽泛的商标保护与投资回报之间不一定必然构成因果关系，还有可能阻碍创新❶，甚至可能牺牲了公众接触商品和享受充分竞争效应等其他公共利益。通过禁止"搭便车"赋予商标权不合理的宽泛保护，对社会福利的影响还需要经济学和社会学方法的详细论证。过多地从商誉保护的角度来描述商标法，最终可能与普遍公认的以消费者为导向的商标法目标冲突。❷ 保护商誉的模式与保障消费者自由选择权或确保市场信息公开透明并没有直接的因果关系，甚至不需要通过保护商誉来完成这一目的。相反，商誉的保护与经营者为了私人利益禁止他人"盗用"相关。若回到商标法避免混淆的功能来看，只要消费者能够区分正品和假冒商品，商标权人之前的投资收益并未受到损害。判断投资者是否可以获得商标所有的收益应当考虑公众的利益，而不是私人利益。

立法者和法官尽量避免发生商标混淆。但商标也有不同的表现形式，比如商品的包装、装潢、产品的设计、颜色，甚至声音、气味。需要警惕的是，商标所有人毫无节制地将商标权扩张到这些领域，特别是在尚未被一国法律承认的保护范围内主张私人权利，不断地尝试拓宽商标权的势力范围。不能在模糊的不正当的概念上、在法律没有创设的财产权之上与"竞争就是复制"❸ 的

---

❶　在我国司法实践中较为突出的是互联网领域"商业模式"的创新问题，比如使用竞争对手的商标进行关键词搜索。如果一味地禁止"搭便车"可能会阻碍行业的创新动力。

❷　BONE R G. Hunting Goodwill: A History of the Concept of Goodwill in Trademark Law [J]. Boston University Law Review, 2006, 86 (3): 549.

❸　DENICOLA R C. Freedom to Copy [J]. Yale Law Journal, 1999, 108 (7): 1661.

本意渐行渐远。不断出现新产品并物美价廉，最符合消费者利益。❶ 与著作权法和专利法的重要区别在于，商标法不是反对复制的法律规范。正如莱姆利所言，"并非所有复制竞争对手的产品都是不好的"❷。对他人商标的"搭便车"在经济学上也无法完全禁止，在伦理上也不必然是不公平的。商标制度应致力于创建和维持市场的透明度，而传统的禁止混淆的功能足以激励生产者保证质量、提高声誉。除了科学家站在"巨人的肩膀上"以外，经营者也站在"早期投资者的肩膀之上"。❸

商业标识的保护主要由商标法和反不正当竞争法承担，但两者在不同司法管辖区域也有不同的制度分工。对商标商誉进行"搭便车"，各国不正当竞争立法有不同的价值倾向，在不正当竞争的保护目标上有的关注竞争者的私人利益，有的侧重于消费者利益（公共利益）的保护，也有的兼而有之。与此同时，这也取决于各国法院对不正当竞争之诉的原告、消费者和其他经营者利益的优先重视程度。根据上述部分域外法律和司法实践的对比，由于驰名商标普遍被认为获得了大量投资并积累了较强的商誉，美国和德国商标法对驰名商标的保护都超越了商标混淆功能的认定。换言之，如果模仿者试图对驰名商标进行"搭便车"，商标混淆的要件不是认定不正当的竞争行为的要素之一。

另外，制止仿冒的规定也在一定程度上维护经营者所积累的

---

❶ BROWN R S. The Joys of Copyright [J]. Journal of the Copyright Society of the U. S. A., 1983, 30 (5): 480-481.

❷ LEMLEY M A. The Modern Lanham Act and the Death of Common Sense [J]. Yale Law Journal, 1999, 108 (7): 1714.

❸ OHLY A. Free-riding on the Repute of Trade Marks: Does Protection Generate Innovation? [M] //DREXL J, SANDERS A K. The Innovation Society and Intellectual Property. Northampton: Edward Elgar Publishing, 2019: 146-159.

商誉。我国《反不正当竞争法》第六条类似禁止仿冒的条款，但仍以混淆为最终判断标准。在禁止"盗用"他人商誉的行为上，我国商标法和反不正当竞争法都以混淆作为判断要件，标准逐步趋同。有观点认为我国《反不正当竞争法》缺乏《德国反不正当竞争法》第四条第（三）项的规定，以保护产品制造者的商誉不被榨取或损害。❶ 笔者以为，目前我国《商标法》第十三条和第五十七条对普通商标、驰名商标的保护仍立足于商标混淆，对于增设禁止模仿损害商誉的内容还需谨慎，如果模仿者清楚地标识其产品，不会产生混淆危险，也未侵害知识产权，则其模仿行为应为合法，即所谓"寄生竞争"或"搭便车"不应一律视为非法。

总体而言，对当前各国普遍存在的商标扩张并将其合法化的问题不能视而不见，需要警惕在背离传统商标功能或缺乏对社会公共利益的考虑下，仅运用法官个人的道德准则或道德直觉反对"搭便车"行为。商标法从来都不是以牺牲竞争对手和消费者为代价，使商标所有人的利润最大化。❷ 法院应利用法律赋予的自由裁量权，坚持功能性和显著性标准，慎重认定驰名商标并对其进行"反淡化"的扩张保护。充分考虑竞争自由、模仿自由原则，平衡商标权人利益与公共利益，反对将混淆可能性的认定扩展到来源混淆与关联混淆以外的初始兴趣混淆、售后混淆等❸，防止以立法者无法预见的方式扩大商标权的保护范围。

---

❶ 奥利，范长军. 比较法视角下德国与中国反不正当竞争法的新近发展 [J]. 知识产权，2018（6）：93.

❷ DOGAN S L, LEMLEY M A. The Merchandising Right: Fragile Theory or Fait Accompli [J]. Emory Law Journal, 2005, 54（1）：484.

❸ 周樨平. 商业标识保护中"搭便车"理论的运用——从关键词不正当竞争案件切入 [J]. 法学，2017（5）：134.

对于"搭便车"问题还有很多内容需要展开研究与论述。该话题不仅所涉范围广（还包括著作权法、商标法、专利法❶和反不正当竞争法），围绕着"搭便车"还衍生出经由不少域外司法实践发展起来的各种学说和理论。国内外法律保护模式及法律传统的不同也为研究"搭便车"问题提供新鲜的视角。在研究方法上也有很多值得借鉴和探索的，比如从法经济学角度论证"搭便车"的社会成本问题，还可以通过历史研究方法，研究商誉"盗用"问题的成因和发展等。❷

第四节　构建公有领域与模仿自由原则的适用关系

公有领域通常指不受专有权利保护的领域，任何人都可以在该领域内自由使用智慧成果。公有领域内的智慧成果当然也属于自由模仿的范畴。在司法实践中，模仿自由原则可以作为法官进

---

❶　有经济学者分析，无专利保护产业中的"搭便车"模仿行为实际也是有利于创新的。参见吴昌南. 无专利保护产业中的创新与模仿研究 [J]. 科研管理，2014，35（1）：66-72.

❷　波士顿大学教授罗伯特·G.博恩就研究了商誉概念在商标法中的发展历史，他认为商誉的保护伴随着商标法的演进，对于"搭便车"的态度不能完全归责于法官不遵守法律，仅依靠道德直觉。他建议法官和律师应谨慎识别商标案件中涉及的商誉类型，并解释为什么保护它有助于信息传达的目标。法官应避免将商誉挪用作为一项政策理由，因为该政策只会误导商标法偏离其核心使命。BONE R G. Hunting Goodwill: A History of the Concept of Goodwill in Trademark Law [J]. Boston University Law Review，2006，86（3）：554. 还有学者从社会学角度，提出应该重新调整版权的理论、政策和实践，在允许"搭便车"的同时以发展可持续的系统为创意文化生产提供资金。版权应该更少地关注搭便车的人数比例，而更多地关注选择付费的绝对人数。SUZOR N. Free-Riding, Cooperation, and Peaceful Revolutions in Copyright [J]. Harvard Journal of Law & Technology，2014，28（1）：141.

行价值判断的依据，也可以作为模仿者就模仿行为的合法性或正当性进行辩护的理由。模仿自由原则的抗辩和所模仿内容属于公有领域抗辩，性质和效果没有差别，都是不侵权的抗辩理由。那么既然已经存在被普遍接受的公有领域的概念，模仿自由原则存在的必要性何在？换言之，模仿自由原则的适用范围与公有领域的适用范围是否一致？如果二者适用范围完全重合，那么模仿自由原则存在的必要性将受到质疑，模仿自由原则的理论完全可以被公有领域所吸收。上文已经分析了模仿自由原则适用范围，因而本节首先也要试图界定公有领域的范畴，则有以下问题需要解决：通过知识产权定义公有领域的二分法是否存在理论缺陷？知识产权法和反不正当竞争法之间的空白地带是否属于公有领域？传统研究多从著作权法研究公有领域问题，商标法和反不正当竞争法在公有领域的划定方面有无特别的作用？特别是不受专有权利保护的智力或经营性成果，在什么条件下需要获得反不正当竞争法的救济，或不需要保护而属于公有领域的范畴？当私人权利不断扩张、公有领域不断被压缩的现实情况下，模仿自由可否弥补公有领域成为个人权利与公共利益界限的另外一种切割方式。本节试图从模仿自由原则的角度重新定义公有领域的范围。

一、传统研究视野中的公有领域

（一）公有领域与知识产权的"二元对立"

在知识产权法和竞争法语境下的公有领域，其与知识产权专有权利息息相关。传统理论普遍通过知识产权来定义公有领域，并将二者视为"二元对立"的关系。比如有学者认为，公有领域是知识产权制度之外的所有人可以免费使用的部分，知识产权法保护的私人空间是公有领域的对立面（opposite）；❶ 公有领域是指不受知识产权法保护的领域等❷。还有学者从权利归属和权利性质的角度进行区分，即无主创造性成果权的客体应当归入公有领域，而无主识别性标记权则宜收归国有。❸ 以上观点将"知识产权"和"公有领域"的概念完全对立。以知识产权法保护的范围界定公有领域的范畴，即公有领域只包括完全不受知识产权法保护的成果，并且由于知识产权的法定原则，二者的关系处于相对静止的状态中。

也有不少研究者将二者的关系理解为一直处于动态的利益平衡中。例如，冯晓青教授认为，专有权利和公有领域在限制与反限制中实现有机统一和动态平衡；❹ 刘孔中教授将知识产权和公有领域之间视为相互交换并相互增益的关系，即允许知识产权暂时将公有领域私有化，并最终因保护期届满而回归公有领域，同时知识产权制度以促进公有领域为目的，必须在保护期内充分实施且容忍他人的合理使用；❺ 曹阳教授认为，"仅仅从知识客体本身角度来强调公有领域无疑简化了公有领域问题的复杂性"，他反对极端的知识产权范式或公有领域范式，认为知识产权与公有领域之间存在着辩证关系；❻ 黄汇教授认为，如果把人类的"知识财

---

❶　BOYLE J. Foreword：The Opposite of Property？［J］. Law and Contemporary Problems，2003，66（1）：1.

❷　胡开忠. 知识产权法中公有领域的保护［J］. 法学，2008（8）：65.

❸　刘春霖. 无主知识产权范畴的理论构造［J］. 法律科学（西北政法大学学报），2011，29（1）：92.

❹　冯晓青. 知识产权法中专有权与公共领域的平衡机制研究［J］. 政法论丛，2019（3）：70.

❺　刘孔中. 解构知识产权法及其与竞争法的冲突与调和［M］. 北京：中国法制出版社，2015：5-7.

❻　曹阳. 论公有领域——以知识产权与公有领域关系为视角［J］. 苏州大学学报（哲学社会科学版），2011，32（3）：109.

产"和"公有领域"对立起来并倾向于过分地保护前者的话，"它就必然会扼杀人们原本期望它所能带来的创造力"❶。基于知识产权和公有领域之间并非绝对的分割关系，利特曼（Litman）将公有领域的关注点放在了构成知识产权法客体中的若干元素上。以著作权法为例，她认为公有领域的范围包括根本不属于作品的素材、作品中不受保护的要素。❷ 美国学者本克勒（Benkler）认为，传统理论对公有领域范围的划分只包括完全不受知识产权法保护的内容存在缺陷。这样的划分虽然引起了人们对界限的直觉，但实际上却并没有进行明确的定义，缺乏明确的指向性。❸ 引起学界共识的是，公有领域的不确定性在很大程度上限制了第三方使用或传播这些知识产品的能力。

（二）缺乏对商标法和反不正当竞争法的关注

国内外大部分研究成果多从著作权及著作权法的角度论证知识产权与公有领域的关系，理由是公有领域的研究在著作权领域更有代表性。❹ 著作权法上的公有领域范围相对明确：从"思想与表达二分法"到保护期届满进入公有领域的作品，再到专门规定的不受著作权法保护的对象。另外，相对于著作权法的丰富文献来说，从商标法和反不正当竞争法角度进行公有领域研究的成果相对较少，或者沦为研究知识产权法和反不正当竞争法关系中

---

❶ 黄汇. 版权法上公共领域的衰落与兴起 [J]. 现代法学，2010，32（4）：31.

❷ LITMANJ D. The Public Domain [J]. Emory Law Journal, 1990, 39（4）：975-976.

❸ BENKLER Y. Free as the Air to Common Use: First Amendment Constraints on Enclosure of the Public Domain [J]. New York University Law Review, 1999, 74（2）：361.

❹ 冯晓青. 知识产权法利益平衡理论 [M]. 北京：中国政法大学出版社，2006：729.

一带而过的话题。原因可能是商标权可以续展，并无严格保护期限的特殊规定，也无所谓自动进入公有领域的说法。只要商标正在使用，起到识别其所附着的特定商品和服务来源的作用，其保护期就一直有效。不仅如此，由于商标可以经过使用获得"第二含义"，使商标权与公有领域的切割更加暧昧不清。而反不正当竞争法本身是规制市场中的不正当竞争行为，判断利用他人商业成果是否构成不正当竞争行为，通常考虑是否损害竞争者的利益，扰乱市场竞争秩序，而与传统知识产权与公有领域的划分似乎相去甚远。然而，从近几年的司法实践来看，不仅是著作权法中公有领域正在遭受削弱，商标权利和不正当竞争行为的扩张更是以"润物细无声"的方式侵蚀着商业领域的模仿自由，甚至著作权法也借由商标法、反不正当竞争法进行扩张，潜移默化地改变着立法者和司法者的权利保护观念。比如上文提到的作品名称和角色的保护问题、我国司法解释和司法实践对美国商标淡化理论的借鉴和适用问题、对《反不正当竞争法》中一般条款的司法适用等长期困扰着学术界和实务界。尽管司法判例已经对其中的一些问题作出了回应，但是公有领域的范围和意义给司法实践带来了许多不确定性。

二、知识产权的扩张与公有领域的式微

（一）"公有领域"及相关概念的澄清

正如上文所言，我们习惯于将知识产权描述为垄断的专有权利，而将公有领域模糊地表述为一个与知识产权相对立的领域，知识产权的边界就是公有领域的边界。政府通过鼓励垄断激励创造活动，从而丰富公有领域的观点也表明，私有权利的保护与公

共利益似乎总处于相对的状态。与此同时，哈丁的"公地悲剧"理论通常作为论证创设私有产权、创设知识产权合理性的经济分析基础。哈丁认为，公地中的"经济人"陷入一场由于过度使用导致的不可避免的悲剧之中，对此其设想的唯一解决方案就是私有化。❶ 可见，有关公有领域的讨论至少涉及公地（commons）或公共资源（common resources）、公共产品（public goods）和公共财产（common property）之间的区别。也许应当回归概念的本质正本清源，了解公有领域与这些概念的差异。

公共产品或公共物品是指"不论个人是否愿意购买，都能使整个社会每一个成员获益的物品"。❷ 任何一人对该产品的消费不会减少对其他人的供给量，无须追加成本就可以提供给每个人。也就是说，公共产品既不具有排他性，也不具有竞争性。❸ 公共产品对应的概念是私人产品（private goods），既有排他性，又有竞争性。生活中大部分动产都属于私人产品，一旦购买买家就是唯一获益人。而公共资源在消费中只有竞争性，没有排他性。例如，"公地悲剧"理论中所举例的"对大众开放"的草原❹，草原因此不具有排他性但确有竞争性，多养一头牛则留给其他牧民的草就少了。

知识产权法保护的知识产品具有公共产品的属性。如果符合知识产权法设置的条件，如一项符合新颖性、创造性、实用性标

---

❶ HARDIN G. The Tragedy of the Commons [J]. Science, 1968, 162 (3859): 1245.

❷ 萨缪尔森，诺德豪斯. 经济学 [M]. 18版. 萧琛，译. 北京：人民邮电出版社，2008：321.

❸ 排他性是指一种物品具有的可以阻止一个人使用该物品的特性；竞争性是指一个人使用一种物品将减少其他人对该物品的使用的特性. 参见曼昆. 经济学原理：微观经济学分册 [M]. 梁小民，梁砾，译. 北京：北京大学出版社，2009：227.

❹ HARDIN G. The Tragedy of the Commons [J]. Science, 1968, 162 (3859): 1244.

准的发明创造是可以获得专利权的，那么在专利权保护期内，权利人对自己的发明创造（知识产品）享有一定的排他性权利。但是，这样的排他性是通过法律赋予的，并不代表该知识产品本身具有事实上的排他性，除非通过法律途径禁止使用，权利人无法通过事实上的占有阻止他人使用该发明；一个人在使用知识产权的客体时，亦不能减少另一个人对它的使用。具有排他性的是知识产权，而不是知识产品。在市场上交换的是权利，而不是权利的客体（知识和其他有用信息）。❶ 还有学者提出需要区分公共产品和公共财产、一般性知识与特定的技术知识。❷ 公共产品也不一定就是公共财产，公共财产之上是有明确定义的群体成员拥有的一系列合法权利，包括排除非成员使用的权利。而对于一般性的知识产品，在其之上没有任何知识产权存在，包括不符合知识产权构成要件及超过保护期的知识产品更是"完全或纯粹的"公共产品。可见，知识产品本身不会因使用而产生耗损，也不具有公共资源所面临的过度使用或资源匮乏等问题。知识产品本质上属于公共产品，不能与具有竞争性的公共资源相混淆。

　　与公共资源不同，知识产品的创造元素多来源于公有领域，并且知识产品一旦创造出来，最终结果都是归于人类公有，即便赋予知识产权且在保护期内也会有部分信息外溢至公有领域。知识产权和公有领域的关系处于动态的互相增益的平衡之中，而公共资源与私人产权很难产生类似的互动，由于资源的稀缺性或竞争性导致越多的人参与分配，则可能最终可用的资源越来越少。因此，哈丁"公地悲剧"的"公地"是指具有竞争性的公共资源

---

　　❶　张勤. 论知识产权之财产权的经济学基础 ［J］. 知识产权，2010，20（4）：8.
　　❷　曼昆. 经济学原理：微观经济学分册 ［M］. 梁小民，梁砾，译. 北京：北京大学出版社，2009：235.

而不是公共产品，知识产品则不存在"公地悲剧"问题。过度使用公共资源导致的稀缺性危险并不会发生在知识产品的共享及其创新之上。只不过"由于现实生活中纯粹的公共产品极为少见，人们往往把公共资源等同于公共产品，把公共的悲剧当作是公共产品的悲剧"❶。还有学者指出，哈丁的理论并不严谨，他使用了向所有人开放的牧场作为举例，但并不是所有共同拥有的牧场都是向所有人开放的。❷ 无论如何，将"公地悲剧"理论直接运用于证明知识产权正当性，或者将该理论作为加强知识产权保护的理由还有待商榷。

（二）知识产权的"第二次圈地运动"

总体来看，立法政策不断强调加强知识产权保护，降低知识产权授权条件或延长权利保护期限，将本属于或即将属于公有领域的内容纳入知识产权法的调整范围，后者以美国《松尼·波诺版权期限延长法案》（*The Sonny Bono Copyright Term Extension Act*，也称"米老鼠法案"）为代表。在司法实践中，利用反不正当竞争法随意扩充知识产权的保护范围、创设知识产权权能，使知识产权侵权之诉常常成为恶意诉讼、"钓鱼式"维权等进行牟利的司法工具。❸ 实际上，并不是赋予智力或投资成果越多的产权，就

---

❶ 文礼朋，秦敬云，赵相忠. 公共地悲剧理论在知识产权经济学分析中的限制——也谈当前全球科学研究领域的新圈地运动与反公共地悲剧 [J]. 广西社会科学，2011（9）：58.

❷ HESS C, OSTROM E. Ideas, Artifacts, and Facilities: Information as a Common-Pool Resource [J]. Law and Contemporary Problems, 2003, 66 (1): 116.

❸ 所谓"恶意诉讼"是指当事人故意提起一个在事实上和法律上无根据之诉，从而为自己谋取不正当利益的诉讼行为。在实务工作中因为"恶意"的主观构成要件

越能鼓励创新。❶ 知识产权法应是鼓励交易的财产法而不是成为纯粹的侵权责任法。法院需要确保公有领域不被侵蚀，规范知识产权保护造成的法律重叠之间的界限，以制衡广泛的商标和版权法的索赔。❷

　　值得关注的焦点仍然是知识产权和公有领域之间动态的平衡关系。新的信息产生也意味着对公有领域内容的补充，当作者从公有领域获取信息并添加其独创性的要素时，他所获得的权利应当仅是对创造的新信息有效，并且也不会减损已经贡献给公有领域的内容。然而，现实情况是基于"公地悲剧"或公共产品使用低效的假设，选择加强知识产权激励的结果使得知识产权保护的范围逐渐扩大，授予条件的门槛逐渐降低。过去"免费"的信息现在越来越多地被私有化、监控、加密和限制。❸ 以前被认为是共同财产或不能作为商品的（uncommodifiable）的内容再次被新的知识产权或新扩展的财产权所涵盖。❹ 因此，应当警惕的不是知识产品的"公地悲剧"，而是正在经历的知识产权的"第二次圈地运动"（the second enclosure movement）。

　　虽然"公地悲剧"的理论直接适用于知识产权或知识产品有

（接上注）

比较明显，更多的是利用知识产权进行"钓鱼式"维权，或者利用商标和不正当竞争不确定的保护范围针对个体商贩进行跨地域的大规模诉讼，还有律师事务所提供专门的"知识产权维权"法律产品。

❶ LEMLEY M A. Property, Intellectual Property, and Free Riding [J]. Texas Law Review, 2005, 83（4）: 1301.

❷ LIU J P. The New Public Domain [J]. University of Illinois Law Review, 2013（4）: 1398.

❸ HESS C, OSTROM E. Ideas, Artifacts, and Facilities: Information as a Common-Pool Resource [J]. Law and Contemporary Problems, 2003, 66（1）: 112.

❹ BOYLE J. The Second Enclosure Movement and the Construction of the Public Domain [J]. Law and Contemporary Problems, 2003, 66（1）: 37.

明显的缺陷，但是并不妨碍从知识产品的属性论证知识产权扩张的正当性。通常观点认为，知识产品本身的非竞争性和非排他性的天然属性，需要法律赋予一定期限的知识产权予以保护。特别是在网络环境下，复制和传输成本的无限趋于零也意味着创作者将无法因其创作获得收益，进而导致激励创新的动力不足。因此，法律必须介入并创造一种有限垄断的知识产权，并伴随着复制成本的降低需要相应地增加知识产权的实际控制力，也就是说知识产权保护的程度与复制的成本成反比。但是复制成本的降低是否需要加强产权的保护予以弥补？互联网带来的便利的确降低了非法复制的成本，但同时也降低了生产、销售和广告宣传的成本，并大大增加了潜在市场的规模。❶ 非法复制成本的降低也使得权利人更容易发现侵权行为，比如跨地域的商标侵权，不需要再到侵权地取证，通过网站和 App 的检索就可以发现侵权事实。非法复制成本的降低并非对权利人毫无益处，并且只要发现侵权予以起诉仍然可以获得赔偿，不需要再通过扩张知识产权进行额外的保护。

以私有化为代表的"圈地运动"带来了一些对创新和交易成本的负面影响。一方面，知识产品的财产化并不能与公共资源私有化一样，直接产生生产力激增的结果。追求利润的经营者对新产品的开发研究都是在前人已创造的知识或技术的基础上进行一些改进或些许的创新，以便尽快获得专利权并高价出售，因而经营者很难对应属于公有领域的一般性的基础理论研究加大投入力度。如果再缺乏政府公共政策的支持，社会对创造新知识的投入

---

❶ BOYLE J. The Second Enclosure Movement and the Construction of the Public Domain [J]. Law and Contemporary Problems, 2003, 66 (1): 42-43.

就会越发减少。❶ 另一方面，知识产权门槛的降低会使那些接近于一般性知识的成果被授予知识产权。虽然短期会有助于基础研究领域的研发，但是从长远来看并不利于技术的进步，会使后续实用技术研发获得基础研发机构的授权，进而增加交易或接触公共信息的成本，反而不利于创新。❷

除了对创新和交易成本带来的负面影响，知识产权的权利扩张还可能带来更为严重的后果，甚至影响人类共同体的未来命运，虽然这听起来危言耸听。正如前文所述，知识产权的"第二次圈地运动"在知识产权法各个领域都有所体现，包括作者试图对同人作品进行控制、商标权人拒绝他人并未引起混淆的商标使用等。除此之外，在一些涉及人类安全和国家安全的领域，知识产权扩张的问题更为复杂与严峻。2018 年基因编辑婴儿的诞生不仅涉及基因的专利保护问题，还涉及基因编辑技术的安全性和伦理道德问题。❸ 在人类基因组是否应授予专利权的问题上，"圈地运动"的支持者可能以"私有化拯救生命"（private property saves lives）为由，提出为了保证科研投入成本，研发针对基因缺陷的药物和疗法，由政府介入并扩大财产权的范围是正确的。❹

这一观点也体现在 Moore v. Regents of University of California 案

---

❶ 曼昆. 经济学原理：微观经济学分册 [M]. 梁小民，梁砾，译. 北京：北京大学出版社，2009：236.

❷ 文礼朋，秦敬云，赵相忠. 公共地悲剧理论在知识产权经济学分析中的限制——也谈当前全球科学研究领域的新圈地运动与反公共地悲剧 [J]. 广西社会科学，2011（9）：60.

❸ 据报道，基因编辑婴儿团队建奎名下的"深圳市瀚海基因生物科技有限公司"向国家知识产权局提交了几十项基因相关的方法发明专利的申请. 天津二院. 基因技术能否跨过专利保护的门槛？[EB/OL]. （2018-11-30）[2021-12-21]. https://www.thepaper.cn/newsDetail_forward_2690538.

❹ BOYLE J. The Second Enclosure Movement and the Construction of the Public Domain [J]. Law and Contemporary Problems，2003，66（1）：37.

中。原告约翰·摩尔（John Moore）因病在被告处接受了切除脾脏的手术，被告在原告不知情的情况下，利用被切除脾脏中的特殊细胞进行研究，并对研究成果申请了专利。美国加利福尼亚州最高法院认为，根据本州成文法和司法先例，原告并不对其所希望切除的脾脏及其细胞享有任何财产利益，因而缺乏侵占财产告诉的基础。联邦法律允许对附加人类智力活动的生物体申请专利，但不允许对天然存在的生物体申请专利，而相关专利权是被告的研究成果而不是原告。❶ 法院回避讨论已脱离身体的细胞是否还属于原告的问题，同时也反映了在人类基因等内容上，授予专利权和公有领域关系的逻辑困境，即如果不能合法拥有自然基因组，研究人员可能无法开展研究，但如果拥有专利权则有可能拒绝任何人进行观察与分析。然而，人类基因组来源于每一个人，属于全人类共同的遗产，不应该作为财产被少数的某些人所有。正如 Moore v. Regents of University of California 案中反对派法官布鲁萨德（Judge Broussard）所指出的，被告在将原告的细胞从其体内移除之前，已经意识到了原告细胞的特殊研究和商业价值。在原告不知情的情况下应当支持原告侵权诉讼的理由并对侵犯其身体部位的使用权获得经济补偿，而多数意见却在担心对被告施加侵权责任将阻碍无辜的科学家使用现有细胞资源库的医学研究。❷ 专利权的授予并不影响对原告的赔偿，因为被告在专利授予之前就已经持续使用原告细胞若干年。❸ 法院在进行利益衡量时充分考虑了专有权利的激励要素无可厚非，毕竟原告并没有对发明作出创造性贡献，但也忽略了重要的道德伦理，即应禁止任何个人或组织从

---

❶ Moore v. Regents of University of California, 51 Cal. 3d 120, 1990.

❷ Separate concurring and dissenting opinion by Broussard, J.

❸ Separate dissenting opinion by Mosk, J.

人体某一部分的交易中获利。专利技术来源于原告的细胞，从根本来看"天然存在的物质"还是被授予了属于特定个体的私权利。这项公共事业可以由政府出资建立公共资源库，以便所有科学家以研究为目的免费使用和自由模仿。目前已有的器官捐献和精子库等做法可以值得进一步推广和完善，而不仅仅局限于知识产权的私权保护。知识产权法设置的目标，应当是使知识产品得以充分有效地进行自由的市场交易。❶ 而市场的逻辑一旦侵入了应该离市场最远的地区，反而可能对人类安全造成不可控的严重后果，减缓创新也许只是最微不足道的后果之一。

综上，反对知识产权的无限扩张仍然是为公有领域辩护最重要的理由，关注公有领域的知识产品供给不足问题更具有现实意义。不少学者都在知识产权和公有领域之间寻找平衡之法，如兰格教授（Lange）主张知识产权扩张的同时也必须承担一定的公共义务。知识产权的理论必须接受私人权利和公有领域之间的分界线，任何排他性利益都不应得到肯定性承认，除非在公有领域方面也得到承认，即每项权利都应明确地与公有领域的个人权利相匹配。公有领域知识产权新型利益扩张应当被（同样经过仔细衡量并被承认的）公有领域中的个人权利所抵偿。❷ 但是知识产权和公有领域的分界线到底如何划分似乎并没有明确的答案，如何在权利人的知识产权和公有领域的个人权利之间取得平衡也缺乏实际的操作手段。本书尝试从模仿自由原则的角度提供一些不同的观点。

---

❶ 毛翔. 市场优先原则在知识产权领域中的应用 ［J］. 重庆大学学报（社会科学版），2018，24（6）：160.

❷ LANGE D. Recognizing the Public Domain ［J］. Law and Contemporary Problems，1981，44（4）：147.

三、模仿自由原则的适用与公有领域的划分

从模仿自由和公有领域的角度来考察知识产权，都会得出一样的结论：保护公有领域是知识产权法的基本目标之一，知识产权立法的出发点及基准应以知识产权（法）为例外，而不是将其作为常态。以著作权法为例，作品的创作过程并不是版权法所预设的从无到有的过程，作品的原初性显示的是一种狂妄。事实上，所有的创作都是对他人成果的大量借鉴。没有一个健康的公有领域，多数创作就变成了非法行为。公有领域才是知识产权法的基础。❶ 知识产权法应该围绕着公有领域进行"编织"，在思想和事实的周围穿插着稀薄的知识产权；即便是"稀薄"的知识产权也要受到限制，以便未来的创作者从中汲取灵感，防止权利人设置过高的门槛妨碍公众接触。❷ 对于模仿自由原则在公有领域的适用问题，大部分学者认为，模仿自由（原则）与公有领域的范围是重合的。例如，孔祥俊教授认为权利之外是公有领域，即属于模仿自由的范畴。❸ 持类似观点的还有德国学者安斯加尔·奥利（Ansgar Ohly），他认为德国法承认模仿自由原则适用于知识产权法之外的领域。❹ 美国著名竞争法学者麦卡锡也认为，模仿自由是竞争自由的重要内容，是自由竞争政策的派生物，有时又被称为

❶ LANGE D. Recognizing the Public Domain [J]. Law and Contemporary Problems, 1981, 44 (4): 150.

❷ BOYLE J. The Second Enclosure Movement and the Construction of the Public Domain [J]. Law and Contemporary Problems, 2003, 66 (1): 39-40.

❸ 孔祥俊. 反不正当竞争法新原理：总论 [M]. 北京：法律出版社，2019：148.

❹ OHLY A. Free Access, Including Freedom to Imitate, As a Legal Principle a Forgotten Concept? [M] //KUR A, MIZARAS V. The Structure of Intellectual Property Law: Can One Size Fit All? Cheltenham: Edward Elgar Publishing, 2011: 100.

公有领域自由模仿（或复制）原则（the principle of free copying in the public domain）。❶ 陈学宇博士认为模仿自由原则是指在知识产权之外的客体和领域，对不受知识产权法保护的知识产品，他人可以任意模仿，当且仅当特殊情况下模仿行为才会被禁止。❷ 而韦之教授则将模仿自由原则的适用范围排除了触犯他人民事权利和完全属于公有领域这两种情形。❸ 笔者以为，后一观点更具有思辨的价值，并直击模仿自由原则在公有领域和知识产权法之间、知识产权法和反不正当竞争法之间、知识产权法律制度内部"灰色领域"的适用场景问题。

对公有领域所包含的事实材料等内容享有模仿自由的权利不可置疑，此时面对知识产权人的质疑时，公有领域和模仿自由（原则）都可以作为抗辩理由。但是，不受知识产权保护的客体是公有领域中最不重要的部分❹，模仿自由原则的价值也同样不止于此。

首先，模仿自由原则可能影响公有领域范围的重新定义。根据公有领域的传统定义，为了评论或介绍引用他人作品等属于合理使用，而不属于对公有领域成果的自由使用。也就是说，如果没有合理使用这一例外规定，在对他人作品进行评论和介绍时对其来源进行简单的引用是侵犯著作权的，这样的版权法体系是多么的匪夷所思。❺ 类似的行为还有戏谑模仿和比较广告等，这些使

❶ MCCARTHY J T. McCarthy on Trademarks and Unfair Competition：Vol. 1 ［M］. 4th ed. Eagan：Thomson Reuters/West，2008：51.

❷ 陈学宇. 全球视野下的反不正当竞争法修订——基于模仿自由原则的探讨［J］. 苏州大学学报（法学版），2018，5（1）：117.

❸ 韦之. 试论模仿自由原则［J］. 中国专利与商标，2019（1）：81.

❹ LITMANJ D. The Public Domain［J］. Emory Law Journal，1990，39（4）：976.

❺ BENKLER Y. Free as the Air to Common Use：First Amendment Constraints on Enclosure of the Public Domain［J］. New York University Law Review，1999，74（2）：362.

用行为出于维护表达自由的基本权利、为消费者提供充分的商业信息等理由，都应属于模仿自由或自由使用的范畴（或者需要扩张原有公有领域的概念）。

其次，在知识产权和公有领域概念对立的情况下，"公有领域"对尚不清楚是否应受知识产权法保护的内容，以及知识产权客体中不受保护的元素方面所能提供的不侵权抗辩稍显乏力。比如对于新出现的作品客体或作品中不受保护的要素，在理论和司法实践中，更多地使用"缺乏可版权性"或"不受著作权法保护"等用语。尽管这些内容也属于公有领域，但是上述表达方式是从消极角度排除了知识产权法的保护，而不是直接表达公有领域存在的积极理由。在知识产权"第二次圈地运动"的影响下，寻求知识产权法保护的知识产品越来越多，反而不受知识产权保护成了异常现象。司法实践中，存疑的侵权案件通常以有利于原告的方式解决，甚至一些政府部门也在推动知识产权的保护，将商标和专利的授权数量作为政绩的表现。因而在知识产权侵权的叙事中，公有领域的抗辩效果越来越弱。当叙述者在解释为什么知识产权法不保护思想、事实、现有技术、标题或角色时，实际上先假设了知识产品应受到保护，然后再解释在哪些方面属于思想、事实、现有技术等。模仿自由原则在某种程度上克服了从私权角度消极定义公有领域这一难题。模仿与模仿自由作为人类的天性无法回避，相较于公有领域的抗辩具有自然法上的直接优势，同时作为一项法律原则在适用方面避开了先预设受到知识产权保护，再根据公有领域的相关规则排除特别法适用的问题。换言之，遵循"模仿自由是原则，知识产权是例外"的叙事方法，在个案中并不率先假设被法律评价的对象属于知识产权法保护的范畴，然后判断哪些要素属于公有领域再予以排除，而是出于模仿自由原则的角度直接推定使用行为不侵权或合法，除非知识产权法规定的专有权利控制了这一行为。正如兰格（Lange）教授所言，"知识产权除了在法律上得到承认外，本身并不存在"❶。

再次，由于公有领域的范围很难从正面直接界定，长期以来将公有领域范围作为知识产权的例外进行保护的理论传统，不仅陷入知识产权优先的思维惯性，进而也忽视了反不正当竞争法在二者中的调和作用。知识产权和公有领域的界限并非十分明确，在缺乏专有权利保护的同时，当事人往往会寻求反不正当竞争法的"补充"保护，此时知识产权与公有领域对立的传统"二元"观念使得进入竞争法领域时，基本不再考虑诉争的智力成果或商业成功是否属于公有领域，转而进行是否构成"不正当"竞争的考量。在不正当竞争领域，公有领域的辩护理由存在移植的困境。模仿自由原则包含着维护市场自由竞争的基础价值取向，作为连接维护竞争行为和公有领域的"桥梁"，可以通过衡量自由竞争的公共利益与经营者的私人竞争利益来确保公有领域不被侵蚀。市场竞争的力量确保了信息流动的最佳方式，如果私人权利对信息的垄断造成市场上知识产品的价格居高且妨碍、阻止他人接触用于新的信息产生时，模仿自由原则将从保障公众利益的角度维持公有领域知识产品的供给。只有当模仿者通过欺诈的手段误导消费者，公众（消费者）的利益受到损害时，才允许率先进入市场的先驱者通过禁止模仿者的不正当竞争维护自己的市场地位。

最后，模仿自由原则不同于传统公有领域理论，其不仅从静态视角调整知识产权和公有领域二者的对立关系，而是将模仿自由作为动态的法律原则，指导具体规则和补充漏洞。在公有领域

---

❶　LANGE D. Recognizing the Public Domain [J]. Law and Contemporary Problems, 1981, 44 (4): 147.

和知识产权之间不仅需要考虑反不正当竞争法在某种程度上的"补充"保护，还要考虑模仿自由原则在权利扩张中的防御作用。从公有领域上升到可保护的竞争利益、再从竞争利益上升到专有权利的保护之间，都有模仿自由原则的适用空间。裁判者不仅可借此重新审视个案中适用反不正当竞争法为知识产品提供保护的必要性，模仿者也可以将其作为使用者的抗辩，要求法律保护自己一定程度的模仿。

因此，模仿自由原则在完全不属于专有权利控制的简单情况下，与公有领域的适用发生重叠毋庸置疑。但是公有领域和反不正当竞争法之间、在知识产权法和反不正当竞争法之间尚待法律评价的领域，模仿自由原则及其适用有助于协调知识产权和不正当竞争之间的关系，缓解公有领域作为抗辩理由的"捉襟见肘"。换言之，模仿自由原则在公有领域之外的适用更具有理论价值和现实意义。

知识产品的非竞争性和非排他性意味着不会发生类似自然资源的"公地悲剧"问题，但也因知识产品的复制成本极低，"公地悲剧"理论在某种程度上契合了知识产权激励论的基本观点，采取私有化的方式激励创新成了知识产权保护的主要手段。然而，激励创新不等于知识产权的无限扩张，非法复制成本的降低也不需要通过扩张权利范围予以变相弥补。知识产权保护的力度增强，可能增加了市场交易的成本，无形之中设置了模仿的障碍，限缩了公有领域可供免费使用的信息或知识，反而不利于激励创造，陷入了无法摆脱的"死循环"。保护知识产权不一定是保护创新，但维护公有领域一定会促进创新。避免知识产品的"公地悲剧"不是对知识产品进行私有化、扩张知识产权的权利范围，而应是主张模仿自由原则，降低交易成本，鼓励对创新的知识产品进行模仿和使用，促进科技与文化的繁荣。

综上，传统理论通过排除知识产权法的保护范围来定义公有领域。这样的二元对立观点的缺陷在于，不仅忽视了知识产权与公有领域的相互转化过程，甚至忽略了知识产权法是模仿自由原则的例外，是公有领域这片汪洋大海中的"孤岛"❶。与此同时，将注意力放在知识产权法这座"孤岛"上也会忽视不正当竞争行为对这片海洋的侵占。对于本应属于公有领域要素的内容，可能通过其他知识产权部门法或反不正当竞争法继续保护。尤其是反不正当竞争法，在法律效果上同样具有排他性，甚至可能比知识产权提供的排他性更强，势必会影响公有领域的保护范围。模仿自由原则的提出强调模仿自由是原则，知识产权和不正当竞争是例外。面对权利的扩张，除非具有欺诈消费者的特殊理由，应以模仿自由为原则，确保已经被知识产权法拒绝的内容不再以禁止不正当竞争的方式予以保护。在法律明文规定知识产权法不提供保护的情形下，公有领域和模仿自由都可以作为使用者的抗辩，但是在更为复杂的"边缘"领域、不确定的"灰色"范围，模仿自由原则较于公有领域有较强的适用性和灵活性，并在反不正当竞争法领域有丰富的立法和实践经验。笔者并未尝试对公有领域的概念进行界定，因为任何对公有领域的固化定义都深深植根于传统且狭隘的知识产权观。❷ 技术的发展、互联网的普及及其他社会条件的变化要求知识产权法需要进行结构性的调整。也许在不远的未来，知识共享将成为主流，基于现行法律和先例的私有化

---

❶ 刘孔中. 解构知识产权法及其与竞争法的冲突与调和［M］. 北京：中国法制出版社，2015：5. "孤岛"的形容在一定程度上也强调了知识产权与公有领域的对立关系，但是从公有领域是知识产权法的基础来看，孤岛比喻也有一定的合理性。

❷ SHAO K. Public Domain in China: A Historical and Empirical Survey［J］. University of Western Australia Law Review, 2017, 41（2）：116-117.

的传统将被解放的公有领域所替代，而模仿自由原则可以为重新认识知识产权和公有领域的关系提供一个可行性方案。

本章小结

对共享资源所有权的争夺并不是知识产品领域所独有。物质生活的提高及全球化的市场，人们需要更大的房子、更强的捕捞船、更密的渔网。自然资源的商品化和私有化是几乎所有类型资源的趋势。原始森林和渔业的枯竭与知识产权公有领域一样，都在面对私人利益的侵犯。虽然公有领域在知识产权法中是一个常见的概念，但并不是一个强有力的概念。最近在国内发生一些实例显示，知识产权权利的扩张和滥用已经引起了社会的广泛关注，而不仅仅是法学界关注的热点问题。2021 年 12 月，中国知识产权法学界因"逍遥镇胡辣汤"和"潼关肉夹馍"等商标被搅得沸沸扬扬，不少商户所卖的胡辣汤和肉夹馍因带有"逍遥镇"和"潼关"字样被告上法庭。❶ 当前，地理标志的注册热潮已异化为某些组织敛财的工具或成为地方政府工作考核的目标或知识产权保护工作的政绩❷，其背后反映出的正是知识产权保护范围的扩张及限制等问题，值得反思。

---

❶ 知产库. 胡辣汤、肉夹馍陆续维权，兰拉沙县表示不服 [EB/OL]. （2021-11-24）[2021-11-25]. https://mp. weixin. qq. com/s/gOTm2jEWEFtGg3eryhijTg.

❷ 正如有学者担心的那样，"地理标志产品专用标志"就如同当年"中国驰名商标"一样，正在异化为我国政府机关背书的商品荣誉符号，成为商品广告宣传的一种手段。参见张伟君. 警惕地理标志保护重蹈驰名商标的覆辙 [EB/OL]. （2021-11-25）[2021-11-26]. https://mp. weixin. qq. com/s/-0NEaEkDB-ahfRitCZQD5w.

面对此种扩张趋势，在知识产权法和反不正当竞争法领域，理论界和实务界应树立模仿自由原则的观念，在平衡私人权利、使用者利益和公共利益之间寻求新的突破口。模仿自由原则为法官在司法实践的价值判断提供了一个"新"的选项：不仅应继续完善现有司法实践中对"模仿自由是市场竞争的基本原则，知识产权法和反不正当竞争法是例外"的做法，还应当确立模仿自由原则对知识产权法和反不正当竞争法具体条款的指导作用。模仿自由原则可以辅助法官在面对新技术和新商业模式进行价值判断时，选择适用反不正当竞争法或知识产权法；对于"一般条款"的定位和适用、"搭便车"和"反淡化"等问题也提供了新的论证角度。模仿自由原则不同于传统"公有领域"理论从静态视角调整知识产权和不正当竞争的对立关系，而是将模仿自由作为动态的法律原则，指导具体规则和补充漏洞。裁判者不仅可借此重新审视个案中适用反不正当竞争法为知识产品提供保护的必要性，模仿者也可以将其作为使用者的抗辩，要求法律保护在合法范围内的模仿行为。无论如何，知识产权法和反不正当竞争法的理论和实践都在不断发展的过程中，即便没有明确表达模仿自由的概念，但是法院对市场竞争自由的维护及划分知识产权法和反不正当竞争法之间"空白地带"等做法，已经是在间接地接受和运用模仿自由原则，甚至当事人也开始使用模仿自由进行抗辩。当前对模仿自由原则缺乏的只是体系化的构建与论证，想必在不久的将来，随着我国市场秩序的完善，会有越来越多的法官意识到模仿自由原则的基础性地位，甚至在某一天由立法者明确地予以表达出来。

结　论

　　近年来，知识产品的市场竞争日趋激烈，模仿与创新在同一市场或同一主体之上同时发生，此起彼伏，相互交替。市场中的竞争者可能今天是模仿者，明天就是创新者。模仿与创新是一对关系复杂且无法分割论述的概念。在知识产品的保护方面，知识产权法通过赋予权利人一定时期的排他性权利，禁止他人对知识产品的模仿与利用，在某种程度上激励了权利人创新的积极性；同时，反不正当竞争法也通过禁止不当模仿，维持市场先行者的竞争优势。然而，除了成果保护法起到的激励作用以外，模仿竞争同样也可以促使市场先行者持续对创新开发的投入，努力提高产品质量，更新产品技术，以维持市场先占优势。知识产权法或反不正当竞争法无序扩张其保护范围可能会影响模仿竞争的效果。市场先行者为了获得更多的投资收益，巩固已有竞争优势，想方设法垄断产品技术或商业模式，阻碍技术的创新与进步。本书提出的模仿自由原则，并不是对非法的"仿冒""假冒"行为进行的辩护，而是借此提醒法律工作者需要警惕知识产权法和反不正当竞争法的无序扩张，防止权利人将立法者本意留给公众自由模仿的空白地带也纳入私人的权利范围。

模仿自由原则在本书具有两个方面的含义：第一，作为市场竞争的基本原则，而知识产权法、反不正当竞争法等特别法是例外，即"原则—例外"论；第二，模仿自由原则是上述特别法具体法律规则的概括性、抽象性原则，即"原则—规则"论。"原则—例外"论已被主要国家立法和司法实践普遍采纳，但在我国法院的判决中还未形成主流观点。至于模仿自由原则作为知识产权法和反不正当竞争法具体规则之上的原则，需要对现行法进行"解剖"，剥开特别法禁止模仿的表象，从创新和竞争的本质了解模仿行为的意义。另外，模仿自由原则本身也具有法理上的正当性。模仿是人类的天性和本能，模仿自由对于人类本身和人类社会具有必要性和不可取代性。模仿自由在法律体系中是被预先设定，而非被法律明确确立的。长期从事知识产权的研究和保护工作，可能给学者和司法工作者留下知识产权保护优先的印象，在缺乏某项专有权利保护时，也会为知识产品或商业成果寻找其他知识产权专门法和反不正当竞争法的救济，反而忽略了模仿自由是市场的基本原则。模仿自由应当作为自然应有的权利存在，比因"劳动"所获得知识产权的价值地位更为优先，除非有特殊情况，不应对模仿行为采取偏颇的法律评价。

法官在审理知识产权法和反不正当竞争法案件时，如果缺乏直接适用的规则，就会较多地适用原则性条款、一般条款或不确定的法律概念，也就不得不经常在相互冲突的价值标准之间作出抉择。模仿自由原则作为价值判断依据可以适用于解决知识产权和不正当竞争的纠纷。模仿自由原则至少有三次适用的机会：第一次是公有领域和法律可提供救济的范围之间的选择；第二次是专有权利和反不正当竞争法调整的范围之间的选择；第三次是各知识产权部门法所提供的保护范围之间的选择。模仿自由原则在某种程度上甚至比公有领域更合适作为模仿者的抗辩理由。与此同时，对于"搭便车"和"不劳而获"等概念的解读也需要谨慎处理，在处理奴性模仿、戏谑模仿、逆向模仿等案件时，必须充分考虑模仿自由原则与知识产权法、反不正当竞争法保护之间的关系，从维护市场竞争自由、激励模仿创新的角度判断是否侵权。

除在理论上的证成之外，模仿自由原则已经被域外的实证法所规定或在实践中予以运用，不管是大陆法系还是英美法系国家，均不同程度的对模仿自由予以支持。在我国的司法实践中，自最高人民法院在"山东山孚集团有限公司与马达庆不正当竞争纠纷"案中隐性表达了模仿自由原则的观点后，模仿自由原则被越来越多的法院所认可。本书并不反对将模仿自由原则明确写入反不正当竞争法中，并作为反不正当竞争法的原则条款，但在表达技术上应契合我国《反不正当竞争法》的立法体系。在我国《反不正当竞争法》中有关模仿自由原则内容的表达，应放在"一般条款"之前，或者修改一般条款，作为限制模仿自由的例外规定。对于模仿自由原则的具体表述，不宜借用当前第二条第一款"应遵循……原则"的表达方式，可以在立法目的条款之后增加一条规定，对知识产权法和反不正当竞争法的关系予以澄清。在表述上可借鉴《西班牙反不正当竞争法》的规定，允许模仿未受知识产权保护的智力成果。至于模仿原则的例外规定方面，应遵循商标法对来源混淆的规定，不宜扩大至保护被模仿商品或服务的声誉；不宜增加类似《日本反不正当竞争法》"禁止模仿与他人商品形态或样式实质性相同的产品"的规定，对未起到标识来源作用的商品外观一味禁止模仿，与他人商品外观一致并不意味着主观具有恶意攀附的意图，客观上也并不会侵犯他人商标权。

REFERENCES» 参考文献

一、著作类

（一）中文著作

［1］卡西尔. 人论［M］. 甘阳，译. 上海：上海译文出版社，2013.

［2］辞海编辑委员会. 辞海［M］. 上海：上海辞书出版社，1980.

［3］刘大洪. 反不正当竞争法［M］. 北京：中国政法大学出版社，2005.

［4］5141 课题组. 知识产权法学辞典［M］. 北京：北京大学出版社，2006.

［5］孔祥俊. 反不正当竞争法新原理：总论［M］. 北京：法律出版社，2019.

［6］韩赤风. 德国知识产权与竞争法经典案例评析［M］. 北京：法律出版社，2014.

［7］范长军. 德国反不正当竞争法研究［M］. 北京：法律出版社，2010.

［8］ 熊文聪. 事实与价值二分：知识产权法的逻辑与修辞 ［M］. 武汉：华中科技大学出版社，2016.

［9］ 宋慧献. 版权保护与表达自由 ［M］. 北京：知识产权出版社，2011.

［10］ 博登海默. 法理学：法律哲学与法律方法 ［M］. 邓正来，译. 北京：中国政法大学出版社，2017.

［11］ 贝蒂格. 版权文化——知识产权的政治经济学 ［M］. 沈国麟，韩绍伟，译. 北京：清华大学出版社，2009.

［12］ 柏拉图. 柏拉图文艺对话集 ［M］. 朱光潜，译. 北京：商务印书馆，2013.

［13］ 朱光潜. 西方美学史：上卷 ［M］. 北京：商务印书馆，2011.

［14］ 周宪. 美学是什么 ［M］. 北京：北京大学出版社，2015.

［15］ 森图姆. 看不见的手：经济思想古今谈 ［M］. 冯炳昆，译. 北京：商务印书馆，2016.

［16］ 陈杰. 论著作权的正当性 ［M］. 北京：知识产权出版社，2016.

［17］ 谢波德. 美学：艺术哲学引论 ［M］. 艾彦，译. 沈阳：辽宁教育出版社，1998.

［18］ 托多罗夫. 象征理论 ［M］. 王国卿，译. 北京：商务印书馆，2004.

［19］ 比厄斯利. 美学史——从古希腊到当代 ［M］. 高建平，译. 北京：高等教育出版社，2017.

［20］ 傅道彬，于茀. 文学是什么 ［M］. 北京：北京大学出版社，2017.

［21］ 史密斯，瓦尔德. 艺术理论指南 ［M］. 常宁生，邢莉，译. 南京：南京大学出版社，2017.

［22］ 本特利，伊尔斯，奥布莱恩. 窃言盗行：模仿的科学与艺术

[M]. 何亚婧，译. 北京：清华大学出版社，2013.

[23] 乌尔夫. 社会的形成 [M]. 许小红，译. 广州：广东教育出版社，2012.

[24] 武尔夫. 教育人类学 [M]. 张志坤，译. 北京：教育科学出版社，2009.

[25] 达沃豪斯，布雷斯韦特. 信息封建主义：知识经济谁主沉浮 [M]. 刘雪涛，译. 北京：知识产权出版社，2005.

[26] 萨缪尔森，诺德豪斯. 经济学 [M]. 萧琛，译. 北京：人民邮电出版社，2008.

[27] 鲍莫尔. 创新力微观经济理论 [M]. 刘鹰，张哲，等译. 上海：格致出版社，2018.

[28] 石家安. 模仿的力量：聪明企业如何模仿以赢得战略优势 [M]. 吴进操，译. 北京：机械工业出版社，2011.

[29] 彭刚，黄卫平. 发展经济学教程 [M]. 北京：中国人民大学出版社，2007.

[30] 任寿根. 模仿经济学 [M]. 北京：中国财政经济出版社，2003.

[31] 庄子银. 创新、模仿、知识产权和全球经济增长 [M]. 武汉：武汉大学出版社，2010.

[32] 井上达彦. 从 1 到 100：模仿与创新的经营学 [M]. 詹雪，译. 北京：东方出版社，2018

[33] 井上达彦. 模仿的技术：企业如何从"山寨"到创新 [M]. 兴远，译. 北京：世界图书出版社，2014.

[34] 侯斌，冯晓花，杨智慧. 形式对意义的模仿—语言文学中的象似性现象 [M]. 北京：中国社会科学出版社，2015

[35] 邱关军. 模仿与存在——学生模仿现象的教育学意蕴 [M]. 北京：科学出版社，2017.

［36］舒国滢. 法理学导论［M］. 北京：北京大学出版社，2006.

［37］夏勇. 人权概念的起源［M］. 北京：中国政法大学出版社，2001.

［38］耶利内克. 主观公法权利体系［M］. 曾韬，赵天书，译. 北京：中国政法大学出版社，2012.

［39］哈耶克. 法律、立法与自由：第一卷［M］. 邓正来，张守东，李静冰，等译. 北京：中国大百科全书出版社，2000.

［40］张文显. 法学基本范畴研究［M］. 北京：中国政法大学出版社，1993.

［41］德霍斯. 知识财产法哲学［M］. 周林，译. 北京：商务印书馆，2017.

［42］李先敏. 哈耶克自由哲学［M］. 北京：九州出版社，2011.

［43］邓正来. 自由主义社会理论——解读哈耶克《自由秩序原理》［M］. 济南：山东人民出版社，2003.

［44］黑塞. 联邦德国宪法纲要［M］. 李辉，译. 北京：商务印书馆，2007.

［45］朱福惠，胡婧. 世界各国宪法文本汇编：美洲、大洋洲卷［M］. 厦门：厦门大学出版社，2015.

［46］施利斯基. 经济公法［M］. 喻文光，译. 北京：法律出版社，2006.

［47］施托贝尔. 经济宪法与经济行政法［M］. 谢立斌，译. 北京：商务印书馆，2008.

［48］何梦笔. 德国秩序政策理论与实践文集［M］. 庞健，冯兴元，译. 上海：上海人民出版社，2000.

［49］庞德. 法理学：第三卷［M］. 廖德宇，译. 北京：法律出版社，2007.

［50］张伯伦. 垄断竞争理论［M］. 周文，译. 北京：华夏出版

社，2017.

[51] 萨缪尔森，诺德豪斯. 经济学（上册）［M］. 萧琛，译. 北京：商务印书馆，2012.

[52] 张文显. 二十世纪西方法哲学思潮研究［M］. 北京：法律出版社，1996.

[53] 邱关军. 模仿与存在——学生模仿现象的教育学意蕴［M］. 北京：科学出版社，2017.

[54] 邓正来. 法律与立法的二元观——哈耶克法律理论的研究［M］. 上海：上海三联书店，2000.

[55] 德沃金. 认真对待权利［M］. 信春鹰，吴玉章，译. 北京：中国大百科全书出版社，1998.

[56] 拉伦茨. 法学方法论［M］. 陈爱娥，译. 北京：商务印书馆，2003.

[57] 徐国栋. 民法基本原则解释——成文法局限性之克服［M］. 北京：中国政法大学出版社，1992.

[58] 王泽鉴. 民法总则［M］. 北京：中国政法大学出版社，2003.

[59] 黄茂荣. 法学方法与现代民法［M］. 北京：中国政法大学出版社，2001.

[60] 冯晓青. 知识产权法利益平衡理论［M］. 北京：中国政法大学出版社，2006.

[61] 安守廉. 窃书为雅罪——中华文化中的知识产权法［M］. 李琛，译. 北京：法律出版社，2010.

[62] 刘孔中. 解构知识产权法及其与竞争法的冲突与调和［M］. 北京：中国法制出版社，2015.

[63] 孔祥俊. 反不正当竞争法新论［M］. 北京：人民法院出版社，2001.

[64] 孔祥俊. 反不正当竞争法新原理：原论［M］. 北京：法律出

版社，2019.

[65] 杜颖，易健明，译. 美国商标法 ［M］. 北京：知识产权出版社，2013

[66] 米勒，戴维斯. 知识财产概要 ［M］. 周林，刘清格，译. 北京：知识产权出版社，2017.

[67] 杜颖. 社会进步与商标观念：商标法律制度的过去、现在和未来 ［M］. 北京：北京大学出版社，2012.

[68] 李扬. 商标法基本原理 ［M］. 北京：法律出版社，2018.

[69] 彭学龙. 商标法的符号学分析 ［M］. 北京：法律出版社，2007.

[70] 曼昆. 经济学原理：微观经济学分册 ［M］. 梁小民，梁砾，译. 北京：北京大学出版社，2009.

[71] 洛克. 政府论——论政府的真正起源、范围和目的：下篇 ［M］. 叶启芳，瞿菊农，译. 北京：商务印书馆，2017.

[72] 莫杰思. 知识产权正当性解释 ［M］. 金海军，史兆欢，寇海侠，译. 北京：商务印书馆，2019.

[73] 纪良纲，王小平. 商业伦理学 ［M］. 北京：中国人民大学出版社，2005.

（二）英文著作

[1] MCCARTHY J T. McCarthy on Trademarks and Unfair Competition：Vol. 1 ［M］. 4th ed. Eagan：Thomson Reuters/West，2008.

[2] RAUSTIALA K, SPRIGMAN C. The Knockoff Economy：How Imitation Sparks Innovation ［M］. New York：Oxford University Press，2012.

[3] THOMSON J J. The Realm of Rights ［M］. Cambridge：Harvard University Press，1990.

[4] KAUFMANN P J. Passing Off and Misappropriation：An Economic and Legal Analysis of the Law of Unfair Competition in the United

States and Continental Europe (Volume9) ［M］. Munich：VCH Publishers, 1986.

［5］SCHWARTZ B. Code Napoleon and the Common-Law World ［M］. New York：New York University Press, 1956.

［6］GEIGER C. Constructing European Intellectual Property：Achievements and New Perspectives ［M］. Cheltenham：Edward Elgar Publishing, 2013.

［7］SANDERS A K. Unfair Competition Law：The Protection of Intellectual and Industrial Creativity ［M］. Oxford：Clarendon Press, 1997.

［8］KUR A, MIZARAS V. The Structure of Intellectual Property Law：Can One Size Fit All? ［M］. Cheltenham：Edward Elgar Publishing, 2011.

［9］VAVER D, BENTLY L. Intellectual Property in the New Millennium ［M］. Cambridge：Cambridge University Press, 2004.

［10］FRANKEL S. Is Intellectual Property Pluralism Functional? ［M］. Northampton：Edward Elgar Publishing, 2019.

［11］DERCLAYE E. Research Handbook on the Future of EU Copyright ［M］. Cheltenham：Edward Elgar, 2009.

［12］LAFRANCE M. Understanding Trademark Law (Third Edition) ［M］. Durham：Carolina Academic Press, 2016.

［13］VAVER D, BENTLY L. Intellectual Property in the New Millennium：Essays inHonour of William R Cornish ［M］. Cambridge：Cambridge University Press, 2004.

［14］OHLY A, SIEBECK M. Common Principles of European Intellectual Property Law ［M］. Tübingen：Mohr Siebeck, 2012.

［15］DREXL J, SANDERS A K. The Innovation Society and Intellectual Property ［M］. Northampton：Edward Elgar Publishing, 2019.

二、论文期刊类

（一）中文期刊

［1］郑友德，刘平．盲从模仿与非专利技术保护初探［J］．中国工商管理研究，1995（11）．

［2］陈学宇．全球视野下的反不正当竞争法修订——基于模仿自由原则的探讨［J］．苏州大学学报（法学版），2018，5（1）．

［3］彭学龙．法律语境下的"山寨明星"现象［J］．知识产权，2011（1）．

［4］梁志文．从"山寨现象"看禁止盗用原则及其应用［J］．法学，2009（7）．

［5］方恩升．法律视角中的山寨现象［J］．河北法学，2009，27（11）．

［6］黄汇．"山寨"诉求与中国知识产权建设的未来［J］．法学评论，2015，33（3）．

［7］王悦．隐喻与反讽间的张力——从符号学角度解读山寨文化［J］．社会科学家，2010（9）．

［8］李艳．论日本《不正当竞争防止法》中的依样模仿条款［J］．电子知识产权，2013（6）．

［9］王锴．基本权利保护范围的界定［J］．法学研究，2020，42（5）．

［10］张占江．反不正当竞争法属性的新定位：一个结构性的视角［J］．中外法学，2020，32（1）．

［11］邓肆．公民经济自由在中国宪法中的重新确立［J］．北方法学，2017，11（4）．

［12］谭晨．从自由竞争到公平竞争：竞争理念和竞争法理念的衍变与启示［J］．竞争政策研究，2019（2）．

[13] 习近平. 对发展社会主义市场经济的再认识 [J]. 东南学术, 2001 (4).

[14] 龚天平. 论经济自由 [J]. 华中科技大学学报 (社会科学版), 2014, 28 (3).

[15] 罗思荣. 论竞争法基本原则 [J]. 浙江学刊, 2002 (4).

[16] 江平, 张礼洪. 市场经济和意思自治 [J]. 法学研究, 1993 (6).

[17] 张文显. 市场经济与现代法的精神论略 [J]. 中国法学, 1994 (6).

[18] 马金芳. 自由竞争、工业革命与社会法——一个社会法生成的视角 [J]. 江淮论坛, 2011 (5).

[19] 张守文. 政府与市场关系的法律调整 [J]. 中国法学, 2014 (5).

[20] 王晓晔. 竞争法中的自由竞争与公平竞争 [J]. 安徽大学法律评论, 2005, 5 (1).

[21] 孔祥俊. 反不正当竞争法的司法创新和发展——为《反不正当竞争法》施行 20 周年而作 (上) [J]. 知识产权, 2013 (11).

[22] 陈耿华. 反不正当竞争法自由竞争价值的理论证成与制度调适 [J]. 比较法研究, 2021 (6).

[23] 高富平. 竞争法视野下创新和竞争行为调整的体系化思考 [J]. 法商研究, 2015, 32 (3).

[24] 宋慧献. 论文化权利的构成与属性 [J]. 中国政法大学学报, 2017 (5).

[25] 杜承铭. 论表达自由 [J]. 中国法学, 2001 (3).

[26] 屠凯. 论文化权利与表达自由的界分 [J]. 法商研究, 2020, 37 (5).

[27] 舒国滢. 法律原则适用的困境——方法论视角的四个追问

[J]. 苏州大学学报，2005（1）.

[28] 王涌. 论民法中的原则的识别与适用——对德沃金原则理论的几点疑问与思考［J］. 中国政法大学学报，2016（2）.

[29] 风景. 法律原则的结构与功能——基于窗户隐喻的阐释［J］. 江汉论坛，2015（4）.

[30] 庞凌. 法律原则的识别和适用［J］. 法学，2004（10）.

[31] 于飞. 民法基本原则：理论反思与法典表达［J］. 法学研究，2016，38（3）.

[32] 于飞. 民法总则法源条款的缺失与补充［J］. 法学研究，2018，40（1）.

[33] 邱本. 从契约到人权［J］. 法学研究，1998（6）.

[34] 董晓敏. 美国的《反不正当竞争法重述》［J］. 中国公证，2002（5）.

[35] 王艳芳. 反不正当竞争法中竞争关系的解构与重塑［J］. 政法论丛，2021（2）.

[36] 孙山. 法益保护说视角下知识产权法的概念还原与体系整合［J］. 浙江学刊，2021（4）.

[37] 李扬. 商标法中在先权利的知识产权法解释［J］. 法律科学. 西北政法学院学报，2006（5）.

[38] 邵建东. 论我国反不正当竞争法保护"经营性成果"的条件——对若干起典型案例的分析［J］. 南京大学学报（哲学·人文科学·社会科学版），2006（1）.

[39] 张占江. 论反不正当竞争法的谦抑性［J］. 法学，2019（3）.

[40] 卢纯昕. 反不正当竞争法在知识产权保护中适用边界的确定［J］. 法学，201909）.

[41] 华劼. 欧盟数据生产者权利质疑——以知识产权制度安排为视角［J］. 知识产权，2020（1）.

［42］孙远钊. 美国与欧盟对数据保护的梳理与参考［J］. 政法论丛，2021（4）.

［43］范剑虹，张琪. 德国《反不正当竞争法》（2016 修订版）［J］. 澳门法学，2017（1）.

［44］何炼红. 盲从模仿行为之反不正当竞争法规制［J］. 知识产权，2007（2）.

［45］柳福东，朱雪忠. 试论盲从模仿的法律调控［J］. 科技与法律，2000（1）.

［46］陈谊. 论知识产权法和反不正当竞争法对模仿行为的规整——兼论"两法"的联系与区别［J］. 重庆工学院学报，2004（6）.

［47］周樨平. 不正当竞争法对"商业抄袭行为"的规范［J］. 法学，2012（6）.

［48］梁志文. 论设计保护的功能性原则［J］. 现代法学，2019，41（3）.

［49］杜颖. 商标法中的功能性原则——以美国法为中心的初步分析［J］. 比较法研究，2009（1）.

［50］韦稼霖，朱冬. 体系化思维下混淆在商标侵权判定中的定位［J］. 电子知识产权，2020（10）.

［51］韩赤风. 被模仿产品的保护与反不正当竞争法的适用——德国联邦最高普通法院第一民事审判庭 199/06 号判决评析［J］. 知识产权，2011（3）.

［52］刘淑华. 论滑稽模仿对我国著作权法的挑战［J］. 电子知识产权，2006（10）.

［53］苏力. 戏仿作品的法律保护和限制——从《一个馒头引发的血案》切入［J］. 网络法律评论，2010，11（1）.

［54］周艳敏，宋慧献. 滑稽模仿与版权保护——由《无极》与《一

个馒头的血案》谈起［J］. 出版发行研究，2006（6）.

［55］熊琦. 著作权转换性使用的本土法释义［J］. 法学家，2019（2）.

［56］张玉敏，曹博. 论作品的独创性——以滑稽模仿和后现代为视角［J］. 法学杂志，2011，32（4）.

［57］熊琦. 论著作权合理使用制度的适用范围［J］. 法学家，2011（1）.

［58］施建伟. 试谈鲁迅作品的幽默风格［J］. 上海大学学报（社会科学版），1985（1）.

［59］王卫平. 中国现代讽刺幽默小说论纲［J］. 中国社会科学，2000（2）.

［60］李雨峰，张体锐. 滑稽模仿引发的著作权问题［J］. 人民司法，2011（17）.

［61］张国清. 罗尔斯难题：正义原则的误读与批评［J］. 中国社会科学，2013，（10）.

［62］孙昊亮. 表达自由权在版权制度中的实现——以网络戏仿作品版权纠纷为视角［J］. 社会科学家，2015（12）.

［63］易磊. 对我国当前合理使用修改的思考——以德国"合理使用"为视角［J］. 电子知识产权，2019（2）.

［64］刘维. 我国注册驰名商标反淡化制度的理论反思——以2009年以来的35份裁判文书为样本［J］. 知识产权，2015（9）.

［65］邓宏光. 论商标权与言论自由的冲突［J］. 内蒙古社会科学（汉文版），2006（1）.

［66］陈虎. 论商标戏仿的法律性质［J］. 知识产权，2018（12）.

［67］王太平. 商标侵权的判断标准：相似性与混淆可能性之关系［J］. 法学研究，2014，36（6）.

［68］李雨峰. 企业商标权与言论自由的界限——以美国商标法上的

戏仿为视角 [J]. 环球法律评论, 2011, 33 (4).

[69] 张占江. 论不正当竞争认定的界限 [J]. 政法论丛, 2021 (2).

[70] 赵娟, 田雷. 论美国商业言论的宪法地位——以宪法第一修正案为中心 [J]. 法学评论, 2005 (6).

[71] 邓辉. 言论自由原则在商业领域的拓展——美国商业言论原则评述 [J]. 中国人民大学学报, 2004 (4).

[72] 赵娟. 商业言论自由的宪法学思考 [J]. 江苏行政学院学报, 2009 (4).

[73] 刘闻. 论商业言论自由的法律边界 [J]. 江西社会科学, 2016, 36 (8).

[74] 韩兴. 专利制度危机背景下的技术秘密法律制度研究 [J]. 知识产权, 2014 (8).

[75] 张雄林, 和金生, 王会良. 反向工程与技术模仿创新 [J]. 科学管理研究, 2008 (2).

[76] 王琳. 道德立场与法律技术关系的法哲学分析——"技术中立说"与"技术修饰说"之批判与重构 [J]. 交大法学, 2017 (2).

[77] 张今. 版权法上"技术中立"的反思与评析 [J]. 知识产权, 2008 (1).

[78] 郑玉双. 破解技术中立难题——法律与科技之关系的法理学再思 [J]. 华东政法大学学报, 2018, 21 (1).

[79] 李华荣. 技术正义论 [J]. 华北工学院学报 (社科版), 2002 (4).

[80] 熊琦. 软件著作权许可合同的合法性研究 [J]. 法商研究, 2011, 28 (6).

[81] 曹伟. 软件反向工程: 合理利用与结果管制 [J]. 知识产权, 2011 (4).

［82］李明德. 关于反不正当竞争法的几点思考［J］. 知识产权，2015（10）.

［83］彭中礼. 论法律学说的司法运用［J］. 中国社会科学，2020（4）.

［84］张骐. 司法推理价值判断的观念与体制分析［J］. 浙江社会科学，2021（2）.

［85］尹建国. 行政法中不确定法律概念的价值补充——以对"社会效果"的考量和运用为中心［J］. 法学杂志，2010，31（11）.

［86］郑成思. 反不正当竞争——知识产权的附加保护［J］. 知识产权，2003（5）.

［87］刘丽娟. 确立反假冒为商标保护的第二支柱——《反不正当竞争法》第6条之目的解析［J］. 知识产权，2018（2）.

［88］韦之. 论不正当竞争法与知识产权法的关系［J］. 北京大学学报（哲学社会科学版），1999（6）.

［89］王太平，袁振宗. 反不正当竞争法的商业标识保护制度之评析［J］. 知识产权，2018（5）.

［90］李士林. 商业标识的反不正当竞争法规整——兼评《反不正当竞争法》第6条［J］. 法律科学（西北政法大学学报），2019，37（6）.

［91］王太平. 我国未注册商标保护制度的体系化解释［J］. 法学，2018（8）.

［92］刘继峰. 论商标侵权行为与商标不正当竞争行为的"交错"［J］. 湖北大学学报（哲学社会科学版），2009，36（4）.

［93］刘维. 论混淆使用注册商标的反不正当竞争规制［J］. 知识产权，2020（7）.

［94］朱冬，张玲. 《商标法》第58条规范路径之反思与重构［J］. 知识产权，2023（1）.

［95］刘继峰. 反不正当竞争法中"一定影响"的语义澄清与意义验证［J］. 中国法学，2020（4）.

［96］张玲玲."有一定影响"在《反不正当竞争法》与《商标法》中的理解与判断［J］. 中国知识产权，2018（11）.

［97］孔祥俊. 论商品名称包装装潢法益的属性与归属——兼评"红罐凉茶"特有包装装潢案［J］. 知识产权，2017（12）.

［98］柴耀田. 论中国《反不正当竞争法》的结构性问题——兼评2018年新修订《反不正当竞争法》［J］. 电子知识产权，2018（1）.

［99］邓宏光. 我国驰名商标反淡化制度应当缓行［J］. 法学，2010（2）.

［100］张军荣. 驰名商标反淡化的误区和出路［J］. 重庆大学学报（社会科学版），2018，24（6）.

［101］魏森. 论商标法对表达自由的保护［J］. 法律科学（西北政法大学学报），2020，38（4）.

［102］王太平. 论我国未注册驰名商标的反淡化保护［J］. 法学，2021（5）.

［103］舒国滢，陶旭. 论法律解释中的文义［J］. 湖南师范大学社会科学学报，2018，47（3）.

［104］杜颖. 商标淡化理论及其应用［J］. 法学研究，2007（6）.

［105］李友根."淡化理论"在商标案件裁判中的影响分析——对100份驰名商标案件判决书的整理与研究［J］. 法商研究，2008（3）.

［106］瑟拉德，张今，张保国. 美国联邦商标反淡化法的立法与实践［J］. 外国法译评，1998（4）.

［107］黄汇，刘丽飞. 驰名商标反淡化构成要件的分析与检讨——以欧美相关理论为借鉴［J］. 知识产权，2015（8）.

[108] 姚鹤徽. 消费者心理认知视角下商标反淡化保护的反思与完善 [J]. 政法论坛, 2020, 38 (4).

[109] 张伟君. 从"金庸诉江南"案看反不正竞争法与知识产权法的关系 [J]. 知识产权, 2018 (10).

[110] 宋慧献. 同人小说借用人物形象的著作权问题刍议——由金庸诉江南案谈虚拟角色借用的合法性 [J]. 电子知识产权, 2016 (12).

[111] 孙山. 同人作品传播中的《著作权法》限制 [J]. 科技与出版, 2017 (12).

[112] 马瑞洁. 再论同人作品的法律规制——基于著作权法和反不正当竞争法的框架 [J]. 出版广角, 2018 (15).

[113] 王文敏. 反不正当竞争法中的禁止盗用规则及其适用 [J]. 现代法学, 2021, 43 (1).

[114] 哈丁, 顾江. 公地的悲剧 [J]. 城市与区域规划研究, 2017, 9 (2).

[115] 文礼朋, 秦敬云, 赵相忠. 公共地悲剧理论在知识产权经济学分析中的限制——也谈当前全球科学研究领域的新圈地运动与反公共地悲剧 [J]. 广西社会科学, 2011 (9).

[116] 蒋利玮. 论商品化权的非正当性 [J]. 知识产权, 2017 (3).

[117] 彭学龙. 作品名称的多重功能与多元保护——兼评反不正当竞争法第 6 条第 3 项 [J]. 法学研究, 2018, 40 (5).

[118] 宁立志, 赵丰. 作品标题的法律保护问题研究 [J]. 出版科学, 2020, 28 (4).

[119] 王太平. 美国 Dastar 案：区分商标与著作权法，捍卫公共领域 [J]. 电子知识产权, 2006 (2).

[120] 郑友德, 范长军. 反不正当竞争法一般条款具体化研究——兼论《中华人民共和国反不正当竞争法》的完善 [J]. 法商

研究，2005（5）.

[121] 刘继峰. 反不正当竞争法的"不可承受之轻"——论一般条款的缺失及原则受限的改进 [J]. 北京化工大学学报（社会科学版），2010（3）.

[122] 谢晓尧. 未阐明的规则与权利的证成——不正当竞争案件中法律原则的适用 [J]. 知识产权，2014（10）.

[123] 吴秀明. 竞争法上之概括条款——公平法第二十四条法律通用原则于规范功能之再谈讨（上）[J]. 政大法学评论，2005（84）.

[124] 刘亚东.《民法典》法源类型的二元化思考——以"规则——原则"的区分为中心 [J]. 北方法学，2020，14（6）.

[125] 刘维，陈鹏宇. 论数字时代反不正当竞争法中的消费者利益 [J]. 知识产权，2023（7）.

[126] 刘亚东. 民法概括条款适用的方法论 [J]. 政治与法律，2019（12）.

[127] 倪振峰. 竞争法基本原则探讨 [J]. 政治与法律，1998（2）.

[128] 王艳林. 市场交易的基本原则——《中国反不正当竞争法》第 2 条第 1 款释论 [J]. 政法论坛，2001（6）.

[129] 纪振清. 两岸竞争法之概括条款研究 [J]. 法令月刊，2010，61（6）.

[130] 杨翱宇. 美国法信息盗用制度的演进及其对我国数据财产权益保护的启示 [J]. 政治与法律，2019（11）.

[131] 李扬. 知识产权法定主义及其适用——兼与梁慧星、易继明教授商榷 [J]. 法学研究，2006（2）.

[132] 黄武双. 经济理性、商业道德与商业秘密保护 [J]. 电子知识产权，2009（5）.

[133] 吴昌南. 无专利保护产业中的创新与模仿研究 [J]. 科研管

理，2014，35（1）.

［134］黄汇. 版权法上公共领域的衰落与兴起［J］. 现代法学，
2010，32（4）.

［135］毛翔. 市场优先原则在知识产权领域中的应用［J］. 重庆大
学学报（社会科学版），2018，24（6）.

（二）英文期刊

［1］BESSEN J, MASKIN E. Sequential Innovation, Patents, and Imita-
tion［J］. The RAND Journal of Economics, 2009, 40（4）.

［2］WANASIKA I, CONNER S L. When is Imitation the Best Strategy?
［J］. Journal of Strategic Innovation and Sustainability, 2011, 7（2）.

［3］ANDREWS M. Hohfeld's Cube［J］. Akron Law Review, 1983, 16
（3）.

［4］CORBIN A L. Legal Analysis and Terminology［J］. Yale Law Jour-
nal, 1919, 29（2）.

［5］WENAR L. The Nature of Rights［J］. Philosophy and Public Af-
fairs, 2005, 33（3）.

［6］LAFRANCE M. Passing Off and Unfair Competition: Conflict and
Convergence in Competition Law［J］. Michigan State Law Review,
2011（5）.

［7］BOYLE J. The Second Enclosure Movement and the Construction of
the Public Domain［J］. Law and Contemporary Problems, 2003,
66（1）.

［8］KAMIEN M I, SCHWARTZ N L. Market Structure and Innovation:
A Survey［J］. Journal of Economic Literature, 1975, 13（1）.

［9］ROTSTEIN R H, MATAPHOR B. Copyright Infringement and the Fic-
tion of the Work［J］. Chicago-Kent Law Review, 1993, 68（2）.

［10］KWALL R R. Originality in Context［J］. Houston Law Review,

2007, 44 (4).

[11] LANGE D. Recognizing the Public Domain [J]. Law and Contemporary Problems, 1981, 44 (4).

[12] KAPLAN B. An Unhurried View of Copyright: Proposals and Prospects [J]. Columbia Law Review, 1966, 66 (5).

[13] MERGES R P. Commercial Success and Patent Standards: Economic Perspectives on Innovation [J]. California Law Review, 1988, 76 (4).

[14] LI Y. Counterfeiting in the Chinese Context: Imitation, Intellectual Property Protection and Development [J]. Queen Mary Law Journal, 2014 (5).

[15] PORT K L. Dead Copies under the Japanese Unfair Competition Prevention Act: The New Moral Right [J]. Saint Louis University Law Journal, 2006, 51 (1).

[16] RICHARDS J. Recent Developments concerning Trademarks and the European Economic Community [J]. The Trademark Reporter, 1984, 74 (2).

[17] SPOOR J H. The Novelty Requirement in Design Protection Law: The Benelux Experience [J]. AIPLA Quarterly Journal, 1996 (24).

[18] BARTOSZ S. Slavish Imitation and Trade Mark Protection: A Dutch Perspective [J]. European Intellectual Property Review, 2011, 33 (12).

[19] KOGAN T S. Photographic Reproductions, Copyright and the Slavish Copy [J]. Columbia Journal of Law & the Arts, 2012, 35 (4).

[20] DERENBERG W J. Unfair Competition by Slavish Imitation: Copying of Nonfunctional Features [J]. The Trademark Reporter, 1961, 51 (8).

[21] BERESKIN D R. Brand Name and Look-Alike Drugs in Canada after Ciba-Geigy v. Apotex: A Proposal for Relief from Slavish Imitation [J]. The Trademark Reporter, 2004, 94 (5).

[22] DOGAN S L, LEMLEY M A. The Merchandising Right: Fragile Theory or Fait Accompli [J]. Emory Law Journal, 2005, 54 (1).

[23] BARTOSZ S. Slavish Imitation and Trade Mark Protection: A Dutch Perspective [J]. European Intellectual Property Review, 2011, 33 (12).

[24] LANDES W M, POSNER R A. An Economic Analysis of Copyright Law [J]. Journal of Legal Studies, 1989, 18 (2).

[25] LEVAL P N. Toward a Fair Use Standard [J]. Harvard Law Review, 1990, 103 (5).

[26] ROTSTEIN R H, MATAPHOR B. Copyright Infringement and the Fiction of the Work [J]. Chicago-Kent Law Review, 1993, 68 (2).

[27] BALKIN J M. Digital Speech and Democratic Culture: A Theory of Freedom of Expression for the Information Society [J]. New York University Law Review, 2004, 79 (1).

[28] SCHINDLER D S. Between Safety and Transparency: Prior Restraints, FOIA, and the Power of the Executive [J]. Hastings Constitutional Law Quarterly, 2010, 38 (1).

[29] DOGAN S L, LEMLEY M A. Parody as BrandSymposium: Brand New World: Distinguishing Oneself in the Global Flow [J]. U. C. Davis Law Review, 2013, 47 (2).

[30] SIMON D A. The Confusion Trap: Rethinking Parody in Trademark Law [J]. Washington Law Review, 2013, 88 (3).

[31] MCGEVERAN W. The Imaginary Trademark Parody Crisis (and the Real One) [J]. Washington Law Review, 2015, 90 (2).

[32] LEMLEY M A. Fame, Parody, and Policing in Trademark Law [J]. Michigan State Law Review, 2019, (1).

[33] RAMSEY L P. Increasing First Amendment Scrutiny of Trademark Law [J]. SMU Law Review, 2008, 61 (2).

[34] MUNRO C R. The Value of Commercial Speech [J]. The Cambridge Law Journal, 2003, 62 (1).

[35] BEEBE B. The Semiotic Analysis of Trademark Law [J]. UCLA Law Review, 2004, 51 (3).

[36] KENNETH L P. Trademark Extortion: The End of Trademark Law [J]. Washington and Lee Law Review, 2008, 65 (2).

[37] BARBARO M, CRESWELL J. With Trademark in Its Pocket, Levi's Turns to Suing Its Rivals [J]. New York Times, 2007, 156.

[38] CALLMANN R. Copyright and Unfair Competition [J]. Louisiana Law Review, 1940, 2 (4).

[39] SUZOR N. Free-Riding, Cooperation, and "Peaceful Revolutions" in Copyright [J]. Harvard Journal of Law & Technology, 2014, 28 (1).

[40] WAGNER R P. Information Wants to Be Free: Intellectual Property and the Mythologies of Control [J]. Columbia Law Review, 2003, 103 (4).

[41] LEMLEY M A, MCKENNA M P. Owning Mark(et)s [J]. Michigan Law Review, 2010, 109 (2).

[42] LEMLEY M A. Property, Intellectual Property, and Free Riding [J]. Texas Law Review, 2005, 83 (4).

[43] KENNEALLY M E. Misappropriation and the Morality of Free-Riding [J]. Stanford Technology Law Review, 2015, 18 (2).

[44] FRANKLYN D J. Debunking Dilution Doctrine: Toward a Coherent Theory of the Anti-Free-Rider Principle in American Trademark Law

[J]. Hastings Law Journal, 2004, 56 (1).

[45] BONE R G. Hunting Goodwill: A History of the Concept of Good-will in Trademark Law [J]. Boston University Law Review, 2006, 86 (3).

[46] LEMLEY M A. The Modern Lanham Act and the Death of Common Sense [J]. Yale Law Journal, 1999, 108 (7).

[47] DENICOLA R C. Freedom to Copy [J]. Yale Law Journal, 1999, 108 (7).

[48] BROWN R S. The Joys of Copyright [J]. Journal of the Copyright Society of the U.S.A., 1983, 30 (5).

[49] LEMLEY M A. The Modern Lanham Act and the Death of Common Sense [J]. Yale Law Journal, 1999, 108 (7).

[50] LIU J P. The New Public Domain [J]. University of Illinois Law Review, 2013 (4).

[51] SHAO K. Public Domain in China: A Historical and Empirical Survey [J]. University of Western Australia Law Review, 2017, 41 (2).

TIPITAL≫ 后 记

　　本书是在笔者博士论文上修订而成。硕士毕业四年后，再回到中国政法大学攻读博士学位，自觉幸运。心中充满感恩，同时也忐忑不安。工作后养成了散漫、悠闲的生活方式。三十而立的年纪，再次出发和应届生一起竞争有不少担忧。入学后，长期熬夜导致抵抗力下降，北京的第一个冬天就在反反复复的感冒中度过。每当因疼痛和焦虑而无法入眠时，总是不断自问这一切是否值得。

　　幸好，身边总有人为我指明方向，为我加油打气。首先是我的家人，特别是我的先生。下定决心读博士不是一件容易的事，如果没有他的鼓励和支持，我可能永远无法走出舒适圈，无后顾之忧地专心学习。每当遇到低谷，他总是我的倾听者，帮我出谋划策，鼓励我继续前行。四位父母同样无条件地支持我、理解我，为我取得的每一个小成就感到骄傲。感谢一路来他们对我的包容和体谅，成为我专心求学的最坚强后盾。

学术的道路上，离不开老师们耐心的指点和宽容的鼓励。感谢我的导师韦之教授。韦之教授深受德国法学教育的影响，为人认真谦和、豁达平和，学风严谨、学术造诣深厚。本书由博士论文修订而成，博士论文的选题是韦老师研究成果的延伸，写作过程也蕴含着老师的心血，他不吝时间和精力，经常就论文中的问题与我讨论个把小时。老师对所有学生的指导都亲力亲为，在京一年多的时间里，每周与我就文章写作等问题进行探讨、每月一次组织同门召开例会，启发我们深入思考。恩师不仅给了我继续深造的机会、引领我问学求真，还身体力行传授为人师的应有之道。

感谢张今教授，慈母般关心我、照顾我的学习和生活。她严谨和谦逊的风格，是我理想中知识女性的形象，是为人师表的榜样。感谢冯晓青教授、来小鹏教授，感谢他们在课堂及历次答辩中对我的指点。还要感谢河北大学宋慧献老师，在一次会面中毫无保留地对我的论文提出了宝贵的建议。他和韦老师共同创建的"天空法律夜话"是一个自由分享、不惧权威的学术平台，感谢在这个平台上启发过我的老师和同学们。

四年不舍的还有同窗情谊，既有学术上的探索与碰撞，也有同窗之间的相伴。感谢陈洵彧、杨慧两位师妹对我无私的帮助，感谢周春慧、舍友谢静的相携和鼓励。还要感谢我的朋友们，接收我的牢骚，给我不相称的赞许，在周末的相聚中给我带来快乐。最后，感谢宁夏大学和法学院，让我毫无顾虑的脱产学习。

博士论文的写作是一个苦乐并存、磨炼心志的历程。这两年来习惯了在午夜时分合上电脑，习惯了在自我否定和沾沾自喜中来回挣扎，也习惯了与资料为伴，孤独地写作生活。论文最后冲刺的那段时间，我总是在凌晨一两点和小狗托托在小区散步。夜深，周遭一切十分安静，只有托托的眼睛和星星还在闪烁。我将永远怀念这平静、简单且纯粹的写作生活。

王一璠　谨致
二〇二五年二月二十日　夜